ISBN Paperback: 978-1-961625-57-0
ISBN E-bok eller digital: 978-1-961625-58-7

Kongressbibliotekets kontrollnummer:
"DENNE BOKEN har fått karakteren "A" i den kristne og religiøse verden"
Contact:nimmidas@gmail.com; nimmidas1952@gmail.com
YouTube-kanalen "Daglig åndelig diett Elizabeth Das
https://waytoheavenministry.org
1. youtube.com/@dailyspiritualdietelizabet7777/videos
2. youtube.com/@newtestamentkjv9666/videos
https://waytoheavenministry.org

I tillegg til andre formater er "Jeg gjorde det "Hans måte"-bøkene tilgjengelige som lydbok, pocketbok og e-bok. Bøkene er tilgjengelige på over 30 forskjellige språk.

Den årlige lesningen, "Daglig spirituell diett" av Elizabeth Das, er tilgjengelig på mange språk. Den er tilgjengelig både som e-bok og i pocketformat.

FOREWARD

"For mine tanker er ikke deres tanker, og deres veier er ikke mine veier, sier Herren. For likesom himmelen er høyere enn jorden, så er mine veier høyere enn deres veier, og mine tanker høyere enn deres tanker." (Jesaja 55:8-9)

Denne boken er en samling av minner og korte vitnesbyrd fra Elizabeth Das, som har viet seg til å evangelisere og undervise i Herrens ord. Elizabeth Das søker "Hans vei" gjennom besluttsomhet og bønnens kraft, og tar deg med på en personlig reise gjennom sine egne livsforandrende erfaringer. Das er født og oppvokst i India, og hun tilbad regelmessig ved familiens alter. Hun var ikke fornøyd med religionen, for hjertet hennes fortalte henne at Gud måtte være mer enn det. Hun besøkte ofte kirker og ble medlem av religiøse organisasjoner, men ble aldri helt fornøyd.

En dag satte hun seg ut for å finne sannheten i et land langt fra hjemlandet sitt, India. Reisen hennes begynner i Ahmadabad i India, der hun hadde et dyptfølt ønske om å finne den ene sanne Gud. På grunn av friheten i USA på den tiden, og på grunn av de religiøse kulturene og tradisjonene i hjemlandet, reiste Das til USA med det formål å finne sannheten om denne levende guden. Ikke at man ikke kan finne Gud andre steder enn i Amerika, for Gud er allestedsnærværende og allmektig. Men det var dit Herren førte fru Das, og i denne boken forteller hun om veien til frelse og om sin dype kjærlighet til sin sjels elsker.

"Be, så skal det bli gitt dere; søk, så skal dere finne; bank på, så skal det bli åpnet for dere. For hver den som ber, skal få, og den som søker, skal finne, og for den som banker på, skal det lukkes opp." (Matteus 7:7-8)

Jeg har kjent Das personlig i nærmere 30 år, da hun først kom inn i en liten menighet i Sør-California der jeg var medlem. Kjærligheten til hjemlandet og det indiske folket er en presserende tjeneste for Das, som har et dypt ønske om å vinne sjeler fra alle kulturer og bakgrunner til Herren.

"Den rettferdiges frukt er et livets tre, og den som vinner sjeler, er vis. (Ordspråkene 11:30)

Das arbeider aktivt med å spre Guds ord fra sitt hjemmekontor i Wylie, Texas. Du kan besøke nettstedet hennes på waytoheavenministry.org, hvor du kan få bibelstudier oversatt fra engelsk til gujarati. Du kan også finne adresser til kirker i India. Pastorene i disse menighetene deler den samme kjærligheten til sannheten som fru Das. Hun samarbeider med apostoliske trosforkynnere i USA og i utlandet for å skaffe gjestetalere til de årlige konferansene som holdes i India. Das' tjeneste og arbeid i India er velkjent. Hun har blant annet opprettet en pastoral apostolisk bibelskole i India, et barnehjem og barnehager. Fra USA har Das bistått med å etablere menigheter i India, der mange har lært Herren Jesus Kristus å kjenne. Hun er en kvinne med stor tro, stødig og utrettelig i bønn. Disse prestasjonene har hun oppnådd mens hun har vært helt avhengig av Gud for alt, og mens hun har levd som uføretrygdet. Hennes magre økonomiske støtte er et vitnesbyrd om hennes sterke vilje og besluttsomhet, som er større enn hennes midler. Das sier med sikkerhet: "Gud sørger alltid for meg og tar vare på meg." Ja, på en eller annen måte gjør Han det, og Han overgår hennes behov i rikt monn!

Das er opptatt med å gjøre Herrens arbeid fra morgen til kveld, og hun er alltid klar til å be sammen med meg eller andre som trenger hjelp. Gud er alltid svaret. Hun står mellom gapet, i dyp bønn, med autoritet og forbønn. Gud tar vare på fru Das fordi hun elsker å evangelisere. Hun lytter til Hans stemme og vil ikke gå imot "Hans veier". Lydighet er større enn offer, lydighet med en lidenskap for å behage Gud.

Dette er den rette tiden for å skrive denne boken. Gud er den "store strateg". Hans veier er fullkomne og omhyggelige. Ting og situasjoner skjer ikke før den fastsatte tiden. Be om veiledning til å høre Guds sinn og føle Guds hjerte gjennom Den hellige ånd. Denne boken vil fortsette å bli skrevet i hjertet til menn og kvinner som hun har påvirket gjennom Hans veier.

Rose Reyes,

TAKKSIGELSER

Jeg vil uttrykke min dypeste takknemlighet: til min familie og mine venner, og spesielt til min mor Esther Das. Hun er det beste eksemplet på en kristen kvinne som har hjulpet meg med å fremme min tjeneste, og som alltid støtter meg i alle retninger.

Jeg takker min venninne Rose for at hun har støttet meg og hjulpet meg med å sette sammen deler av denne boken.

Jeg vil også takke min bønnepartner, søster Veneda Ing, for at hun stiller seg til rådighet for meg når som helst, men mest av alt takker jeg henne for hennes inderlige bønn.

Jeg takker Gud for alle som har vært til stor hjelp i oversettelses- og redigeringsarbeidet. Jeg takker Gud for mange andre som har gitt av sin tid for å hjelpe meg med å sette sammen denne boken.

Innholdsfortegnelse

HERRENS VEIER

- *Guds vei er fullkommen, Herrens ord er velprøvd, han er en støtte for alle dem som setter sin lit til ham. (Salmene 18:30)*

- *Men han kjenner den vei jeg går; når han har prøvet meg, skal jeg komme ut som gull. Min fot har holdt hans skritt, hans vei har jeg holdt, og jeg har ikke veket av. Jeg har ikke veket tilbake fra hans lepppers bud, jeg har satt hans munns ord høyere enn min føde." (Job 23:10-12)*

- *Vent på Herren og hold hans vei, så skal han opphøye deg til å arve landet; når de ugudelige blir utryddet, skal du få se det. (Salmene 37:34)*

- *Herren er rettferdig på alle sine veier og hellig i alle sine gjerninger. (Salmene 145,17)*

- *Herren skal gjøre deg til et hellig folk for seg selv, slik som han har sverget til deg, dersom du holder Herrens, din Guds bud og vandrer på hans veier. (5. Mosebok 28:9)*

- *Og mange skal gå og si: "Kom, la oss gå opp til Herrens fjell, til Jakobs Guds hus, og han vil Lær oss hans veier, og vi skal vandre på hans stier; for fra Sion skal loven utgå, og Herrens ord fra Jerusalem. (Jesaja 2:3)*

- *Den saktmodige vil han veilede i rettferdighet, og den saktmodige vil han lære sin vei. (Salmene 25:9)*

Bokreferanser: Den hellige bibel, King James-versjonen

Kapittel 1

Begynnelsen: På leting etter sannhetens ånd.

I juni 1980 kom jeg til USA med et sterkt ønske om å finne sannheten om Gud, alle tings skaper. Det var ikke det at jeg ikke kunne finne Gud i India, for Gud er overalt og fyller universet med sitt nærvær og sin herlighet, men dette var ikke nok for meg. Jeg ønsket å kjenne Ham personlig, hvis det var mulig.

> *"Og jeg hørte som en røst fra en stor skare, som en røst fra mange vann og som en røst fra veldige tordenskrall, som sa: Alleluja, for Herren Gud, den allmektige, regjerer." (Åpenbaringen 19:6)*

Jeg var på en ekstraordinær reise da Gud ledet meg til USA. Jeg trodde det var dit jeg hadde valgt å dra, men tiden viste at jeg tok feil. Jeg forsto etter hvert at Gud hadde mer å gjøre med denne avgjørelsen enn jeg var klar over. Det var "Hans måte" å forandre tankene og livet mitt på.

Amerika er et land som tilbyr religionsfrihet, en sammensmelting av multikulturelle mennesker, med friheter og beskyttelse for dem som ønsker å utøve sine religiøse rettigheter uten frykt for forfølgelse. Jeg begynte å ta sprang over urolige farvann i dette landet etter hvert som Gud begynte å lede meg. Det var som om Han la ut steiner for å lede meg. Disse "steinene" la grunnlaget for en lang og stormfull reise som førte til en åpenbaring der det ikke ville være noen vei tilbake. Belønningen ville være verdt å leve etter Hans veier, ved hver eneste vending og test av min tro.

"Jeg streber mot målet for å vinne Guds høye kall i Kristus Jesus. La oss derfor, så mange som er fullkomne, ha dette sinnelag; og dersom I i noe er annerledes innstilt, da skal Gud åpenbare også dette for eder. Men det som vi allerede har nådd, la oss vandre etter den samme regel, la oss ha det samme sinnelag."
(Filipperbrevet 3:14-16)

Da jeg kom til California, så jeg ikke mange østindianere på denne tiden. Jeg tilpasset meg livet i Amerika og fokuserte på hva jeg var her for. Jeg søkte etter Bibelens levende Gud, den samme Gud som apostlene Johannes, Peter og Paulus og andre som bar korset og fulgte Jesus.

Jeg våget meg ut for å finne den nytestamentlige Gud som gjorde mange forunderlige mirakler, tegn og under ifølge Bibelen, den levende Guds ord. Kunne jeg være så formastelig å tro at han virkelig kjente meg? Det måtte være noe mer ved Gud. Jeg begynte å besøke mange kirker av ulike kirkesamfunn i Los Angeles-området, en metropol i det sørlige California. Senere flyttet jeg til en by øst for Los Angeles som heter West Covina, og begynte å besøke kirker i det området også. Jeg kom fra et veldig religiøst land med sannsynligvis flere guder enn noe annet land i verden. Jeg har alltid trodd på én Gud, Skaperen. Hjertet mitt søkte etter å kjenne ham på en personlig måte. Jeg tenkte at han helt sikkert finnes, og at han ville være i stand til å finne meg på grunn av mitt lidenskapelige ønske om å kjenne ham personlig. Jeg søkte ufortrødent og leste Bibelen jevnlig, men det var alltid noe som manglet. I august 1981 fikk jeg jobb i det amerikanske postverket, og der begynte jeg å stille spørsmål om Gud til mine kolleger. Jeg begynte også å høre på kristen radio, og der hørte jeg ulike forkynnere som diskuterte bibelske emner uten å bli enige, selv seg imellom. Jeg tenkte at dette kunne da ikke være en Gud som skapte forvirring? Det måtte finnes et sannferdig svar på dette religiøse dilemmaet. Jeg visste at jeg måtte søke i Den hellige skrift og fortsette å be. Mange kristne kolleger snakket også med meg og delte sine vitnesbyrd. Jeg ble overrasket over at de visste så mye om Herren. Jeg visste ikke da at Gud allerede hadde satt en tid for meg til å motta åpenbaringen av Hans vidunderlige sannhet.

Min bror var besatt av demoner og trengte et mirakel. Jeg ble tvunget til å lete etter bibeltro kristne som trodde på mirakler og utfrielse fra disse demoniske kreftene. Uten nåde plaget disse demoniske åndene min brors sinn. Familien min var så bekymret for ham at vi ikke hadde noe annet alternativ enn å ta ham med til en psykiater. Jeg visste at det var djevelens glede å pine og ødelegge min bror. Dette var den åndelige krigføringen som Bibelen taler om. I desperasjon tok vi broren min med til psykiateren. Etter å ha vurdert ham, spurte hun oss om vi trodde på Jesus. Vi sa ja, og så begynte hun å skrive ned adresser til to kirker med telefonnummer og ga dem til meg. Vel hjemme la jeg begge papirene med informasjonen på kommoden min med den hensikt å ringe begge pastorene. Jeg ba om at Gud måtte lede meg til den rette kirken og pastoren. Jeg hadde hørt om en del negative ting om kirker i Amerika, så dette gjorde meg veldig forsiktig. Herren bruker profeter, lærere og predikanter til å lede dem som elsker ham til sannheten. Herren ble min lampe og lys som lyste opp mørket mitt. Gud ville helt sikkert lede min bror ut av hans mørke også. Jeg trodde virkelig at Gud ville finne meg i det som virket som et endeløst hav av mørke, for dette var en veldig mørk og vanskelig tid for familien min.

"Ditt ord er en lykt for mine føtter og et lys på min sti."
(Salmene 119:105)

"Bønn og faste."

Jeg la begge adressene på kommoden min. Jeg ringte begge pastorene og hadde en samtale med dem begge. Samtidig ba jeg om at Herren skulle vise meg hvilken pastor jeg kunne fortsette samtalen med. I løpet av denne tiden innså jeg at ett nummer fra kommoden forsvant. Jeg lette nøye etter det, men kunne ikke finne det. Nå var det bare ett nummer tilgjengelig for meg. Jeg ringte det nummeret og snakket med pastoren i kirken som lå i California, bare 10 minutter fra hjemmet mitt. Jeg tok med broren min til denne kirken i den tro at han ville bli fri i dag, men slik gikk det ikke. Broren min ble ikke helt befridd den dagen. Så pastoren tilbød oss et bibelstudium. Vi tok imot tilbudet og begynte også å gå i menigheten hans, uten noen intensjon om å bli medlem, men bare besøkende. Lite visste jeg at dette skulle bli et vendepunkt i livet mitt. På denne tiden var jeg motstander av pinsebevegelsen og deres tro på tungetale.

De hellige i menigheten var svært oppriktige i sin tro. De tilbad fritt og adlød pastoren når han oppfordret til faste, for de åndelige kreftene som kontrollerte min bror, ville bare komme ut, som Guds ord sier, "ved bønn og faste". En gang kunne ikke Jesu disipler drive ut en demon. Jesus fortalte dem at det var på grunn av deres vantro og sa at ingenting skulle være umulig for dem.

> *"Men slike går ikke ut uten ved bønn og faste."*
> *(Matteus 17:21)*

Vi fastet alle sammen noen dager av gangen ved flere anledninger, og jeg kunne se at broren min ble mye bedre. Vi fortsatte å ha bibelstudier hjemme hos meg sammen med pastoren, og vi forstod alt han lærte oss, men da han begynte å forklare vanndåpen, ble jeg forstyrret av hans tolkning. Jeg hadde aldri hørt om dåp i "Jesu navn", selv om han tydelig viste oss skriftene. Det sto skrevet der, men jeg så det ikke. Kanskje hadde min forståelse blitt forblindet.

Etter at pastoren hadde gått, vendte jeg meg til broren min og sa: "Har du lagt merke til at alle forkynnere som bruker den samme Bibelen, kommer med forskjellige ideer? Jeg tror virkelig ikke på det disse predikantene sier lenger." Broren min snudde seg mot meg og sa: "Han har rett!" Jeg ble veldig opprørt over broren min og spurte ham: "Så du kommer til å tro på denne pastorens lære? Jeg tror ikke på dette." Han så på meg igjen og sa: "Han snakker sant." Jeg svarte igjen: "Du tror på alle predikanter, men ikke på meg!" Igjen insisterte broren min: "Han har rett." Denne gangen kunne jeg se at min brors ansikt var veldig alvorlig. Senere tok jeg frem Bibelen og begynte å studere Apostlenes gjerninger, der historien om den tidlige menigheten stod. Jeg studerte og studerte, men jeg kunne fortsatt ikke forstå hvorfor, Gud hadde SIN MÅTE. Tror du at Gud behandler alle mennesker forskjellig? Her søkte jeg etter Gud gjennom alle kilder og medier. I løpet av denne tiden hørte jeg Gud tale til mitt hjerte: "Du må bli døpt." Jeg hørte Hans befaling og gjemte disse ordene i mitt hjerte uten at noen andre visste om det.

Dagen kom da pastoren kom bort til meg og stilte meg et spørsmål: "Så nå, er du klar til å bli døpt?" Jeg så overrasket på ham, for jeg hadde aldri opplevd at noen hadde stilt meg dette spørsmålet før. Han fortalte meg at Herren Jesus hadde talt til ham om min dåp, så jeg sa "ja". Jeg var forbløffet over at Gud ville tale til pastoren om dette. Jeg forlot kirken og tenkte: "Jeg håper Gud ikke forteller ham alt, siden våre tanker ikke alltid er rettferdige eller hensiktsmessige."

Dåp til syndsforlatelse.

Dagen for min dåp kom. Jeg ba pastoren forsikre seg om at han døpte meg i Faderens, Sønnens og Den hellige ånds navn. Pastoren fortsatte å si: "Ja, det er Jesu navn." Jeg var bekymret og opprørt; jeg tenkte at denne mannen vil sende meg til helvete hvis han ikke døper meg i Faderens, Sønnens og Den hellige ånds navn. Så jeg gjentok at han måtte påkalle meg i Faderens, Sønnens og Den hellige ånds navn, men pastoren fortsatte å gjenta seg selv. "Ja, hans navn er Jesus." Jeg begynte å tro at denne pastoren virkelig ikke forsto hva jeg mente.

Siden Gud hadde talt til meg om å bli døpt, kunne jeg ikke være ulydig mot Ham. Jeg forsto ikke dette på den tiden, men jeg adlød Gud uten å ha den fulle åpenbaringen av Hans navn, og jeg forstod heller ikke fullt ut at frelsen ikke finnes ved noe annet navn enn i Jesu navn.

Det"*finnes heller ikke frelse i noe annet, for det er ikke noe annet navn under himmelen som er gitt blant menneskene for at vi skal bli frelst.*" *(Apostlenes gjerninger 4:12)*

*"Dere er mine vitner, sier Herren, og min **tjener**, som jeg har utvalgt, for at dere skal kjenne og tro meg og forstå at jeg er han; før meg var det ingen Gud, og det skal heller ikke være noen etter meg. Jeg, jeg er Herren, og ved siden av meg er det **ingen frelser**."*
(Jesaja 43,10-11)

Før, etter og i all evighet var, er og vil det bare være én Gud og Frelser. Her vil en mann være som rollen som tjener, Jehova Gud sier at **jeg er han**.

Han som, i Guds skikkelse, ikke fant det røverisk å være likestilt med Gud: Men han gjorde seg selv uanselig og tok på seg en tjeners skikkelse og ble gjort i menneskers skikkelse: Og da han ble funnet i menneskeskikkelse, ydmyket han seg selv og ble lydig inntil døden, ja, til døden på korset. (Filipperbrevet 2:6-8)

Jesus var Gud i en menneskelig kropp.

*Og uten tvil er gudsfryktens hemmelighet stor: **Gud ble åpenbart i kjødet**, (1 Timoteus 3:16)*

Hvorfor kom denne ene Gud, som var ånd, i kjød? Som du vet, har ikke ånd kjøtt og blod. Hvis Han trengte å utgyte blod, ville Han ha trengt en menneskekropp.

Det står i Bibelen:

*Ta derfor vare på dere selv og på hele hjorden, som Den Hellige Ånd har satt dere til tilsynsmenn over, for at dere skal fø **Guds menighet**, som han har kjøpt med **sitt eget blod.** (Apostlenes gjerninger 20:28)*

De fleste kirker lærer ikke om Guds enhet og kraften i Jesu navn. Gud, en Ånd i kjødet som mennesket Kristus Jesus, ga den store misjonsbefalingen til sine disipler:

*Gå derfor ut og undervis alle folkeslag og døp dem i **navnet** (entall) av Faderen og Sønnen og Den hellige ånd."(Matteus 28:19)*

Disiplene visste tydeligvis hva Jesus mente, for de gikk ut og døpte i hans navn, slik det står skrevet i Skriftene. Jeg ble overrasket over at de uttalte "**I Jesu** navn" hver gang de utførte en dåp. Skriftene i Apostlenes gjerninger støtter dette.

Den dagen jeg ble døpt i vann under full neddykking i Jesu navn, kom jeg opp av vannet og følte meg så lett som om jeg kunne gå på vannet. Et tungt fjell av synd var blitt fjernet. Jeg visste ikke at jeg bar denne tyngden på meg. For en vidunderlig opplevelse! For første gang i mitt liv innså jeg at jeg hadde kalt meg selv en "kristen med små synder", fordi jeg aldri hadde følt at jeg var en stor synder. Uansett hva jeg trodde på, var synd fortsatt synd. Jeg gjorde og tenkte synd. Jeg trodde ikke lenger bare på Guds eksistens, men opplevde glede og sann kristendom ved å ta del i det Guds ord sa.

Jeg gikk tilbake til Bibelen igjen og begynte å lete i det samme skriftstedet. Gjett hva som skjedde? Han åpnet min forståelse, og jeg så klart for første gang at dåpen bare er i JESU NAVN.

Da åpnet han deres forstand, så de kunne forstå Skriftene (Luk 24,45).

Jeg begynte å se Skriften så klart og tenkte hvor utspekulert Satan er for å bare utslette planen til Den Høyeste Gud, som kom i kjød for å utgyte blod. Blodet er skjult under navnet **JESUS**. Jeg fant med en gang ut at Satans angrep var på Navnet.

> *"Omvend dere og la dere døpe hver og en av dere i **Jesu Kristi navn** til syndenes forlatelse, så skal dere få Den hellige ånds gave."*
> *(Apostlenes gjerninger 2:38)*

Disse ordene var det apostelen Peter talte på pinsedagen i begynnelsen av den tidlige menigheten i Det nye testamentet. Etter dåpen mottok jeg Den hellige ånds gave i en av mine venners kirke i Los Angeles.

Dette kom til uttrykk ved at jeg talte et eller flere ukjente språk og i overensstemmelse med Skriftens ord om Den hellige ånds dåp:

> *"Mens Peter ennå talte disse ord, falt Den Hellige Ånd over alle dem som hørte ordet. Og de av omskjærelsen som trodde, ble forundret, så mange som kom sammen med Peter, fordi den Hellige Ånds gave også var blitt utøst over hedningene. For de hørte dem **tale i tunger** og lovprise Gud."* *(Apostlenes gjerninger 10, 44-46)*

Jeg forsto tydelig at menneskene hadde endret dåpsseremonien. Det er derfor vi har så mange religioner i dag. Disse første troende ble døpt i henhold til Skriften som senere ble skrevet. Peter forkynte det og apostlene utførte det!

> *"Kan noen forby vann, så ikke også de som har fått Den Hellige Ånd, blir døpt, likesom vi? Og han bød dem å la sig **døpe i Herrens navn**. Da bad de ham om å få bli der noen dager."*
> *(Apostlenes gjerninger 10:47-48)*

Igjen, bevis på dåp i Jesu navn.

> *Men da de trodde Filip som forkynte om Guds rike **og Jesu Kristi navn, lot de seg døpe, både menn og kvinner** (for ennå var han ikke*

9

> *falt over noen av dem;* **bare de ble døpt i Herren Jesu**
> **navn).*(Apg8:12,16)*

Apostlenes gjerninger 19

> *Og det skjedde at mens Apollos var i Korint, kom Paulus, etter å ha*
> *passert gjennom de øvre kystene, til Efesos; og da han fant noen*
> *disiplene, sa han til dem: Har I fått Den Hellige Ånd siden I kom til*
> *tro? Og de sa til ham: Vi har ikke så meget som hørt om det er noen*
> *Hellig Ånd. Og han sa til dem: Til hva blev I da døpt? Og de svarte:*
> *Til Johannes' dåp. Da sa Paulus: Johannes døpte i sannhet med*
> *omvendelsens dåp og sa til folket at de skulde tro på ham som skulde*
> *komme efter ham, det vil si på Kristus Jesus. Da de hørte dette, lot de*
> *sig* **døpe i Herren Jesu navn.** *Og da Paulus hadde lagt hendene på*
> **dem, kom Den Hellige Ånd over dem, og de talte med tunger** *og*
> *profeterte. (Apostlenes gjerninger 19:1-6)*

> *Apostlenes gjerninger 19 var til stor hjelp for meg, fordi Bibelen sier*
> *at det finnes* **én dåp.** *(Efeserne 4:5)*

Jeg ble døpt i India, og her må jeg si at jeg ble overrislet og ikke døpt.

Den sanne læren ble etablert av **apostlene og profetene.** Jesus kom for
å utgyte blod og statuere et eksempel. (1Peter 2:21)

> *Apg 2:42 Og de fortsatte ufortrødent* i**apostlenes lære** *og i*
> *fellesskapet og i brødsbrytelsen og i*

> *Efeserne* **2**:*20 og er* **bygd på apostlenes og profetenes grunnvoll,** *med*
> *Jesus Kristus selv som den viktigste hjørnestein;*

> *Galaterbrevet. 1:8, 9 Men om vi eller en engel fra himmelen*
> *forkynner eder noe annet evangelium enn det vi har forkynt eder, han*
> *være forbannet! Som vi før har sagt, så sier jeg nå igjen: Om noen*
> *forkynner eder et annet evangelium enn det I har mottatt, han være*
> *forbannet!*

(Dette er dyptgripende; ingen kan endre læren, ikke engang apostlene som allerede var etablert).

Disse skriftstedene åpnet øynene mine, nå forstod jeg Matteus 28:19. Kirken er Jesu brud, når vi blir døpt i Jesu navn, tar vi da på oss hans navn. Høysangen er en allegori over kirken og brudgommen, der bruden har tatt på seg navnet.

*På grunn av duften av dine gode salver **er ditt navn som salve** som er strømmet ut, derfor elsker jomfruene deg (Solomans sang 1:3).*

Nå hadde jeg den dåpen som Bibelen taler om, og den samme Hellige Ånd. Dette var ikke noe som var innbilt; det var virkelig! Jeg kunne føle det og høre det, og andre var vitne til manifestasjonen av den nye fødsel. Ordene jeg uttalte, visste jeg ikke, og jeg kunne heller ikke forstå dem. Det var fantastisk.

*"For den som taler på et **ukjent språk,** taler ikke til mennesker, men til Gud; for ingen forstår ham, selv om han i ånden taler hemmeligheter." (Første Korinterbrev 14:2)*

*"For om jeg ber på et ukjent språk, så ber min ånd, men min **forstand er ufruktbar**." (1. Korinterbrev 14,14)*

Min mor vitnet om at en gang før jeg ble født, døpte en misjonær fra Sør-India henne i en elv, og da hun kom opp, var hun fullstendig helbredet. Jeg visste ikke hvordan denne predikanten døpte henne, og jeg lurte på hvordan hun ble helbredet. Mange år senere bekreftet min far for meg at denne pastoren døpte henne i Jesu navn, noe som er bibelsk.

Det står i Bibelen:

"Han som tilgir alle dine misgjerninger, som helbreder alle dine sykdommer." (Salmene 103:3)

Etter min nye fødsel begynte jeg å holde bibelstudier for venner på jobben og for familien min. Nevøen min fikk Den hellige ånds gave. Broren min, fetteren min og tanten min ble døpt sammen med mange av familiemedlemmene mine. Lite visste jeg at det lå mye mer bak denne reisen enn bare et ønske om å bli bedre kjent med Gud. Jeg var ikke klar over at denne opplevelsen var mulig. Gud bor inne i den troende gjennom Ånden.

Åpenbaring og forståelse.

Jeg dedikerte meg til å studere de hellige skriftene og leste Bibelen gjentatte ganger, og Gud fortsatte å åpne min forståelse.

> *"Da åpnet han deres forstand, så de kunne forstå Skriftene."*
> *(Lukas 24:45)*

Etter at jeg mottok Den hellige ånd, ble min forståelse klarere, og jeg begynte å lære og se mange ting som jeg ikke hadde sett før.

> *"Men Gud har **åpenbart** dem for **oss ved sin Ånd**, for Ånden ransaker alle ting, ja, Guds dype ting." (1. Korinterbrev 2:10)*

Jeg lærte at vi må forstå Hans vilje for oss, ha visdom til å leve etter Hans ord, kjenne til "**Hans veier**" og akseptere at lydighet er et krav og ikke et alternativ.

En dag spurte jeg Gud" :Hvordan bruker du meg?" Han sa til meg: "I bønn."

> *Derfor, brødre, gjør eder flid med å gjøre eders kall og utvelgelse sikker; for dersom I gjør dette, skal I aldri falle:*
> *(2. Peter 1:10)*

Jeg lærte at det å gå i kirken kunne gi en følelse av falsk trygghet. Religion er ikke frelse. Religion i seg selv kan bare få deg til å føle deg bra med din egen selvrettferdighet. Å kjenne Skriften alene bringer ikke frelse. Du må forstå de hellige skriftene gjennom studier, motta åpenbaring gjennom bønn og ha et ønske om å kjenne sannheten. Djevelen kjenner også Skriften, og han er dømt til en evighet i den brennende innsjøen. La dere ikke forføre av ulver i fåreklær som har en **form for gudfryktighet**, men som **fornekter** *Guds kraft*. Ingen har noen gang fortalt meg at jeg trengte Den Hellige Ånd med bevis på tungetale, slik Bibelen taler om. Når troende mottar Den Hellige Ånd, skjer det noe mirakuløst. Disiplene ble fylt med Den Hellige Ånd og med ild.

*Men dere skal få **kraft** etter at Den Hellige Ånd er kommet over dere, og dere skal være mine vitner både i Jerusalem og i hele Judea og Samaria og helt til jordens ytterste grense.*
(Apostlenes gjerninger 1:8)

De brant så mye for å spre evangeliet at mange kristne på den tiden, og noen gjør det også i dag, mistet livet for sannhetens evangelium. Jeg lærte at dette er en dyp tro og en solid lære, i motsetning til den læren som blir undervist i enkelte kirker i dag.

Etter oppstandelsen sier Jesus i sitt ord at dette vil være tegnet på at man er hans disippel.

".... de skal tale med nye tunger;" (Mark 16:17)

Tunge på gresk er glossa, på engelsk er det en overnaturlig språkgave gitt av Gud. Du går ikke på skole for å lære denne måten å snakke på. Det er derfor det står en **ny tunge.**

Dette er et av tegnene på at man kjenner igjen den Høyeste Guds disippel.

Er ikke Gud så vidunderlig? Han skapte disiplene sine slik at de ble anerkjent på en helt spesiell måte.

Tilbedelsens kraft.

Jeg lærte om kraften i tilbedelse, og at man faktisk kan føle et hellig nærvær i tilbedelse. Da jeg kom til Amerika i 1980, observerte jeg østindere som skammet seg over å tilbe Gud fritt. I Det gamle testamentet danset, hoppet, klappet og løftet hendene høyt foran Herren. Guds herlighet kommer når Guds folk tilber med den høyeste lovprisning og opphøyelse. Guds folk skaper en atmosfære som gjør at Herrens nærvær kan bo blant dem. Vår tilbedelse sender en velduft til Herren som Han ikke kan motstå. Han vil komme og ta bolig i sitt folks lovprisning. Etter bønnen kan du ta deg tid til å lovprise og tilbe ham av hele ditt hjerte uten å be ham om ting eller tjenester. I Bibelen sammenlignes Han med en brudgom som kommer for å hente sin brud (menigheten). Han er på utkikk etter en lidenskapelig brud som ikke skammer seg over å tilbe Ham. Jeg lærte at vi kan tilby tilbedelse som vil nå tronsalen hvis vi gir slipp på vår stolthet. Takk Gud for predikanter som forkynner Ordet og ikke holder tilbake på hvor viktig tilbedelse er for Gud.

Men den time kommer, og den er nå, da de sanne tilbedere skal Tilbe Faderen i ånd og sannhet, for Faderen søker slike som tilber ham." (Johannes 4:23)

Når Guds nærvær senker seg over hans barn, begynner mirakler å skje: helbredelse, utfrielse, tungetale og tolkninger, profetier, manifestasjoner av åndens gaver. Å, hvor mye Guds kraft kan vi ikke romme i en gudstjeneste hvis vi alle kan komme sammen og tilby tilbedelse og opphøyelse og den høyeste lovprisning. Når du ikke lenger har ord til å be, tilbe og frembære lovprisningens offer! Djevelen hater det når du tilber hans Skaper, den ene sanne Gud. Når du føler deg alene eller frykten river i deg, tilbe og forbinde deg med Gud!

I begynnelsen var denne typen tilbedelse og lovprisning veldig vanskelig for meg, men etter hvert ble det lett. Jeg begynte å høre Hans stemme tale til meg. Han ville at jeg skulle være lydig mot Hans Ånd. Min religiøse bakgrunn hadde hindret meg i å tilbe Gud fritt. Snart ble jeg velsignet i Ånden, helbredelse kom, og jeg ble befridd fra ting som jeg ikke hadde sett på som synd. Alt dette var nytt for meg; hver gang jeg kjente Guds nærvær i livet mitt, begynte jeg å forandre meg innvendig. Jeg vokste og opplevde en personlig vandring med Gud som var sentrert om Kristus.

Sannhetens ånd.

Kjærligheten til sannheten er avgjørende, for religion kan være bedragersk og verre enn alkohol- eller narkotikamisbruk.

> *"Gud er en Ånd, og de som tilber ham, må tilbe ham i ånd og sannhet." (Johannes 4:24)*

Religionens lenker falt av meg da Den Hellige Ånd satte meg fri. Når vi taler i ukjente tunger eller språk i Den Hellige Ånd, taler vår ånd til Gud. Guds kjærlighet er overveldende, og opplevelsen er overnaturlig. Jeg kunne ikke la være å tenke på alle de årene før, da jeg mottok bibelske læresetninger som var i strid med Guds ord.

I mitt forhold til Gud åpenbarte Han mer sannhet etter hvert som jeg vokste i Hans Ord og lærte om **"Hans veier"**. Det var som spurven som mater ungene sine med små porsjoner, og de vokser seg sterkere og jevnere for hver dag, helt til de har lært seg å sveve mot himmelen. Søk sannhetens Ånd, og Han vil lede deg til å kjenne alle ting. En dag vil også vi sveve mot himmelen sammen med Herren.

> *"Når sannhetens Ånd er kommet, skal han lede dere inn i hele sannheten." (Johannes 16:13a)*

Den hellige salvelse:

Gjennom mye sorg på grunn av min brors tilstand med onde ånder, fant vi denne vidunderlige sannheten. Jeg tok denne sannheten til meg, og Den Hellige Ånd ga meg kraft til å overvinne hindringer som kom i veien for mitt nye liv i Kristus Jesus, og ga meg den hellige salvelse til å virke og tjene ved å undervise mennesker. Jeg lærte at gjennom denne salvelsen beveget Gud seg gjennom åndelig inderlighet og uttrykk. Den kommer fra Den Hellige, som er Gud selv, og ikke et religiøst ritual eller en formell ordinasjon som gir en dette privilegiet.

Salvelsen:

Jeg begynte å kjenne Guds salvelse over mitt liv og vitnet for dem som ville lytte. Jeg opplevde at jeg ble en lærer i Ordet gjennom Guds salvelseskraft. Det var en tid i India da jeg ønsket å praktisere juss, men Herren forvandlet meg til en lærer i Hans Ord.

Men den salvelse som dere har fått av ham, blir i dere, og dere trenger ikke at noen lærer dere det; men ettersom den samme salvelse lærer dere om alle ting og er sannhet og ikke løgn, og slik som den har lært dere, skal dere også hjelpe i ham." (1. Johannes 2:27)

"Men dere har en salvelse fra Den Hellige, og dere vet alle ting."
(1. Johannes 2:20)

Jeg gjorde meg tilgjengelig for Gud, og Han gjorde resten gjennom sin salvelseskraft. For en fantastisk Gud! Han vil ikke la deg være maktesløs i å gjøre Hans verk. Jeg begynte å be mer etter hvert som kroppen min ble svak på grunn av sykdom, men Guds Ånd i meg vokste seg sterkere for hver dag som gikk, og jeg brukte tid og krefter på min åndelige vandring ved å be, faste og lese Hans Ord hele tiden.

Livsforandring:

Da jeg så meg tilbake et øyeblikk, så jeg hvor Gud hadde brakt meg fra, og hvordan livet mitt hadde vært tomt for Hans veier. Jeg hadde en kjødelig natur uten kraft til å forandre den. Jeg hadde andre ånder, men ikke Den Hellige Ånd. Jeg lærte at bønn forandrer ting, men det virkelige mirakelet var at jeg også hadde forandret meg. Jeg ønsket at mine veier skulle bli mer lik **Hans veier**, så jeg fastet for å forandre min kjødelige natur. Livet mitt hadde forandret seg betydelig på denne veien, men det hadde bare så vidt begynt da min lidenskapelige lengsel etter Gud økte. Andre som kjente meg godt, kunne bevitne at jeg hadde forandret meg.

Åndelig krigføring:

Jeg var nøye med å undervise kun i sannhet og ikke i religion. Jeg lærte at dåpen i Jesu Kristi navn og Guds Hellige Ånd (Den hellige ånd) er en nødvendighet. Den er Talsmannen og din kraft til å overvinne hindringer og de onde kreftene som kommer mot de troende.

Vær alltid klar til å kjempe på dine knær for det du ønsker fra Gud. Djevelen ønsker å knuse deg og din familie. Vi er i krig med mørkets makter. Vi må kjempe for at sjelene skal bli frelst; og be om at synderens hjerte må bli berørt av Gud slik at de kan vende seg bort fra de kreftene som hersker over dem.

> *"For vi kjemper ikke mot kjøtt og blod, men mot fyrstedømmer, mot makter, mot herskerne i denne verdens mørke, mot den åndelige ondskap i det høye." (Efeserne 6:12)*

En levende sjel.

Alle har en levende sjel; den er ikke din egen, den tilhører Gud. En dag når vi dør, vil sjelen vende tilbake til Gud eller Satan. Mennesket kan drepe kroppen, men bare Gud kan drepe sjelen.

> *"Se, alle sjeler er mine; likesom faderens sjel, så er også sønnens sjel min; den sjel som synder, skal **dø**." (Esekiel 18:4)*

> *"Frykt ikke for dem som dreper legemet, men som ikke kan drepe sjelen, men frykt ham som kan ødelegge både sjel og legeme i helvete." (Matteus 10:28)*

Kjærlighetens ånd.

Ett liv betyr så mye for Gud fordi Han bryr seg om og elsker hver og en av oss så høyt. De troende som har dette sannhetens evangelium, holdes ansvarlige for å fortelle andre om Jesu kjærlighet i **kjærlighetens** ånd.

> *"Et nytt bud gir jeg dere: At dere skal **elske** hverandre; likesom jeg har **elsket** dere, skal også dere **elske** hverandre. På dette skal alle kjenne at I er mine disipler, dersom I har **kjærlighet** til hverandre."*
> *(Johannes 13:34-35)*

Djevelen vil komme mot oss når vi blir en trussel for ham. Det er hans jobb å ta motet fra oss, men vi har løftet om seier over ham.

> *"Men Gud være takk, han som gir oss seier ved vår Herre Jesus Kristus." (1. Korinterbrev 15:57)*

La meg her understreke at det som Satan mente var ondt, gjorde Gud til velsignelse.

Det står i Bibelen:

> *"Og vi vet at alle ting virker sammen til det gode for dem som elsker Gud, for dem som er kalt etter hans plan." (Romerbrevet 8:28)*

Lovet være Herren Jesus Kristus!

Kapittel 2

Den mektige legen

Ifølge legevitenskapen finnes det i alt 39 kategorier av sykdommer. Ta for eksempel kreft, det finnes så mange typer kreft. Det finnes også mange typer feber, men de faller alle inn under kategorien feber. Ifølge gammel romersk lov og Moseloven kunne man ikke tildele mer enn 40 piskeslag som straff. For ikke å bryte denne romerske og jødiske loven, ga de bare trettifem piskeslag. Er det tilfeldig at Jesus fikk trettien striper på ryggen? Jeg tror, som mange andre, at det er en sammenheng mellom dette tallet og Jesus.

"Førti slag kan han gi ham, men ikke mer, for at han ikke skal slå ham med flere slag enn disse, og din bror skal virke nedverdigende for deg." (5. Mosebok 25:3)

"Han som selv bar våre synder på sitt eget legeme på treet, for at vi, som var døde for synden, skulle leve for rettferdigheten; ved hans sår ble dere helbredet." (1. Peter 2:24)

"Men han ble såret for våre overtredelser, han ble knust for våre misgjerninger; han ble straffet for vår fred, og med hans sår er vi helbredet." (Jesaja 53:5)

I denne boken vil du lese vitnesbyrd om Guds helbredende kraft og om utfrielse fra narkotika, alkohol og demonisk besettelse. Jeg begynner med mine egne personlige sykdommer der Gud tidlig viste meg at ingenting er for vanskelig eller for stort for ham. Han er den mektige legen. Alvorlighetsgraden av min fysiske tilstand endret seg fra dårlig til verre gjennom smertefulle sykdommer. Det var og er Guds ord og hans løfter som holder meg oppe i dag.

Kronisk bihulebetennelse.

Jeg hadde et bihuleproblem som var så alvorlig at det hindret meg i å sove. I løpet av dagen ringte jeg og ba folk om å be for meg. Det gikk bra for øyeblikket, men om natten begynte det igjen, og jeg fikk ikke sove.

En søndag gikk jeg i kirken og ba pastoren om å be for meg. Han la hånden på hodet mitt og ba over meg.

"Er det noen blant dere som er syk? La ham tilkalle de eldste i menigheten, og la dem be for ham og salve ham med olje i Herrens navn." (Jak 5,14)

Da gudstjenesten begynte, begynte jeg å lovprise og tilbe Gud da ånden kom så fritt over meg. Herren ba meg om å danse foran ham. I Ånden begynte jeg å danse for Ham i lydighet, og plutselig løsnet den tette nesen min, og det som blokkerte nesegangene kom ut. Øyeblikkelig begynte jeg å puste, og denne tilstanden har ikke kommet tilbake. Jeg hadde akseptert denne bihulebetennelsen med mine egne ord og tanker. Men etter hvert lærte jeg at vi alltid bør snakke ut om vår tro og aldri bekjenne eller tenke tvil.

Tonsillitt.

Jeg hadde kronisk betennelse i mandlene og kunne ikke sove på grunn av den forferdelige, vedvarende smerten. Jeg led av denne tilstanden i mange år. Etter å ha oppsøkt lege ble jeg henvist til en hematolog. For å kunne utføre det som var en relativt liten fjerning av mandlene, ville det være en farlig og langvarig operasjon for meg på grunn av en blodsykdom som gjorde det vanskelig for kroppen min å koagulere. Jeg kunne med andre ord blø i hjel! Legen sa at det ikke var noen mulighet for at jeg kunne holde ut denne operasjonen eller tåle smertene. Jeg ba om helbredelse for meg selv og ba også menigheten om å be for meg. En dag kom det en tilreisende predikant til kirken min. Han hilste på menigheten og spurte om noen trengte helbredelse.

Jeg var usikker på om jeg ville ta imot min egen helbredelse, men jeg gikk likevel frem til fronten i tillit til Gud. Da jeg kom tilbake til plassen min, hørte jeg en stemme som sa til meg

"Du kommer ikke til å bli helbredet."
Jeg var sint på denne stemmen. Hvordan kunne denne stemmen frimodig tale denne tvilen og vantroen? Jeg visste at dette var et djevelens knep for å stoppe min helbredelse. Jeg svarte denne stemmen med å opponere,

"Jeg skal få helbredelsen min!"

Mitt svar var fast og sterkt fordi jeg visste at det kom fra alle løgners far, djevelen. Den Hellige Ånd gir oss autoritet over djevelen og hans engler. Jeg hadde ikke tenkt å tillate ham å frarøve meg min helbredelse og fred. Han er en løgner, og det finnes ingen sannhet i ham! Jeg kjempet tilbake med Guds ord og løfter.

Dere er av djevelen, deres far, og deres fars lyster vil dere gjøre. Han var en morder fra begynnelsen av og holdt seg ikke til sannheten, for det er ingen sannhet i ham. Når han taler løgn, taler han om sitt eget, for han er en løgner og far til den." (Johannes 8:44)

Med ett var smertene borte, og jeg var helbredet! Noen ganger må vi gå inn i fiendens leir for å kjempe for det vi ønsker, og ta tilbake det fienden, djevelen, ønsker å ta fra oss. Da smertene forlot meg, sa djevelen" :Du var ikke syk". Fienden forsøkte å overbevise meg ved hjelp av en "sky av tvil" om at jeg egentlig ikke hadde vært syk. Grunnen til djevelens løgn var at jeg ikke skulle gi Gud æren. Med et bestemt svar til Satan sa jeg: "Ja, jeg var syk!" Øyeblikkelig satte Jesus smerten på hver side av mandlene mine. Jeg svarte: "Herre Jesus, jeg vet at jeg var syk, og du helbredet meg." Smerten forlot meg for alltid! Jeg led aldri igjen. Jeg løftet straks hendene, lovpriste Herren og gav Gud æren. Jesus tok striper på ryggen slik at jeg kunne bli helbredet den dagen. Hans Ord sier også at mine synder også skulle bli tilgitt. Jeg reiste meg opp og vitnet for menigheten den samme dagen om hvordan Herren helbredet meg. Jeg tok min helbredelse med makt.

"Og fra døperen Johannes' dager og inntil nå lider himmelriket under vold, og de voldelige tar det med makt." (Matteus 11:12)

"Og troens bønn skal frelse den syke, og Herren skal reise ham opp; og om han har begått synder, skal de bli ham tilgitt." (Jakob 5:15)

"Han tilgir deg alle dine misgjerninger, han leger alle dine sykdommer." (Salmene 103:3)

Når vi står opp og vitner om hva Herren har gjort, gir vi ikke bare Gud æren, men det løfter troen til andre som trenger å høre det. Det er også friskt blod mot djevelen.

"Og de overvant ham ved Lammets blod og ved sitt vitnesbyrds ord, og de elsket ikke sitt liv inntil døden." (Åpenbaringen 12:11)

Gud utfører både store og små mirakler. Du beseirer djevelen når du forteller andre om hva Gud har gjort for deg. Du får djevelen til å flykte når du begynner å tilbe Gud av hele ditt hjerte! Du har troens våpen og Den hellige ånds kraft tilgjengelig for å beseire alle løgners far. Vi må lære å bruke dem.

Synsfeil.

Jeg hadde et problem med synet mitt i 1974, før jeg kom til Amerika. Jeg kunne ikke skille mellom avstanden mellom meg selv og et annet objekt foran meg. Dette førte til kraftig hodepine og kvalme. Legen sa at jeg hadde en netthinnelidelse som kunne korrigeres med øvelser, men det fungerte ikke for meg, og hodepinen fortsatte.

Jeg gikk i en menighet i California som trodde på helbredende krefter. Jeg ba menigheten om å be for meg. Jeg hørte stadig vitnesbyrd om helbredelse som hjalp meg til å tro på helbredelse. Jeg er så takknemlig for at kirker tillater vitnesbyrd, slik at andre kan høre lovprisningsrapporter om mirakler som Gud har utført i vanlige menneskers liv i dag. Min tro ble alltid løftet av å høre vitnesbyrd. Jeg lærte mye gjennom vitnesbyrd.

Senere oppsøkte jeg en øyelege, siden Gud hadde bedt meg om å oppsøke øyespesialisten.

Denne legen undersøkte øynene mine og fant det samme problemet, men ba meg om å få en ny vurdering. En uke senere ba jeg om bønn, siden jeg hadde sterk hodepine og uutholdelige smerter i øynene.

Jeg gikk til en second opinion, som undersøkte øynene mine og sa at det ikke var noe galt med øynene mine. Jeg ble veldig glad.

Seks måneder senere kjørte jeg til jobben og tenkte på hva legen hadde sagt, og jeg begynte å stole på at det ikke var noe galt, og at den andre legen som hadde diagnostisert ufullkommenhet i øynene tok feil. Jeg var helbredet i alle disse månedene og glemte hvor syk jeg var.

Gud begynte å tale til meg: "Husker du at du hadde uutholdelige smerter, hodepine og kvalme?"

Jeg sa: "Ja." Da sa Gud: "Husker du da du var i India og legen sa at du hadde en øyelidelse, og at du ble undervist i øyekoordinasjonsøvelser?

Elizabeth Das

Husker du at du ikke har kommet hjem syk på grunn av dette problemet i løpet av de siste seks månedene?"

Jeg svarte: "Ja."

Gud sa til meg: "Jeg helbredet øynene dine!"

Priset være Gud, dette forklarte hvorfor den tredje legen ikke kunne finne noe galt med meg. Gud lot meg gå gjennom denne opplevelsen for å vise meg at Han er i stand til å gå dypt inn i øynene mine og helbrede dem. Guds ord sier: "Jeg kjenner hjertet, ikke den som eier hjertet." Jeg begynte å tenke nøye over disse ordene i mitt sinn. Jeg eier kanskje hjertet mitt, men jeg kjenner ikke mitt eget hjerte, og jeg vet heller ikke hva jeg har i hjertet mitt. Derfor ber jeg, faster og leser Ordet hele tiden, slik at Gud bare kan finne godhet, kjærlighet og tro i mitt hjerte. Vi må være forsiktige med hva vi tenker og hva som kommer ut av vår munn. Mediter på godhet, for Gud kjenner alle våre tanker.

"La min munns ord og mitt hjertes tanker være velbehagelige for dine øyne, Herre, min styrke og min forløser." (Salmene 19:14)

"Hjertet er bedragersk over alle ting og forferdelig ondt; hvem kan kjenne det? Jeg, Herren, ransaker hjertet, jeg prøver tøylene, for å gi enhver etter hans veier og etter frukten av hans gjerninger." (Jeremia 17:9-10)

Jeg ber Salme 51 for meg:

"Gud, skap et rent hjerte i meg, og forny en rett ånd i meg." (Salmene 51:10)

Angst.

Jeg gikk gjennom en periode hvor jeg opplevde noe som jeg ikke kunne sette ord på. Jeg husker at jeg sa til Gud at jeg ikke visste hvorfor jeg følte det slik i tankene mine. Jeg ba og ba Gud om at jeg ikke kunne forstå denne overveldende følelsen fordi jeg ikke var bekymret for noe på den tiden. Denne følelsen varte en stund, og den fikk meg til å føle meg "off" mentalt, men ikke fysisk, noe som er den beste måten jeg kan beskrive det på. Senere på jobben hadde jeg en liten inspirasjonsbok i hånden.

Herren sa" :Åpne denne boken og les."

Jeg fant temaet "angst". Gud sa at det du har, er angst. Jeg var ikke kjent med dette ordet. Siden jeg ikke hadde en klar forståelse av dette ordet, sa Jesus at jeg skulle slå opp i ordboken. Jeg fant nøyaktig de symptomene jeg hadde. Definisjonen var bekymring eller engstelse for en eller annen ting eller hendelse, fremtidig eller usikker, som forstyrrer sinnet og holder det i en tilstand av smertefull uro.

Jeg sa: "Ja, Herre, jeg føler det akkurat slik!"

Jeg jobbet svingskift, og når jeg hadde fri, la jeg meg tidlig. I løpet av denne tiden pleide jeg å stå opp tidlig om morgenen for å be, og en dag ba Gud meg om å gå og legge meg. Jeg tenkte: "Hvorfor skulle Gud si dette?" På dette tidlige stadiet i min vandring med Gud var jeg i ferd med å lære å skjelne og høre Hans stemme. Igjen sa jeg til meg selv: "Hvorfor ber Gud meg om å legge meg til å sove? Jeg tror dette er djevelen.

Da husket jeg at Gud noen ganger sier ting til oss som kanskje ikke gir noen mening, men at Han gir oss et viktig budskap. Kort sagt var budskapet hans at vi ikke trenger å være helligere enn deg.

"For mine tanker er ikke deres tanker, og deres veier er ikke mine veier, sier Herren. For likesom himmelen er høyere enn jorden, så er mine veier høyere enn deres veier, og mine tanker høyere enn deres tanker". (Jesaja 55:8-9)

Bønn er med andre ord den rette veien, men i denne tiden var det ikke det. Han hadde allerede sendt sin engel for å tjene meg, og jeg trengte å være i sengen. Det finnes en tid for hvile, og en tid for Gud til å fylle våre lamper med ny olje gjennom bønn som fornyer Den hellige ånd. I naturen trenger vi søvn og hvile for å friske opp kropp og sinn slik Gud har ment det. Vi er Guds tempel og trenger å ta vare på oss selv.

*Men til hvem av **englene** sa han på noe tidspunkt: Sett deg ved min høyre hånd, inntil jeg gjør dine fiender til din fotskammel? Er de ikke alle **tjenende ånder, utsendt for å tjene dem som skal bli frelsens arvinger**? (Hebreerne 1:13,14)*

Da jeg sovnet igjen, drømte jeg om en mann uten hode. Den hodeløse mannen rørte ved hodet mitt. Senere våknet jeg opp og følte meg uthvilt og helt normal, vel vitende om at Gud hadde sendt en helbredende engel for å berøre hodet mitt og befri meg fra denne angsten. Jeg var så takknemlig til Gud at jeg fortalte det til alle som ville høre på meg. Jeg opplevde de forferdelige, invalidiserende symptomene på angst som hadde påvirket sinnet mitt. Du våkner opp hver dag med angsten i kroppen, og den gir deg aldri ro fordi sinnet ditt ikke er uthvilt nok til å slappe av. Angst er også et djevelens verktøy for å få deg til å føle deg overveldet av frykt eller panikk. Den kommer i mange former, og du vet kanskje ikke engang at du har den. Det beste du kan gjøre er å endre hvordan du reagerer på stress, og spørre deg selv om du gir kroppen din det den trenger for å fornye seg hver dag. Gud vil gjøre resten når du tar vare på "Hans tempel".

"Om noen gjør Guds tempel urent, ham skal Gud ødelegge; for Guds tempel er hellig, og det tempelet er dere". (1. Korinterbrev 3:17)

Stemmen hans.

Når du har Gud, er du mett fordi du er nedsenket i Hans kjærlighet. Jo mer du lærer Ham å kjenne, desto mer elsker du Ham! Jo mer du snakker med ham, jo mer lærer du å høre hans stemme. Den Hellige Ånd hjelper deg til å skjelne Guds stemme. Du må bare lytte til den stille, lille stemmen. Vi er sauene på Hans beitemark som kjenner Hans stemme.

"Da svarte Jesus dem: Jeg sa det til dere, og dere trodde det ikke: De gjerninger jeg gjør i min Faders navn, de vitner om meg. Men I tror ikke for I er ikke av mine får, som jeg har sagt til eder. Mine får hører min røst, og jeg kjenner dem, og de følger mig: Og jeg gir dem evig liv, og de skal aldri gå fortapt, og ingen skal rive dem ut av min hånd. Min Fader, som har gitt mig dem, er større enn alle, og ingen kan rive dem ut av min Faders hånd. Jeg og min Far er ett."
(Johannes 10:25-30)

Det finnes de av oss som kaller oss Hans "får", og de som ikke tror. Hans får hører Guds stemme. Religiøse demoner er villedende. De får oss til å føle at vi har Gud. Bibelen advarer oss mot falske doktriner.

"De har et skinn av gudsfrykt, men fornekter kraften i den."
(2. Timoteus 3:5)

Gud sier: "Søk meg av hele ditt hjerte, så skal du finne meg." Det handler ikke om å finne en livsstil som passer oss. Følg sannheten, ikke religiøse tradisjoner. Hvis du tørster etter Guds sannhet, vil du finne den. Du må lese og elske Guds ord, gjemme det i ditt hjerte og vise det i din livsstil. Ordet forandrer deg både innvendig og utvendig.

Jesus kom for å bryte tradisjonens og religionens makt med prisen av sitt blod. Han ga sitt liv for at vi skulle få tilgivelse for synd og ha direkte samfunn med Gud. Loven ble oppfylt i Jesus, men de bekjente ham ikke som Herre og Frelser, Messias.

"Men også blant de øverste øvrighetspersoner var det mange som trodde på ham; men på grunn av fariseerne bekjente de ham ikke, for at de ikke skulle bli utstøtt av synagogen: For de elsket menneskers ros høyere enn Guds ros." (Johannes 12:42, 43)

Influensa:

Jeg hadde høy feber og smerter i kroppen. Øynene og ansiktet mitt var også veldig hovent. Jeg kunne knapt snakke og ringte den eldste i menigheten min for å be for min helbredelse. Ansiktstrekkene mine ble øyeblikkelig normale igjen, og jeg ble helbredet. Jeg takker Gud for troens menn og den tryggheten han gir dem som stoler på ham.

"For vårt evangelium er ikke kommet til dere bare i ord, men også i kraft og i Den Hellige Ånd og i stor visshet." (1Tesalonikerne 1:5a)

Øyeallergi.

I Sør-California har vi et alvorlig smogproblem. Jeg hadde en irritasjon i øynene som ble verre med forurensningen i luften. Kløen, rødheten og den konstante smerten var uutholdelig; jeg fikk lyst til å ta øynene ut av øyekroken. For en forferdelig følelse. Jeg var fortsatt i vekst og lærte å stole på Gud. Jeg trodde det var umulig for Gud å helbrede dette, selv om Han allerede hadde helbredet meg tidligere. Jeg hadde bare vanskelig for å tro at Gud ville helbrede meg. Jeg tenkte at siden Gud allerede kjenner alle mine tanker, kan han ikke helbrede øynene mine på grunn av min vantro, så jeg brukte øyedråper for å lindre kløen. Herren begynte å tale til meg om å slutte med øyedråpene. Men kløen var veldig ille, og jeg sluttet ikke. Han gjentok dette tre ganger, helt til jeg til slutt sluttet med øyedråpene.

*"Men Jesus så på dem og sa til dem: For mennesker er dette umulig, men for **Gud er alt mulig"**. (Matteus 19:26)*

Noen timer senere, mens jeg var på jobb, forsvant kløen. Jeg var så glad at jeg begynte å fortelle alle på jobben om helbredelsen min. Jeg trengte aldri mer å bekymre meg for øynene mine. Vi vet så lite om Gud og hvordan Han tenker. Vi kan aldri kjenne Ham, for **Hans veier er** ikke våre veier. Vår kunnskap om Ham er så ekstremt liten. Det er derfor det er så avgjørende for sanne troende å vandre i Ånden. Vi kan ikke lene oss mot vår egen menneskelige forståelse. Jesus var snill, tålmodig og barmhjertig med meg den dagen. Jesus lærte meg en stor lekse. Jeg tvilte på helbredelse, men den dagen adlød jeg, og Han helbredet meg! Han har aldri gitt meg opp, og Han vil aldri gi deg opp!

Etter denne leksjonen om lydighet la jeg bort alle slags medisiner. Jeg trodde i mitt hjerte at jeg kunne begynne å stole på at Gud ville helbrede meg fra alle mine sykdommer og plager. Jeg lærte å tro på Ham etter hvert som tiden gikk og jeg vokste i Herren. Han fortsetter å være min lege den dag i dag.

Nakkeskade:

Jeg kjørte til kirken en ettermiddag da jeg ble påkjørt av et annet kjøretøy og pådro meg en nakkeskade som gjorde at jeg måtte sykemeldes fra jobben. Jeg ønsket å gå tilbake på jobb, men legen nektet. Jeg begynte å be: "Jesus, jeg kjeder meg, vær så snill å la meg gå." Jesus sa: "Gå tilbake på jobb, og ingen vil kunne se at du var skadet".

"For jeg vil gjøre deg frisk, og jeg vil lege dine sår, sier Herren."
(Jeremia 30:17a)

Så dro jeg tilbake til legen, og han ga meg tillatelse til å gå tilbake på jobb siden jeg insisterte. Jeg fikk smerter igjen og ble irettesatt for å ha gått tilbake på jobb for tidlig. Jeg husket hva Jesus hadde sagt og lovet meg. Jeg begynte å si til meg selv at jeg skulle holde fast ved Guds løfte, og begynte å bli bedre dag for dag. Før jeg visste ordet av det, var smertene borte. Den kvelden ba sjefen min meg om å jobbe overtid. Jeg lo og sa at jeg ikke var frisk nok til å jobbe overtid fordi jeg hadde smerter. Jeg innrømmet at jeg hadde noe jeg ikke hadde. Smertene kom straks tilbake, og ansiktet mitt ble veldig blekt, så sjefen min beordret meg til å gå hjem. Jeg husket at Gud tidligere hadde sagt at jeg ville bli frisk, og jeg var fast bestemt på å stå på det. Jeg sa til sjefen min at jeg ikke kunne gå hjem på grunn av Guds løfte. En annen arbeidsleder var kristen, så jeg ba henne om å be for meg. Hun insisterte på at jeg skulle dra hjem igjen. Jeg begynte å irettesette smerten og talte troens ord. Jeg kalte djevelen en løgner med Den Hellige Ånds autoritet. Øyeblikkelig forsvant smerten min.

"Da rørte han ved øynene deres og sa: Etter deres tro skal det skje dere." (Matteus 9:29)

29

Jeg gikk tilbake til min overordnede og fortalte henne hva som hadde skjedd. Hun var enig i at djevelen er en løgner og alle løgners far. Det er viktig å aldri kalle sykdom eller smerte for noe. Gud lærte meg en veldig viktig lekse om det å spøke med usannheter den dagen.

"Men la deres budskap være: Ja, ja; nei, nei; for alt som er mer enn dette, kommer av det onde." (Matteus 5:37).

Kapittel 3

Guds mektige våpen "Bønn og faste"

En søndag formiddag, under gudstjenesten, lå jeg på den siste benken med uutholdelige smerter og var knapt i stand til å gå. Plutselig ba Gud meg om å gå frem og ta imot bønn. På en eller annen måte visste jeg i mitt hjerte og i Ånden at jeg ikke kom til å bli helbredet, men siden jeg hørte Guds stemme, adlød jeg. Som vi leser i

1. Samuelsbok 15:22b. Å adlyde er bedre enn å ofre.

Jeg gikk sakte frem til fronten, og da jeg begynte å gå nedover sidegangen, la jeg merke til at folk begynte å reise seg når jeg passerte dem. Jeg var vitne til at Guds Ånd falt over hver enkelt person, og jeg lurte på hva Guds hensikt var med å sende meg frem til fronten.

"Og dersom du hører nøye på Herren din Guds røst og holder og gjør alle hans bud som jeg befaler deg i dag, da vil Herren din Gud sette deg høyt over alle folkeslag på jorden: Og alle disse velsignelser skal komme over deg og komme over deg, dersom du hører på Herren din Guds røst." (5. Mosebok 28:1-2)

Jeg var i min lokale kirke da dette skjedde, men tenkte på denne dagen en stund. Etterpå besøkte jeg en kirke i byen Upland. En søster fra vår tidligere menighet gikk også i denne kirken. Hun så annonsen min på bilen min der jeg tilbød matteundervisning og ville ansette meg. En dag da jeg underviste henne hjemme hos meg, sa hun til meg" :Søster, jeg husker den dagen da du var syk i vår gamle menighet og du gikk opp til fronten for å motta bønn. Jeg har aldri opplevd Guds nærvær på den måten før, selv om jeg har blitt døpt i Jesu navn og gått i kirken i to år. Den dagen du gikk forbi, følte jeg Guds Ånd for aller første gang, og den var så sterk. Husker du at hele menigheten reiste seg da Ånden falt på dem da du passerte?" Jeg husket den dagen godt, for jeg lurte fortsatt på hvorfor Gud hadde sendt meg til fronten når jeg knapt kunne gå. Jeg følte at det var en grunn til at Gud lot henne krysse min vei igjen. Gjennom henne besvarte Gud spørsmålet mitt om den dagen.

Jeg var glad for at jeg hørte Gud og adlød Hans stemme.

"For vi vandrer ved tro, ikke ved synet." (2. Korinterbrev 5:7)

Etter at jeg ble skadet i september 1999, kunne jeg ikke lenger gå, så jeg ble liggende i sengen og be og faste dag og natt, siden jeg ikke sov på 48 timer. Jeg ba dag og natt og tenkte at jeg heller ville ha Gud i tankene enn å føle smerten. Jeg snakket hele tiden med Gud. Vi er kar av ære eller vanære. Når vi ber, fyller vi vårt kar med Guds friske olje ved å be i Den hellige ånd.

Vi må bruke tiden vår klokt og ikke la livets bekymringer hindre oss i å ha et åndelig intimt forhold til vår Skaper. Det mektigste våpenet mot djevelen og hans hær er bønn og faste.

"Men dere, mine kjære, bygg dere selv opp på deres aller helligste tro, og be i Den Hellige Ånd." (Judas Vs.20)

Du beseirer det onde når du ber og har et konsekvent bønneliv. Konsistens er allmektig. Faste vil øke Den Hellige Ånds kraft, og du vil ha autoritet over demoner. Jesu navn er så mektig når du sier ordene

"I Jesu navn". Husk også at det dyrebare "Jesu blod" er ditt våpen. Be Gud om å dekke deg med Hans blod. Guds Ord sier:

*"Og fra Jesus Kristus, han som er det trofaste vitne og den førstefødte av de døde og fyrsten over jordens konger. Til ham som elsket **oss og vasket oss fra våre synder i sitt eget blod**." (Åpenbaringen 1:5)*

*"De førte de syke ut på gatene og la dem på senger og bårer, for at i det minste **skyggen** av Peter som gikk forbi, skulle overskygge noen av dem." (Apostlenes gjerninger 5:15)*

Kapittel 4

Gud, den store strategen

Hvem kan vite hva Gud tenker? I 1999 jobbet jeg på skift på postkontoret da jeg bøyde meg forover for å hente en vare og kjente sterke smerter i ryggen. Jeg lette etter sjefen min, men fant verken henne eller noen andre. Jeg gikk hjem og tenkte at smertene ville forsvinne etter at jeg hadde bedt en bønn før jeg la meg til å sove. Da jeg våknet neste morgen med smertene, ringte jeg den eldste i menigheten, som ba for min helbredelse. Mens jeg ba, hørte jeg Herren si at jeg skulle ringe arbeidsgiveren min på postkontoret for å varsle dem om skaden. Deretter fikk jeg beskjed om å varsle sjefen min når jeg kom tilbake på jobb. Da jeg kom tilbake på jobb, ble jeg innkalt til kontoret for å fylle ut en skaderapport. Jeg nektet å oppsøke legen deres fordi jeg ikke trodde på å gå til legen. Jeg stolte på Gud. Dessverre ble ryggsmertene mine bare verre. Arbeidsgiveren min trengte en legeerklæring som bekreftet at jeg hadde pådratt meg en skade, for å rettferdiggjøre lett arbeid. På dette tidspunktet hadde jeg flere ganger bedt om å bli undersøkt av legen deres, men nå var de ikke så villige til å sende meg dit. Det var først da de så en viss bedring da jeg gikk at de trodde jeg var blitt frisk. Nå henviste de meg til arbeidsskadelegen deres, som senere henviste meg til en ortopedisk spesialist. Han bekreftet at jeg hadde pådratt meg en varig ryggskade.

Det gjorde arbeidsgiveren min veldig opprørt. Jeg var så glad for at jeg gikk med på å oppsøke legen deres denne gangen. Jeg visste ikke hva fremtiden ville bringe, men det gjorde Gud. Ikke bare fikk jeg lette arbeidsoppgaver, men nå var de klar over at jeg hadde en alvorlig funksjonsnedsettelse. Etter hvert som tilstanden min ble verre, fikk jeg bare lov til å jobbe seks timer, så fire, og så to. Smertene ble så uutholdelige at det ble vanskelig å pendle frem og tilbake til jobben. Jeg visste at jeg måtte stole på at Gud ville helbrede meg. Jeg ba og spurte Gud hva som var hans plan for meg. Han svarte: "*Du skal hjem.*" Jeg tenkte at de sikkert ville kalle meg inn på kontoret og sende meg hjem. Senere ble jeg kalt inn på kontoret og sendt hjem, akkurat som Herren hadde sagt. Etter hvert som tiden gikk, ble tilstanden min verre, og jeg trengte støtte for å gå. En lege, som innså hvor alvorlig skaden var, anbefalte meg å oppsøke en lege som kunne ta seg av saken min.

En fredag kveld da jeg åpnet døren og forlot postkontoret, hørte jeg en Guds stemme som sa: "*Du kommer aldri tilbake til dette stedet igjen.*" Jeg ble så forbløffet over ordene at jeg begynte å tenke at jeg kanskje ville bli lammet eller til og med få sparken. Stemmen var veldig klar og kraftfull. Jeg visste uten tvil at det ville skje, og at jeg ikke ville se tilbake til dette stedet der jeg hadde arbeidet i 19 år. Hvordan det ville gå økonomisk for meg, var usikkert. Men Gud ser ting på avstand, og Han var i ferd med å legge enda et skritt i den retningen jeg skulle gå.

Som en mesterlig strateg la Gud langsomt og dyktig grunnlaget for min fremtid, for en tid da jeg ikke lenger skulle arbeide for noen andre enn Ham. Etter helgen hadde jeg funnet en ny ortopedisk lege som undersøkte meg. Han gjorde meg midlertidig uføretrygdet i nesten ett år. Posten sendte meg til en av sine leger for å bli undersøkt, og han var av en annen oppfatning enn legen min. Han sa at jeg var helt fin og kunne løfte opp til 30 kg. Jeg kunne ikke engang gå, stå eller sitte særlig lenge, og slett ikke løfte en vekt som tilsvarte min egen skrøpelige kropp. Legen min ble veldig opprørt. Han var uenig i den andre legens vurdering av min helse og fysiske evner. Gudskjelov at legen min bestred dette på mine vegne og mot min arbeidsgivers lege. Arbeidsgiveren min henviste deretter saken til en tredje lege som skulle fungere som en meklende "dommer". Denne dommeren var en ortopedisk kirurg som senere diagnostiserte meg som ufør. Det var ikke på grunn av arbeidsskaden, men på grunn av blodsykdommen min. Så nå tok alt en annen vending. Jeg var født med denne sykdommen. Jeg visste ikke noe om uførepensjon. Jeg ba om denne situasjonen med sinne i hjertet. Jeg visste at hans jobb var å gjøre det som var rettferdig for pasienten og ikke for arbeidsgiveren. Og i en visjon så jeg denne legen fullstendig gal.

Jeg ba straks Jesus om å tilgi ham. Herren begynte å tale til meg og sa at legen hadde gjort sitt beste for din skyld. Jeg ba Herren vise meg det, for jeg kunne ikke se det på den måten, men svaret skulle komme senere. I mellomtiden søkte jeg om permanent uføretrygd fordi jeg ikke lenger kunne arbeide. Jeg var usikker på om søknaden min ville bli godkjent. Både arbeidsgiveren min og legen min visste at jeg ikke bare hadde en ryggskade, men også tre svulster i korsryggen og et hemongiom i ryggraden. Jeg hadde degenerativ disksykdom og en blodsykdom. Kroppen min forfalt raskt og svært smertefullt.

De smertefulle symptomene på sykdommene og skadene mine hadde tatt hardt på meg. Jeg klarte ikke å gå, selv ikke med hjelpemidler. Det var ukjent hva som forårsaket lammelsene i beina mine, så jeg ble sendt til en MR-undersøkelse av hodet. Legen var på utkikk etter en psykologisk tilstand. Hvem kan vite hva Gud tenker, og hvilke skritt Han tar for min fremtid? Gud er den store strategen, for lite visste jeg da at det var en grunn til at alt dette skjedde. Jeg måtte bare stole på at Han ville ta vare på meg. Permanent uføretrygd kan bare godkjennes for personer som har en personlig medisinsk tilstand som kan dokumenteres av en personlig lege. Siden den nye legen min ikke hadde noen sykehistorie, nektet han å gi en fullstendig medisinsk vurdering av min arbeidsuførhet til uføreavdelingen. Jeg havnet også i et dilemma når det gjaldt økonomien min. Jeg gikk til den eneste kilden jeg kjente for å få svar. Herren sa: "*Du har mange medisinske rapporter, send dem alle til legen.*"

Ikke bare ga jeg legen alle legeerklæringene mine, men han var nå klar til å fylle ut søknaden min om permanent uførepensjon. Gud være lovet! Gud er alltid klar til å gi et svar hvis vi ber ham oppriktig om det. Det er viktig å alltid være stille og lytte etter Hans svar. Noen ganger kommer det ikke med en gang. Jeg ventet på at Den"store strategen" skulle ordne livet mitt i henhold til Hans vilje. De neste månedene var pinefulle og utfordrende. Ikke bare hadde jeg fysiske smerter, men jeg kunne heller ikke lenger bla i en bok. Siden jeg er avhengig av Gud for å bli helbredet, trodde jeg at det var en grunn til at jeg gjennomgikk dette, men at jeg helt sikkert ikke ville dø. I den troen takket jeg Gud hver dag for hvert øyeblikk jeg levde og uansett hvilken tilstand jeg befant meg i. Jeg brukte mye tid på bønn og faste for å komme meg gjennom de pinefulle smertene. Han var min eneste kilde til styrke og mitt tilfluktssted i bønn.

Livet mitt hadde tatt en stor vending til det verre. Jeg var ikke lenger i stand til å arbeide i denne invalidiserende tilstanden. Med mye bønn og bønnfalling hver dag så det ut til at situasjonen min ble verre, ikke bedre. Likevel visste jeg at Gud var det eneste svaret. Jeg var ikke i tvil om at Han ville ordne opp for meg. Han hadde gjort sin eksistens og sitt nærvær kjent for meg, og jeg visste at han elsket meg. Det var nok til å holde fast ved og vente på "Mesterstrategen", som hadde en bestemt plan for livet mitt.

Min mor, som var 85 år gammel, bodde sammen med meg på den tiden. Hun var også funksjonshemmet og trengte hjelp og pleie i sin sengeliggende tilstand. I en tid da min kjære mor trengte meg som mest, kunne jeg ikke ivareta hennes grunnleggende behov. I stedet måtte min skrøpelige mor se datterens helse forverres foran øynene på henne. To kvinner, mor og datter, i det som virket som en håpløs situasjon, men likevel trodde vi begge på "miraklenes mektige Gud". En dag så moren min meg falle sammen på gulvet. Hun skrek og ropte, hjelpeløs og uten mulighet til å gjøre noe for meg. Det var så uutholdelig og forferdelig for min mor å se meg på gulvet, men Herren, i sin barmhjertighet, reiste meg opp fra gulvet. Da min bror, søster og familie hørte om dette, ble de svært bekymret over at tilstanden min hadde nådd dette ekstreme nivået. Min kjære og gamle far, som ble tatt hånd om et annet sted, ville bare gråte og ikke si så mye, og jeg ba til Herren om at alt dette måtte være over for vår alles skyld. Det var ikke bare min personlige smerte og prøvelse jeg måtte utholde; nå gikk det også ut over mine nærmeste. Dette var den mørkeste tiden i mitt liv. Jeg så til Guds løfte fra begynnelsen:

"Når du går, skal dine skritt ikke være trange, og når du løper, skal du ikke snuble." (Ordspråkene 4:12)

Med stor glede i hjertet tenkte jeg på Guds ord og løfte. Jeg ville ikke bare være i stand til å ta et skritt, men også ha evnen til å løpe en dag. Jeg brukte mer tid på å be, for det var ikke så mye annet jeg kunne gjøre enn å be og søke Guds ansikt. Det ble en besettelse dag og natt. Guds ord ble mitt "håpets anker" i et vaklende hav. Gud sørger for det vi trenger, så Han sørget for at jeg fikk en motorisert rullestol som gjorde det litt lettere for meg å bevege meg rundt. Når jeg sto oppreist, klarte jeg ikke å holde balansen selv med hjelp. Det var bare ubehag og smerter i hele kroppen, og den trøsten jeg hadde, kom fra "Talsmannen", Den hellige ånd. Når Guds folk ba for meg, opplevde kroppen min midlertidig lindring fra smertene, så jeg søkte alltid bønn fra andre. En dag kollapset jeg på gulvet og ble kjørt til sykehuset. Legen på sykehuset forsøkte å overtale meg til å ta smertestillende medisin. Han var iherdig siden han så at smertene mine hadde vært ekstreme i mange dager. Til slutt ga jeg etter for hans instruksjoner om å ta medisinen, men det var i strid med det jeg trodde på.

For meg var Gud min helbreder og lege. Jeg visste at Gud hadde evnen til å helbrede meg når som helst, akkurat som han hadde gjort så mange ganger før, så hvorfor skulle han ikke helbrede meg nå? Jeg var overbevist om at det var Guds ansvar å hjelpe meg. Det var slik jeg tenkte og ba i tro, og ingen kunne få meg til å endre denne oppfatningen. Jeg kunne ikke se det på noen annen måte, så jeg ventet på "Mesterstrategen". Tankeprosessen min ble sterkere ved at jeg lente meg på Gud. Jo mer jeg ba, desto mer vokste mitt forhold til Ham. Det var så dyptgripende og personlig at det ikke kan forklares for noen som ikke kjenner til Guds åndelige veier eller til Hans eksistens. Han er en fantastisk Gud! Den dagen jeg forlot sykehuset, ringte jeg en venninne som skulle hente meg. Hun la hånden sin over meg for å be, og jeg opplevde en midlertidig smertelindring. Det var som å ta Guds reseptbelagte medisin. I løpet av denne tiden sendte Gud en dame til å be med meg hver morgen kl. 04.00. Hun la hendene på meg og ba. Jeg opplevde bare midlertidig lindring, og nå hadde jeg fått en bønnepartner. Jeg trodde av hele mitt hjerte at Gud hadde alt under kontroll.

Ting ble verre etter hvert som kroppen min fortsatte å forvitre. Jeg fikk ikke nok blodtilførsel eller oksygen til under- og overekstremitetene på grunn av nerveskader. I tillegg til symptomene ble jeg inkontinent. Jeg begynte å få problemer med å uttale ord på grunn av spasmer i munnen. Jeg hadde skade på isjiasnerven, og listen over symptomer ble stadig lengre.

Min helbredelse kom ikke raskt. Jeg lurte på hva som hadde skjedd med Hans løfte i Ordspråket 4:12. Jeg tenkte at jeg kanskje hadde syndet. Så jeg ba: "Herre Jesus, vær så snill å la meg få vite hva jeg har gjort galt, slik at jeg kan omvende meg." Jeg ba Gud om å snakke med meg eller min venn, om å sende meg et ord. Jeg var ikke sint på Gud, men jeg ba ham med et ydmykt hjerte. Jeg var desperat etter helbredelse.

Senere samme dag ringte telefonen min, og jeg tenkte at dette kunne være svaret mitt. Men til min store skuffelse var det noen andre som ringte. Jeg gikk til sengs og våknet klokken fire om morgenen for å be. Min bønnepartner Sis. Rena kom bort for å be sammen med meg. Jeg så på henne og lurte på om Gud kanskje hadde talt til henne, og at hun hadde svaret mitt, men til min skuffelse kom det ikke noe svar.

Etter at hun hadde gått, gikk jeg inn på rommet mitt for å legge meg ned og hvile. Mens jeg lå der, kl. 09.00 hørte jeg bakdøren gå opp; det var Carmen, husholdersken. Hun kom inn og spurte meg: "*Hvordan føler du deg?*" Jeg sa: "*Jeg føler meg forferdelig.*" Så snudde jeg meg og gikk tilbake til rommet mitt. Carmen sa: "*Jeg har et ord til deg.*" Mens jeg ba i kirken i dag, kom Jesus til meg og sa: "*Søster Elizabeth Das går gjennom en prøvelse. Elizabeth Das går gjennom en prøvelse, det er hennes brennende lange prøvelse, og hun har ikke gjort noe galt. Hun vil komme ut som gull, og jeg elsker henne høyt.*" Jeg vet at jeg var i tronsalen med Ham kvelden før da jeg ba om svar på spørsmålet mitt.

Se, Herrens hånd er ikke forkortet, så den ikke kan frelse, og hans øre er ikke tungt, så det ikke kan høre. (Jesaja 59:1)

På dette tidspunktet i livet følte jeg at jeg skulle bli gal. Jeg kunne ikke lenger lese, huske eller konsentrere meg normalt. Mitt eneste valg og min eneste grunn til å leve var å tilbe Gud og be innstendig. Jeg sov bare korte perioder på tre til fire timer annenhver dag. Når jeg sov, var Gud min Shalom. Ære og lovprisning og ære være Hans hellige navn! Jeg ropte til Herren i mine bønner: "Gud, jeg vet at jeg kan komme ut av dette med en gang, for jeg har tro på at du kan og vil helbrede meg". Jeg begynte å tenke på at jeg kanskje ikke kunne komme ut av denne prøvelsen ved hjelp av min tro alene. Prøvelser har en begynnelse og en slutt.

En tid til å drepe og en tid til å lege, en tid til å bryte ned og en tid til å bygge opp; (Forkynneren 3:3)

Jeg var nødt til å tro at når alt dette var over, ville jeg ha et mektig trosvitnesbyrd som ville stå seg for alltid. Et trosvitnesbyrd som jeg kunne dele med mange som et vitnesbyrd om den allmektige Guds underfulle gjerninger! Det ville være verdt det, var det jeg stadig gjentok for meg selv. Jeg måtte tro på mitt "Håpets anker" fordi det ikke fantes noen annen vei enn **Hans vei**! Og det var på **Hans vei** at det skjedde at jeg ble ledet til den som var utrustet med den mektige gaven å helbrede, gitt i Hans navn. Guds Ord forandrer seg aldri, så Gud forandrer seg heller ikke. Han er den samme i går, i dag og i all evighet. Som gjenfødte troende må vi bekjenne vår tro i kjærlighet og elske Guds ord.

"Vi er født på ny, ikke av forgjengelig sæd, men av uforgjengelig, ved Guds ord, som lever og blir til evig tid." (1. Peter 1:23)

Bibelske Guds menn hadde også sine prøvelser. Hvorfor skulle det være annerledes i dag at Gud ikke skulle prøve oss? Jeg sammenligner ikke meg selv med Bibelens gudfryktige menn, for jeg er langt fra å være sammenlignbar med de hellige disiplene. Hvis Gud satte menneskers tro på prøve for hundrevis av år siden, så vil Han også sette dagens menn og kvinner på prøve.

*"Salig er den som holder ut fristelsen, for når han blir **prøvet**, skal han få livets krone, som Herren har lovt dem som elsker ham." (Jakob 1:12)*

Jeg tenkte på den bibelske beretningen om Daniel. Han befant seg i en situasjon der troen hans ble satt på prøve. Gud beskyttet Daniel i løvehulen fordi han ikke ville adlyde kong Dareios' lov. Han ba bare til Gud og nektet å be til kong Dareios. Så var det Job, en hengiven mann som elsket Gud, som mistet alt han eide og led av sykdom i kroppen, men Job ville ikke forbanne Gud. Det var så mange andre menn og kvinner som er nevnt i Bibelen. Uansett hva de gikk gjennom, hadde deres prøvelser en begynnelse og en slutt. Herren var med dem gjennom alt fordi de stolte på ham. Jeg holder fast ved lærdommen fra disse bibelske beretningene som er gitt oss til eksempel og inspirasjon. Gud er svaret på alt. Stol bare på ham og vær tro mot hans ord, for hans ord er tro mot deg!

og tro og en god samvittighet, som noen har forlist når det gjelder troen (1 Timoteus 1:19)

Når din tro blir satt på prøve, husk å stå på Guds ord. I ethvert angrep fra fienden kan kampen vinnes gjennom kraften i Hans ord.

Herren er min styrke og min sang, og han er blitt min frelse, han er min Gud, (2 Mos 15,2a)

Min klippe er min Gud, på ham setter jeg min lit; han er mitt skjold og min frelses horn, mitt høye tårn og min tilflukt, min frelser; du frelser meg fra vold (2Sam. 22:3)

Herren er min klippe, min borg og min befrier, min Gud, min styrke, som jeg setter min lit til, min skanse, mitt frelseshorn og mitt høye tårn. (Sal. 18:2)

Herren er mitt lys og min frelse, hvem skal jeg frykte, Herren er mitt livs styrke, hvem skal jeg være redd for? (Salme 27,1)

På Gud har jeg satt min lit: Jeg frykter ikke for hva mennesker kan gjøre mot meg. (Salme 56:11)

I Gud er min frelse og min ære, i Gud er min klippe og min tilflukt. (Sal. 62,7)

Kapittel 5

Snakk ut om troen din

Jeg hadde en støvallergi som gjorde at det klødde i ansiktet. Jeg trodde at Gud ville helbrede meg fra denne tilstanden. En dag så en kollega på meg og sa at allergien min var veldig ille. Jeg fortalte henne at jeg ikke hadde allergi, og forklarte at jeg trodde at Gud allerede hadde tatt seg av min bønn om helbredelse. Dette var min "ikke si noe om det" og "ikke kreve det". Herren innfridde min bønn samme dag ved å fjerne tilstanden og alle symptomene. For en vidunderlig Gud vi tjener! Vi trenger ikke å bekjenne med munnen og gi navn til symptomene våre. Når du mottar bønn, tro at det allerede er tatt hånd om i himmelen, og at en engel er sendt ut for å bringe deg din helbredelse. Tal din tro inn i tilværelsen, ikke din sykdom og dine plager. Jeg kommer til å tenke på den bibelske historien om Jesus og centurionen i Kapernaum:

"Og da Jesus var kommet inn i Kapernaum, kom en høvedsmann til ham og bønnfalt ham og sa: Herre, min tjener ligger hjemme syk av lammelser og er meget plaget. Og Jesus sa til ham: Jeg vil komme og helbrede ham. Da svarte høvedsmannen og sa: Herre, jeg er ikke verdig til at du kommer inn under mitt tak; men si bare et ord, så skal min tjener bli helbredet. For jeg er en mann med myndighet, og jeg har soldater under mig; og jeg sier til denne mann: Gå, og han går;

*og til en annen: Kom, og han kommer; og til min tjener: Gjør dette,
og han gjør det. Da Jesus hørte det, ble han forundret og sa til dem
som fulgte etter: Sannelig sier jeg eder: En så stor tro har jeg ikke
funnet, nei, ikke i Israel." (Matteus 8:5-10)*

Centurionen kom ydmykt til Herren i tro på kraften i Jesu ord.
Centurionens egne ord avslørte for Jesus hans tro på kraften i det "talte
ordet" som ville helbrede tjeneren hans. Vi kan bringe tro og håp til
andre gjennom det vi sier til dem. Vi må la Den hellige ånd tale
gjennom vår munn når vi får anledning til å vitne for andre.

Dette er Hans måte å bruke oss på for effektivt å berøre andres liv og
plante frelsens frø. I slike tider vil Gud gi oss ordene vi skal tale, med
salvelse, fordi Han kjenner vårt hjerte og vårt ønske om å nå ut til
synderen. Jeg er så takknemlig for Guds kjærlighet, barmhjertighet og
nåde som leder oss til omvendelse. Han er klar til å tilgi oss våre synder
og kjenner våre svakheter, for Han vet at vi er mennesker.

*"Og han sa til meg: Min nåde er deg nok, for min styrke
fullkommengjøres i svakhet. Derfor vil jeg heller rose meg av mine
skrøpeligheter, for at Kristi kraft kan hvile på meg. Derfor har jeg
behag i skrøpeligheter, i bebreidelser, i nød, i forfølgelser, i trengsler
for Kristi skyld; for når jeg er svak, da er jeg sterk."
(2. Korinterbrev 12:9-10).*

*Og Jesus sa til dem: På grunn av deres vantro; for sannelig sier jeg
dere: Hvis dere har tro som et sennepskorn, skal dere si til dette
fjellet: Flytt dere til et sted der borte, og det skal flytte seg, og
ingenting skal være umulig for dere. (Matteus 17:20)*

Den kvelden ble hudallergien fullstendig kurert siden jeg ikke tok imot
satans pakke.

Kapittel 6

Guds og Hans tjeners helbredende kraft

Jeg vil begynne dette kapitlet med å fortelle litt om broder James Min. Broder James hadde et skomakerverksted i Diamond Bar, California, hvor han også vitnet for sine kunder om Guds kraft. En gang i tiden var han ateist, men kom til å akseptere den kristne tro. Senere ble han kjent med apostlenes sannhetslære og er nå en sterk troende som er døpt i Jesu navn og har mottatt Den Hellige Ånd med bevis på at han taler i andre språk eller tunger. Da jeg møtte bror James første gang, fortalte han meg om sitt vitnesbyrd og hvordan han ba Gud om å bruke ham i gavene, slik at andre skulle komme til tro og lære Gud å kjenne gjennom mirakler.

Som kristne må vi bruke gavene og ikke være redde for å be Gud om å bruke oss. Disse gavene er også for oss i dag. Den tidlige menigheten i Det nye testamentet var sensitiv for Guds Ånd og tjente i Åndens gaver.

Jesus sa..:

*"Sannelig, sannelig sier jeg dere: Den som tror på meg, han skal også gjøre de gjerninger jeg gjør, og **større gjerninger** enn disse skal han gjøre, for jeg går til min Far." (Johannes 14:12)*

Be om at menighetslederen din vil hjelpe deg til å forstå disse gavene og at han eller hun vil støtte din gave. Be Gud om hjelp til å bruke dem fordi de kommer direkte fra Gud. Ikke vær høy på pæra hvis gaven din er en gave som opererer åpent i menigheten. Med noen gaver vil Gud bruke deg som et redskap for å få gjort det Han ønsker. Du kan ha flere gaver uten å vite det. Noen gaver vil ikke gjøre deg særlig populær, men du må adlyde Gud når Han taler. Alt avhenger av gaven. Be om visdom til å bruke din gave under Hans salvelses kraft. Gud valgte deg av en grunn, og Han gjør ikke feil. Gavene er til menighetens oppbyggelse.

Det finnes bare én sann kirke som tilber Ham i ånd og sannhet.

"Nå er det mangfold av gaver, men den samme Ånd. Og det er forskjell på forvaltningen, men det er den samme Herre. Og det er forskjell på gjerningene, men det er den samme Gud som virker alt i alle. Men Åndens åpenbaring er gitt enhver til nytte og gagn. For den ene er av Ånden gitt visdommens ord, en annen kunnskapens ord ved den samme Ånd, en annen troen ved den samme Ånd, en annen helbredelsens gaver ved den samme Ånd, en annen undergjerninger, en annen profeti, en annen åndsskjønnhet, en annen forskjellige slags tungetale, en annen tydning av tunger: Men alt dette virker den ene og samme Ånd, som deler ut til enhver, hver for seg, som han vil."
(Første Korinterbrev 12:4-11)

Broder James fortalte meg at han ba om disse gavene for å kunne virke i Den Hellige Ånd med tegn på mirakler av Guds underfulle gjerninger. Han leste i Bibelen dag og natt. Han innså at gjennom Åndens gaver ville troens frø bli plantet i hjertet til den vantro. Vi må være et eksempel på vår tro, slik Jesus selv sa, at de troende selv skulle utføre disse miraklene og mye mer.

"Troen er det vi håper på, beviset på det vi ikke ser."
(Hebreerne 11:1)

" Men uten tro er det umulig å behage ham; for den som kommer til
Gud, må tro at han er til, og at han belønner dem som søker ham
med iver". (Hebreerne 11:6)

Broder James hadde en visjon om at Gud ville gi ham åndelige gaver. I dag virker han gjennom gavene helbredelse og utfrielse. Det var gjennom bror James' tjeneste at den fastsatte tiden ble satt i himmelen for den dagen jeg skulle kunne gå igjen, uten hjelpemidler. Broder James er ikke pastor eller prest i en kirke. Han har ingen høy stilling i en menighet, selv om han har blitt tilbudt stillinger og penger på grunn av de åndelige gavene. Han er ydmyk overfor den gaven som Gud har betrodd ham. Jeg har sett hvordan Gud bruker ham til å drive ut demoner fra mennesker i Jesu navn, og helbredelse kommer til de syke. Demoner er under Guds autoritet i Jesu navn når broder James kaller dem ut. Han vil stille demoner spørsmål i Jesu navn, og de vil svare broder James. Jeg har sett dette personlig mange ganger; spesielt når han ba demoner om å bekjenne hvem den virkelige Gud er. Demonen vil svare: "Jesus". Men for dem er det for sent å vende seg til Jesus. Jeg lærte mye om den åndelige verden ved å gå gjennom denne prøvelsen og lene meg på Gud for helbredelse.

"Og han sa til dem: Gå ut i all verden og forkynn evangeliet for hver
skapning. Den som tror og blir døpt, skal bli frelst; men den som ikke
tror, skal bli fordømt. Og disse tegn skal følge dem som tror: I mitt
navn skal de drive ut djevler, de skal tale med nye tunger, de skal ta
imot slanger, og om de drikker noe dødelig, skal det ikke skade dem,
og de skal legge hendene på syke, og de skal bli friske."
(Markus 16:15-18)

Ved Guds nåde er bror James klar til å vitne om Jesus for hvem som helst når som helst. Han arbeider i helbredelses- og utfrielsestjenesten på hjemmemøter eller i menigheter der han er invitert. Broder James siterer fra Bibelen:

Men, brødre, jeg har skrevet desto frimodigere til eder, for at I
skulde komme i hu den nåde som er gitt mig av Gud, at jeg skulde
være Jesu Kristi tjener for hedningene og forkynne Guds
evangelium, forat hedningenes offer skulle bli velbehagelig, helliget
ved den Hellige Ånd. Derfor har jeg grunn til å rose mig av Jesus
Kristus i det som hører Gud til. For jeg våger ikke å tale om noget av
det som Kristus ikke har gjort ved mig, for å gjøre hedningene lydige
ved ord og gjerning, ved mektige tegn og under, ved Guds Ånds
kraft, så at jeg fra Jerusalem og omkring til Illyricum har forkynt
Kristi evangelium fullt ut. (Romerbrevet 15:15-19)

Den dagen jeg møtte ham, stilte broder James meg noen spørsmål om helsen min. Jeg fortalte ham alt og om symptomene mine. Jeg viste ham også hvor jeg hadde tre svulster. Svulstene var på utsiden av ryggraden, og den andre var på innsiden av ryggraden. Broder James undersøkte ryggraden min og forklarte at den ikke var rett på linje fra midten. Han sjekket beina mine ved å sammenligne dem side om side og viste meg at det ene beinet var nesten 5 cm kortere enn det andre. Den ene hånden var også kortere enn den andre. Han ba for ryggraden min, og den kom tilbake til sitt opprinnelige sted der han kunne føre fingeren rett i linje parallelt med ryggraden min. Han ba for beinet mitt, og det begynte å bevege seg foran øynene mine, og så sluttet det å vokse da det var på høyde med det andre beinet. Det samme skjedde med hånden min. Den vokste jevnt med den andre hånden. Broder James ba meg så om å legge bort gåstøtten min og beordret meg til å reise meg og gå i Jesu navn. Jeg gjorde som han ba om og begynte å gå på mirakuløst vis. Da jeg ble vitne til dette, kom vennen min løpende og ropte: "Liz, hold fast i meg, hold fast i støtten din, ellers vil du falle!" Jeg visste at jeg hadde styrke til å gå i det øyeblikket, og jeg tok det skrittet i tro. Jeg var så opprømt av glede!

Jeg hadde muskelsvakhet i beina på grunn av mangelen på trening etter å ha vært ute av stand til å gå i så lang tid. Det tok en stund å få musklene i form igjen, og selv i dag har jeg ikke full styrke i musklene. Gudskjelov går jeg og kjører bil. Ingen kan fortelle meg at Gud ikke utfører mirakler i dag. Ingenting er umulig med Gud. Med overveldende glede gikk jeg til legen som kjente til min funksjonshemming. Straks jeg kom inn på kontoret, uten hjelpemidler, stokk eller rullestol, ble personalet helt forbløffet. Sykepleierne skyndte seg å hente legen, som også var utrolig overrasket over at han i det hele tatt tok røntgenbilder. Det han så var at svulstene fortsatt var der, men av en eller annen mystisk grunn var jeg i stand til å gå på tross av dette. Gud være lovet! Jeg tror at disse svulstene også snart vil være borte!

Den dagen Gud helbredet meg, begynte jeg å fortelle alle at Gud er vår helbreder og at hans frelsesplan er for dem som tror og vil følge ham. Takk Gud for broder James og for alle Guds velgjerninger!

Den første delen av løftet mitt hadde gått i oppfyllelse.

"Når du går, skal dine skritt ikke være trange, og når du løper, skal du ikke snuble." (Ordspråket 4:12)

Mange ganger trodde jeg at jeg skulle falle, men det gjorde jeg aldri

"Velsign Herren, min sjel, og glem ikke alle hans velgjerninger: Han tilgir deg alle dine misgjerninger, han leger alle dine sykdommer, han frelser ditt liv fra undergang, han kroner deg med miskunnhet og barmhjertighet, han metter din munn med gode ting, så din ungdom fornyes som ørnens." (Salmene 103:2-5).

Kapittel 7

Ikke gi etter for djevelen eller djevelens ting

Min venninne Rose fra California ringte meg tidlig en morgen. Hun fortalte meg at mannen hennes, Raul, hadde gått og lagt seg kvelden før, mens hun satt på gjesterommet og lyttet til et populært radioprogram om ouijabrett. Lyset var slukket, og rommet var mørkt. Plutselig sa hun at hun følte et nærvær i rommet. Hun så mot døråpningen, og der sto det en mann som lignet litt på mannen hennes. Denne skikkelsen beveget seg raskt som et lyn og la henne flatt ned på sengen der hun lå. Deretter trakk "tingen" henne opp etter armene, slik at hun kom opp i sittende stilling med ansiktet vendt mot ham. Hun kunne tydelig se at det ikke var noen øyne i øyehulene, men bare et dypt, hult mørke. Armene som fortsatt holdt henne oppe, var grålige som døden, og blodårene stakk ut av huden. Hun skjønte med en gang at dette ikke var mannen hennes, men en uren, fallen engel.

Som du vet har en demon og en fallen engel helt forskjellige egenskaper. De falne englene ble kastet ut av himmelen sammen med Lucifer, og de har helt forskjellige oppgaver. Faldne engler kan flytte ting rundt akkurat som mennesker, men en demon trenger en menneskekropp for å gjennomføre sin plan. Demoner er åndene til mennesker som har dødd uten Jesus; de har også begrenset makt.

Og et annet under viste sig på himmelen; og se, en stor, rød drage med syv hoder og ti horn og syv kroner på sine hoder. Og hans hale trakk tredjedelen av himmelens stjerner og kastet dem ned på jorden, og dragen stod foran kvinnen, som var rede til å føde, for å sluke hennes barn så snart det var født. (Åpenbaringen 12:3,4)

Rose var fortsatt forsvarsløs og ute av stand til å snakke i en frossen tilstand. Hun sa at hun forsøkte å rope til Raul, men at hun bare kunne gi fra seg korte, kjempende lyder som om noen strammet stemmebåndene hennes. Hun kunne fortsatt høre radioverten i bakgrunnen og visste at hun ikke sov, for øynene hennes var helt åpne, og hun gjentok for seg selv at hun ikke måtte lukke dem. Hun husket at hun tidligere hadde lukket øynene en kort stund før denne hendelsen inntraff, og at hun hadde sett et syn eller en drøm av store kloremerker som rev gjennom tapetet.

Jeg har kjent Rose i nesten 30 år. Rose forlot menigheten for ca. 10 år siden og vandret ikke lenger med Herren. Vi holdt alltid kontakten, og jeg fortsatte å be for at hun skulle vende tilbake til Gud. Rose fortalte meg at hun hadde talt i tunger veldig kraftig uten noen åpenbar grunn mens hun kjørte hjem fra jobb, i hvert fall flere ganger. Hun følte at dette var veldig uvanlig fordi hun ikke ba i det hele tatt. Hun innså at Gud handlet med henne gjennom Den Hellige Ånd. Hans kjærlighet nådde ut til henne, og hun visste at Gud hadde kontroll fordi Han valgte tidspunktet for sine besøk. Rose sa at hun lukket øynene og sinnet og skrek: "JESUS!" På et øyeblikk hoppet den falne engelen av kroppen hennes og gikk bort uten å røre bakken.

Hun ble liggende urørlig til hun kunne bevege seg igjen. Hun vekket Raul, som sa at det bare var et mareritt. Han la henne i sengen ved siden av seg, og hun sovnet raskt. Rose begynte å gråte og tenkte på det forferdelige som nettopp hadde skjedd, og la merke til at hun lå i fosterstilling. Plutselig begynte hun å tale i tunger da Den hellige ånds overnaturlige kraft kom over henne og førte henne tilbake inn i det mørke rommet. Hun lukket døren bak seg og innså nøyaktig hva hun måtte gjøre. Hun begynte å tilbe Gud høylytt og opphøyet Hans navn helt til hun falt om på gulvet, utmattet, men med en stor fred i kroppen.

Da hun åpnet døren, sto Raul til hennes store forbauselse i stuen med alle lysene på. Hun gikk direkte til sengen deres og sov med en fantastisk ro. Neste kveld, mens de forberedte middagen, spurte Raul Rose om den "tingen" fra kvelden før ville komme tilbake. Overrasket over spørsmålet spurte Rose hvorfor han spurte om dette, for han trodde ikke engang at det hadde skjedd. Raul fortalte Rose at etter at hun gikk inn på rommet for å be, kom det noe etter ham. Det var derfor han var oppe med alle lysene på. Etter at hun hadde bedt og sovnet, ble han angrepet av noe forferdelig som holdt ham våken til kl. 04.00 neste morgen. Han brukte Om-nynnende meditasjon og kjempet fra 23.00 til morgenen. Rose husket at Raul hadde et Ouija-brett i skapet i gangen som han nektet å kvitte seg med da hun først flyttet inn i huset. Hun sa til Raul at hun ikke visste om det ville komme tilbake, men at han burde kvitte seg med Ouija-brettet. Raul kastet det raskt i søppelkassen utenfor. Rose sa at det måtte den forferdelige hendelsen til for å få ham til å kvitte seg med det!

Da Rose ringte meg, fortalte jeg henne at den falne engelen fortsatt kunne være inne i huset, så vi måtte be over telefonen sammen. Rose hentet olivenoljen for å salve huset sammen med meg på høyttalertelefonen. Da jeg sa ordet "klar", fortalte jeg henne at hun umiddelbart skulle begynne å tale i tunger i Den hellige ånd. Da jeg sa "klar", begynte Rose å tale i tunger øyeblikkelig og la ned telefonen for å salve. Jeg kunne høre stemmen hennes forsvinne mens hun ba i hele huset og salvet dører og vinduer i Jesu navn. Rose var nå utenfor min hørevidde da noe sa til meg at jeg skulle be henne om å gå inn i garasjen. I samme øyeblikk sa Rose at hun salvet rom og var ved bakdøren som førte inn i garasjen. Hun følte et ondt nærvær bak døren da hun salvet den. I troen på Guds beskyttelse åpnet hun døren og gikk inn i den svært mørke garasjen. Den Hellige Ånds kraft ble sterkere etter hvert som hun gikk inn og kunne kjenne at den var der! Hun gikk mot en annen dør som førte ut til en uteplass der søppelkassen var plassert. Det var den samme søppelkassen som Raul hadde kastet Ouija-brettet i dagen før. Uten å nøle sa Rose at hun helte olivenolje over Ouija-brettet mens hun ba høyt og inderlig i Den hellige ånd, og så lukket hun lokket. Hun gikk tilbake til stuen og kunne høre stemmen min rope til henne "gå inn i garasjen, for det er der inne". Rose fortalte meg at hun allerede hadde tatt seg av "det" .Dette bekreftet at det onde var i garasjen mens vi ba.

Rose sa at alt ga mening for henne nå. Gud hadde i sin barmhjertighet og kjærlighet forberedt Rose på denne dagen, selv om hun ikke tjente Ham. Ifølge Rose var det denne opplevelsen som førte henne tilbake til Gud med en forpliktelse som hun aldri hadde følt før. Nå går hun i Apostolic Lighthouse i Norwalk i California. Hun var så takknemlig til Gud for Hans kjærlighet og beskyttelse. Gud gjorde henne klar til å møte den falne engelen den natten med Den hellige ånds ubestridelige åndelige rustning. For Rose var det som skjedde en overnaturlig manifestasjon av Guds kraft i Jesu navn. Det var Hans kjærlighet til Rose som fikk henne til å vende tilbake til Hans veier. Tro på at Hans hånd ikke er for kort til å frelse eller utfri, selv når det gjelder dem som motsetter seg og velger å ikke tro på det de ikke kan se eller føle. Vår Forløser betalte prisen for oss på korset med sitt blod. Han vil aldri tvinge noen til å elske Ham. Guds ord forteller oss at du må komme som et lite barn, og lover at hvis du søker ham av hele ditt hjerte, vil du finne ham. Vantro og skeptikere kan ikke forandre det som er og det som skal komme. Tørst etter Guds rettferdighet og drikk av livets levende vann.

"Da jeg kom, var det ingen der. Da jeg kalte, var det ingen som svarte? Er min hånd forkortet, så den ikke kan frelse? Eller Har jeg ikke makt til å frelse? Se, jeg tørker ut havet ved min irettesettelse, jeg gjør elvene til en ødemark; deres fisk stinker, fordi det ikke er vann, og de dør av tørst." (Jesaja 50:2)

Elizabeth Das

"I ydmykhet underviser vi dem som er imot seg selv, om Gud kanskje vil gi dem omvendelse til å erkjenne sannheten, så de kan komme seg ut av djevelens snare og bli tatt til fange av ham etter hans vilje."
(2. Timoteus 2:25-26)

Kapittel 8

Drøm og visjon - "Advarselen"

En morgen drømte jeg om en overhengende fare mens jeg kjørte bil. I denne drømmen sprakk forhjulet med en høy lyd. Det var så høyt at det vekket meg. Det var så virkelig at drømmen føltes som om jeg var våken eller et sted midt imellom. Jeg ba om dette i løpet av uken og bestemte meg for å ta bilen min til en dekkrevisjon. Dessverre ble planene mine avbrutt, og jeg fikk ikke gjort noe med det. Samme uke dro jeg og noen venner for å be for en indisk familie som trengte forbønn. På vei til huset deres sprakk dekket på bilen min på motorveien ved kirkegården. Med ett husket jeg drømmen akkurat slik jeg hadde sett den. Her satt vi, i bilen min med punktert dekk, mens familien insisterte på at vi skulle komme hjem til dem. Etter at dekket var reparert, dro vi tilbake for å hente et annet kjøretøy og fortsatte å besøke familien. Familien hadde en situasjon med sin eneste sønn, som var innblandet i en rettssak og kunne risikere fengselsstraff. De var bekymret for at han også skulle bli deportert til hjemlandet. Moren til den unge mannen ringte meg tidligere på dagen og forklarte gråtende hva han ville bli anklaget for. Hun tenkte på det verste scenarioet, og var sikker på at han ville bli funnet skyldig og deretter deportert for aldri å se sønnen sin igjen. Hun sa at hun ikke kunne jobbe fordi hun

Elizabeth Das

hele tiden ville gråte foran pasientene sine. Mens hun gråt, begynte jeg å be for situasjonen sammen med henne over telefon. Jeg begynte å tale i Den Hellige Ånd på et ukjent språk eller i ukjente tunger, mens Guds Ånd beveget seg. Jeg ba helt til hun sa at hjertet hennes ikke lenger var tynget, og at hun følte seg trøstet.

"På samme måte hjelper Ånden også våre skrøpeligheter; for vi vet ikke hva vi skal be om, slik vi burde, men Ånden selv går i forbønn for oss med stønn som ikke kan uttrykkes, og han som ransaker hjertene, vet hva Åndens sinnelag er, fordi han går i forbønn for de hellige etter Guds vilje." (Romerne 8,26-27).

Moren spurte om hun kunne ringe meg før hun dro til rettssaken neste morgen. Jeg sa ja, og at jeg ville be om at Gud måtte gripe inn. Jeg ba henne ringe meg etter rettssaken, for jeg ville vite hva slags mirakel Gud hadde utført. Neste dag ringte moren til den unge mannen meg med stor glede og sa: *"Du vil ikke tro det som skjedde?"* Jeg sa: *"Jeg vil tro, for det er en slik Gud vi tjener"*! Hun fortsatte med å si at de ikke hadde noe rulleblad på sønnen min. Advokaten sa at retten ikke hadde funnet noe slikt navn eller noen anklager mot ham, selv om hun og advokaten hadde papirer i hånden.

Gud hadde besvart våre bønner. Hennes tro ble så styrket at hun fra den dagen av aksepterte hvilken mektig Gud vi tjener, og hvordan Gud tar seg av ting hvis vi bærer dem frem for ham i bønn av hele vårt hjerte. Hun ble et vitne til Guds mirakler og vitnet om hva Herren hadde gjort for dem. Når det gjelder punkteringen, var det bare et lite tilbakeslag som ikke burde ha skjedd hvis jeg hadde tatt meg av det på forhånd. Likevel gjorde Herren det mulig for oss å nå denne familien fordi de insisterte på at vi skulle komme og be sammen med dem. Vi må alltid være klare til å gå til motangrep på de kreftene som hindrer oss i å gjøre Guds vilje. Vi må gå imot alle fiendens planer, vår motstander, djevelen, gjennom utholdenhet, spesielt når vi ser disse hindringene i veien.

Da vi kom hjem til familien, husker jeg at vi ba og vitnet for hele familien. Vi hadde en fantastisk tid med forkynnelse og undervisning i Guds ord. Den dagen var og blir Herrens glede vår styrke! Han vil velsigne dem som gjør hans vilje.

Kapittel 9

Bønnemøte hele natten

En kveld bestemte jeg og noen venner oss for å be hele natten. Vi ble enige om at vi skulle be en gang i måneden i vårt "All Night Prayer Meeting". Vi hadde fantastiske opplevelser under disse nattlige bønnemøtene. Vår felles bønnestund hjemme ble så kraftfull at de som senere sluttet seg til oss, umiddelbart kjente forskjellen i sine egne bønner. Det var ikke lenger en religiøs rutine, men bønn i Den hellige ånd med manifestasjoner av Åndens gaver. Mens vi ba, begynte noen å oppleve hvordan det var å bryte med djevelen. Krefter kom mot oss etter hvert som vi nådde et høyere nivå i bønnene våre som førte oss gjennom åndelige slagmarker. Vi var i krig med djevelen og begynte å kalle inn til fastedager. Vi hadde fått tilgang til noe åndelig mektig som tvang oss til å søke Gud enda mer.

Under et slikt bønnemøte kl. 03.30 om morgenen reiste min venninne Karen seg for å hente salvingsoljen. Hun begynte å smøre olje på hendene og føttene mine, og så begynte hun å profetere og sa at jeg måtte dra til mange steder for å bringe Guds ord videre, og at Gud ville bruke meg til sin hensikt. Først ble jeg veldig opprørt over Karen fordi dette ikke var mulig, og det ga ingen mening. På den tiden i livet mitt hadde jeg ikke reist noe sted på nesten 10 år fordi jeg ikke kunne gå. Beinmusklene mine var fortsatt svake, og jeg hadde de smertefulle svulstene som presset mot ryggraden min. Jeg tenkte over Karens ord, og så talte Gud til meg og sa: "Jeg er Herren som taler til deg" gjennom munnen hennes, og da forsto jeg at det ikke bare var Karens entusiasme som talte til meg. Jeg var lei meg og ba Gud om tilgivelse for det jeg hadde tenkt.

Noen dager senere fikk jeg en telefon fra en person i Chicago, Illinois, som trengte åndelig hjelp, så vi bestemte oss for å dra til Chicago uken etter. Det var et stort mirakel i seg selv, for jeg hadde ikke tenkt på å reise ut på den tiden. På grunn av det profetiske budskapet reiste jeg til Chicago i ren tro. Uten det profetiske budskapet ville jeg definitivt ikke ha dratt. Den uken ble min fysiske helse verre, og jeg klarte ikke å komme meg ut av sengen. Jeg fikk også høre at det hadde snødd mye i Chicago. Jeg innså at troen min ble satt på prøve. På den tiden i livet mitt trengte jeg rullestol for å komme meg rundt. Familien i Chicago opplevde at demoniske krefter kom mot dem. De hadde nylig vendt seg til Gud og sluttet å praktisere hekseri. Mange av deres familiemedlemmer hadde også vendt om til vår Herre Jesus Kristus. Herren hadde helbredet og utfridd dem fra disse demoniske kreftene som holdt dem fanget i synd. Jeg innså at Gud måtte gi meg utholdenhet til å holde ut en slik reise, og det ble raskt klart at det var Guds vilje at jeg skulle reise. Jeg hadde opplevd to drømmer der Gud fortalte meg at jeg måtte adlyde Hans stemme. Jeg var ikke ulydig mot Gud, og jeg hadde lært meg å ikke stille spørsmål ved Ham. Jeg lærte raskt at Hans veier ikke trengte å gi noen mening for meg. Den dagen vi ankom Chicago, var det varmt vær. Jeg var også smertefri. Vi vandrer i tro og ikke i synet, som Skriften sier. Når ting ser umulige ut for oss, må vi tro at "Alt er mulig med Gud". Han tok seg av alt og ga meg energi til å gjøre Hans vilje i Chicago. Vi fikk også tid til å besøke og betjene andre familier i deres hjem.

På vei hjem begynte det å tordne, og mange flyavganger ble innstilt, men takk og lov, selv om flyet vårt var forsinket, kom vi oss tilbake til California. Gud være lovet! Han er virkelig min "klippe og skjold", min beskytter mot de åndelige og naturlige stormene. Denne turen var et vitnesbyrd om tro og velsignelse for oss alle. Hadde jeg ikke adlydt, ville jeg ikke ha fått oppleve velsignelsen av Guds henders verk. Gud slutter aldri å forbløffe meg med hvordan Han taler til oss i dag. Den allmektige Gud taler fortsatt til vanlige mennesker som meg. For et privilegium å tjene vår Skaper og se Hans mektige gjerninger berøre livene til mennesker i dag som tror og påkaller Ham. Det måtte et profetisk budskap og to drømmer til før Gud fikk min fulle oppmerksomhet. Jeg er blitt minnet om at vi ikke fullt ut forstår Guds tanker og hvilke planer Han kan ha for noen. I det øyeblikket må vi adlyde, selv om det kanskje ikke gir noen mening eller fornuft for oss. Med tiden lærte jeg å høre Hans stemme og å skjelne åndene. Han vil aldri be deg om å gjøre noe som er i strid med Hans Ord. Lydighet er bedre enn offer.

"Og Samuel sa: Har Herren like stor glede av brennoffer og slaktoffer som av å adlyde Herrens røst? Se, det er bedre å adlyde enn å ofre, og det er bedre å høre enn å slakte værer."
(1. Samuelsbok 15:22)

"For mine tanker er ikke eders tanker, og eders veier er ikke mine veier, sier Herren. For likesom himmelen er høyere enn jorden, så er også mine veier høyere enn deres veier og mine tanker høyere enn deres tanker." (Jesaja 55: 8, 9)

Kapittel 10.

Det profetiske budskapet

Det er en velsignelse å ha venner som deler den samme troen og kjærligheten til Gud. Jeg har en venninne, Karen, som en gang var en kollega da jeg jobbet på det amerikanske postkontoret. Karen lærte Herren å kjenne da jeg vitnet for henne. Senere tok hun imot den apostoliske læren om sannheten i oldkirken. Karen er en snill person med et hjerte for å gi til misjonsarbeidet i Mumbai i India. Hun hadde en inderlig kjærlighet til arbeidet der og donerte sine egne penger til byggingen av en kirke i Mumbai.

En dag da jeg bodde i West Covina, tok Karen med seg venninnen Angela hjem til meg. Venninnen var så begeistret og i brann for Gud. Hun fortalte meg sitt vitnesbyrd om tidligere selvmordsforsøk ved å kutte seg selv flere ganger og om sin fortid med prostitusjon. Jeg elsket hennes søte ånd og spurte henne om hun ikke hadde noe imot å be for meg. *"Her?"* spurte hun. spurte hun. *"Ja, her"*, svarte jeg tilbake. Da hun begynte å be for meg, kom profetiens ånd over henne. Hun begynte å tale Herrens ord: *"Gud ber deg om å fullføre boken du har begynt på. Den kommer til å bli til velsignelse for mange mennesker. Gjennom denne boken vil mange mennesker bli frelst."* Jeg ble så glad, for verken hun eller Karen hadde noen anelse om at jeg hadde begynt å skrive minnene mine for mange år siden. Jeg ble først inspirert til å skrive denne boken for et år siden av fru Saroj Das og en venn. En dag kom en søster i Herren fra en lokal menighet til meg med en penn i hånden og beordret meg til å "*skrive nå!*"

Jeg begynte å skrive til jeg fikk flere problemer med helsen, og så sluttet jeg fordi det var en for stor oppgave for meg å gjennomføre. Nå hadde spørsmålet om boken dukket opp igjen. Ingen hadde visst om mitt forsøk på å skrive en bok. Erfaringene mine skulle samles og skrives ned, slik at andre kunne få inspirasjon. Jeg måtte adlyde, men hvordan det skulle skje, var fortsatt et stort mysterium for meg. Jeg kunne ikke skrive den fysisk av mange grunner, men igjen, Gud måtte finne en måte å få det til å skje på. Jeg hadde et ønske om å gjøre det etter å ha hørt budskapet, men Gud måtte gjøre resten. Min første reise var å finne den levende Gud, og Han fant meg! Hvis jeg ikke skriver om mine opplevelser med Gud, vil disse sanne beretningene gå tapt for alltid. Så mange menneskers liv har blitt påvirket og berørt på en vidunderlig måte at denne boken ikke kan inneholde alle hendelser og mirakler. Guds mirakler vil fortsette selv når jeg er borte fra denne kroppen og til stede hos Herren. Troen begynner et sted. Den har en begynnelse og er grenseløs, for det finnes ulike mål på tro. Når troen er plantet, blir den vannet av Guds ord og matet gjennom andres vitnesbyrd. Jeg tenkte på skriftstedet som sier at hvis vi har tro som et sennepsfrø, kan vi flytte fjell. Hvordan kunne jeg vite at denne reisen til Amerika skulle føre meg gjennom en labyrint av livsforvandlende opplevelser, eller at jeg en dag skulle komme til å skrive om å ære Hans veier? En dag fortalte jeg min venninne Rose om Guds budskap og Hans plan med denne boken. Rose lyttet og så på notatene mine. Hun hadde kjent meg i mange år og visste allerede mye om livet mitt i Amerika. Skrivingen tok en form som to uerfarne personer ikke kunne forestille seg. Herren banet vei, og gjennom mange vanskeligheter og svært "merkelige" hendelser skulle boken bli fullført. Herren hadde talt, og nå er Hans plan oppfylt.

Karens venninne fortsatte å profetere. Hun sa til meg: "*Gud kommer til å gjøre noe for deg innen utgangen av denne måneden.*" Og mange andre ting som Gud talte til meg gjennom hennes profetiske budskap. Jeg begynte å huske hvordan jeg gikk gjennom så mange vanskeligheter for å få denne sannheten. Den dagen Gud talte til meg gjennom denne unge damen, besvarte Gud spørsmålet i mitt hjerte. Jeg skulle gjøre Hans vilje, og de oppmuntrende ordene fortsatte. Ord jeg trengte å høre. Hun profeterte at jeg var et "*kar av gull*". Jeg ble så ydmyk av dette. I tro gjør vi vårt beste for å vandre i harmoni med Gud og med usikkerhet, hvis vi virkelig er til behag for Ham. Den dagen velsignet Han meg ved å la meg få vite at jeg var til behag for Ham. Hjertet mitt ble fylt av stor glede. Noen ganger glemmer vi hva vi ber om, men når bønnen vår blir besvart, blir vi overrasket.

Vi må tro at Han ikke gjør forskjell på folk, slik Bibelen sier. Det spiller ingen rolle hvilken status eller kaste du har, for hos Gud finnes det ikke noe kaste- eller statussystem i livet. Gud elsker oss alle like høyt og ønsker at vi skal ha et personlig forhold til Ham, ikke de religiøse tradisjonene som er overlevert av mange generasjoner og som har tjent avguder og mennesker. Avguder kan ikke se og kan ikke høre. Religion kan ikke forandre livet eller hjertet ditt. Religion får deg bare til å føle deg bra midlertidig på grunn av dens selvtilfredsstillelse. Den sanne Gud venter på å omfavne og ta imot deg. Jesus var Guds offerlam som ble slaktet for verden. Da han døde på korset, sto han opp igjen og lever i dag og i all evighet. Nå kan vi ha direkte samfunn med Gud gjennom Jesus Kristus, vår Herre og Frelser. Det finnes ulike nivåer i vår vandring med Gud. Vi må ønske mer av ham og fortsette å vokse i kjærlighet, tro og tillit. Jeg ble veldig ydmyk av denne opplevelsen. Hele mitt ønske og formål er å behage Ham. Det finnes nivåer av åndelig vekst og modenhet i Gud. Du modnes med tiden, men alt avhenger av tiden og innsatsen du legger ned i ditt forhold til Ham. I slutten av måneden førte omstendighetene til at jeg forlot menigheten jeg hadde gått i i 23 år. Gud lukket en dør og åpnet en annen. Han har lukket og åpnet dører siden den gang, akkurat som de stepping stones jeg først nevnte i begynnelsen av denne boken. Gud tok seg av meg hele tiden. Jeg gikk en kort tid i en menighet i West Covina, og så åpnet en annen dør seg på vidt gap.

Den samme unge damen profeterte igjen noen år senere og ba meg om å pakke, "*du skal flytte*". Jeg ble veldig overrasket, for moren min var så gammel, og tilstanden min var fortsatt ikke blitt bedre. Jeg trodde på Herren. Ett år senere skjedde det, jeg flyttet fra California til Texas. Et sted jeg aldri hadde vært før, og hvor jeg heller ikke kjente noen. Dette var begynnelsen på enda et eventyr i mitt livs reise. Som enslig kvinne var jeg underlagt Guds stemme og måtte adlyde. Gud tok aldri noe fra meg. Han bare erstattet ting og steder og førte stadig nye vennskap og mennesker inn i livet mitt. Takk Herre, livet mitt i dag er så velsignet!

Kapittel 11

En bevegelse av tro

I april 2005 flyttet jeg til Longhorn-staten Texas. Gud brukte forskjellige mennesker gjennom profetiske budskap. Flyttingen ble bekreftet, og alt jeg trengte å gjøre var å ta troens sprang. Det begynte allerede i 2004 da bror James og Angela, en venn i Herren, ba med meg over telefon. Søster Angela begynte å profetere ved å si til meg: "*Du kommer til å flytte innen utgangen av dette året.*" Fra januar til august det året skjedde det ingenting, og så i september, en ettermiddag, kalte moren min meg inn på soverommet sitt. Hun fortalte meg at familien til søsteren min skulle flytte til en annen delstat, og at de ville at jeg skulle flytte med dem. Avgjørelsen om hvor de skulle flytte var ikke tatt, men alternativene var Texas, Arizona eller å forlate Amerika helt og flytte til Canada. Jeg ringte søster Angela og fortalte henne hva som hadde skjedd. Jeg fortalte henne at jeg absolutt ikke ville dra til Texas. Det hadde aldri falt meg inn å reise dit, så det var ikke engang et alternativ å bo der. Til min store skuffelse sa søster Angela at Texas er staten. Av lydighet ble det avgjort, og det var dette som gjorde at vi til slutt flyttet til Texas. Lite visste jeg da at Guds springbrett allerede var lagt i den retningen. Etter samtalen med søster Angela bestilte jeg flybilletter til Texas om to uker. Uten at jeg visste det, hadde familien til søsteren min allerede vært i Texas for å se området rundt Plano.

Søster Angela ba for meg og sa at jeg ikke skulle bekymre meg, Jesus kommer til å hente deg på flyplassen. Bror og søster Blakey var så snille og tålmodige at det minnet meg om søster Angelas profeti. De hentet meg med glede på flyplassen og hjalp meg med alle mine behov på en så kjærlig og omsorgsfull måte.

Søster Angela fortsatte med å si at det første huset jeg ville se, ville jeg elske, men det ville ikke bli mitt hus. Via Internett begynte jeg å ringe til United Pentecostal Churches i området, og jeg kom i kontakt med pastor Conkle, som er pastor i United Pentecostal Church i byen Allen i Texas. Jeg forklarte pastor Conkle hva jeg gjorde i Texas. Etterpå ba han meg om å ringe Nancy Conkle. Jeg visste ikke helt hvorfor, og tenkte at hun kanskje var kona eller sekretæren hans. Det viste seg at Nancy Conkle er familiens matriark, en omsorgsfull mor for familien og menigheten. Søster Conkle hadde oppdratt sine egne seks barn og hjulpet til med å oppdra sine brødre og søstre, som til sammen utgjorde elleve søsken! Etter å ha snakket med Nancy Conkle skjønte jeg hvorfor pastor Conkle hadde fått meg til å snakke med denne sterke og omsorgsfulle damen, som umiddelbart fikk meg til å føle meg velkommen. Søster Conkle satte meg deretter i kontakt med sin andre bror, James Blakey, som er eiendomsmegler, og hans kone Alice Blakey. De bor i den lille byen Wylie i Texas, bare noen få minutter fra Allen, langs landeveiene på flatlandet.

Etter å ha blitt kjent med området, fløy jeg tilbake til California for å legge ut huset mitt på markedet. Huset mitt ble solgt på to måneder. Så fløy jeg tilbake til Texas for å begynne å lete etter hus. Jeg ba om hvilken by Gud ville at jeg skulle bo i, for det var så mange små byer og tettsteder. Gud sa "Wylie". Det er viktig å be og be Gud om hans vilje før man tar viktige avgjørelser, for det vil alltid være den rette.

"For det er bedre, om det er Guds vilje, at dere lider for det gode dere gjør, enn for det onde dere gjør." (1. Peter 3:17)

Senere forklarte jeg bror og søster Blakey om de profetiske budskapene og at jeg ønsket å adlyde Gud. De var veldig nøye med å respektere mine ønsker og lyttet til alt jeg fortalte dem om at Gud hadde talt til meg. Jeg fortalte dem også at Gud under min første reise til Texas hadde sagt: *"Du vet ikke hva jeg har til deg."* De var så tålmodige med meg at jeg alltid vil være svært takknemlig for deres følsomhet for Guds ting. Blakey-familien spilte en stor rolle i oppfyllelsen av dette profetiske budskapet og mitt nye liv i Texas. Vi begynte å se på hus i Wylie i tre dager, og på den tredje dagen måtte jeg reise tilbake til California om kvelden. De tok meg med for å se et modellhus i et nytt område, og så sa søster Blakey: "Dette er huset ditt." Jeg visste straks at det virkelig var det. Jeg begynte raskt med papirarbeidet for kjøpet, og dro deretter straks til flyplassen, vel vitende om at ting på en eller annen måte ville bli gjort. På samme tid ba Gud meg om å reise til India i tre måneder. Jeg spurte Ham ikke, så jeg ga fullmakt til bror Blakey om å fortsette med kjøpet av huset i Texas, og jeg ga fullmakt til min nevø Steve, som er eiendomsmegler, om å ta seg av økonomien min i California. Jeg skulle vende tilbake til mitt hjemland India etter ti år. Takk Gud for at jeg ble frisk, for jeg kunne ikke ha gjort det uten bevegelighet i beina. Jeg skulle fly til India og kjøpe meg et hjem i Texas. Ting forandret seg raskt i livet mitt.

Tilbake til India.

Da jeg kom til India, merket jeg raskt at ting hadde forandret seg på relativt kort tid. I 25 år ba og fastet jeg for at dette landet skulle få en vekkelse. India er et veldig religiøst land med avgudsdyrkelse, tilbedelse av statuer av stein, tre og jern. Religiøse bilder som ikke kan se, tale eller høre, og som ikke har noen kraft i det hele tatt. Det er religiøse tradisjoner som ikke fører til forandring i sinnet eller i hjertet.

"Og jeg vil uttale mine dommer over dem for all deres ondskap, de som har forlatt meg og brent røkelse for andre guder og tilbedt sine egne henders verk." (Jeremia 1:16)

Kristendommen var i mindretall i dette landet der det var så mye forfølgelse og hat mellom religionene, og spesielt mot de kristne. Undertrykkelsen av de kristne gjorde dem bare sterkere i sin tro gjennom uskyldig blodsutgytelse, kirker som ble brent, mennesker som ble slått eller drept. Dessverre avviste mødre og fedre sine egne barn hvis de vendte seg til Jesus og forlot familiens religion. Utstøtte kanskje, men ikke farløse, for Gud er vår himmelske Far som vil tørke tårene fra våre øyne.

"Mener I at jeg er kommet for å gi fred på jorden? Nei, sier jeg eder, nei, men heller splittelse: For fra nu av skal det være fem i ett hus som er splittet, tre mot to og to mot tre. Faren skal være splittet mot sønnen og sønnen mot faren, moren mot datteren og datteren mot moren, svigermoren mot sin svigerdatter og svigerdatteren mot sin svigermor." (Lukas 12:51-53)

Jeg ble så overrasket over å se folk overalt som gikk rundt med bibler, og jeg hørte om bønnemøter. Det var mange oneness-kirker og troende på én Gud. Gud kom for å leve blant oss i kjødet, i Jesu Kristi kropp. Og slik er også gudfryktighetens mysterium om den ene sanne Gud.

"Og uten tvil er gudsfryktens hemmelighet stor: **Gud ble åpenbart i kjødet**, *rettferdiggjort i Ånden, sett av engler, forkynt for hedningene, trodd på i verden, tatt opp i herligheten." (1. Timoteus 3:16)*

"Filip sier til ham: Herre, vis oss Faderen, så er det nok for oss. Jesus sier til ham: "Har jeg vært så lenge hos dig, og har du likevel ikke kjent mig, Filip? Den som har sett mig, har sett Faderen; og hvorledes kan du da si: "Vis oss Faderen? Tror du ikke at jeg er i Faderen og Faderen i mig? De ord som jeg taler til eder, taler jeg ikke av mig selv; men Faderen, som bor i mig, han gjør gjerningene. Tro meg at jeg er i Faderen og Faderen i meg, eller tro meg for gjerningenes skyld." (Johannes 14:8-11)

"Du tror at det er én Gud, og det gjør du godt; også djevlene tror og skjelver." (Jakob 2:19)

Det var en slik glede å se mennesker som tørstet etter Gud. Tilbedelsen deres var så kraftfull. Det var et helt annet India enn det jeg forlot tjuefem år tidligere. Både unge og gamle ønsket Jehova Guds ting. Det var vanlig å se unge mennesker dele ut kristne brosjyrer ved religiøse hinduistiske feiringer. På dagtid gikk de i kirken, og etter gudstjenesten fra kl. 14.30 kom de tilbake ca. kl. 03.00 om morgenen. Hinduer og muslimer kom også til gudstjenestene våre for å få helbredelse og finne utfrielse. Folk var åpne for å høre forkynnelse fra Guds ord og motta undervisning fra Bibelen. Jeg ble oppmerksom på disse indiske menighetene og kommuniserte med pastorene deres via telefon og e-post. Jeg samarbeidet med United Pentecostal Churches for å finne amerikanske predikanter som var villige til å reise til India på vegne av de indiske pastorene for å tale på deres årlige konferanser. Med Guds hjelp lyktes vi veldig godt. Jeg var glad for at predikanter i Amerika hadde en byrde for mitt land, og ga sin åndelige støtte til de indiske predikantene. Jeg møtte en indisk pastor i en veldig liten og ydmyk menighet. Det var så mye fattigdom og folkets behov var så store at jeg personlig forpliktet meg til å sende penger. Vi er så velsignet i Amerika. Tro på at "ingenting er umulig". Hvis du ønsker å gi, gjør det gladelig i tro og gi det i hemmelighet. Ingen visste om min forpliktelse på mange år. Forvent aldri å gi for personlig vinning eller for å få ære eller ros fra andre. Gi av et rent hjerte og ikke forhandle med Gud.

"Når du gjør din almisse, så blås ikke i basun foran deg, slik som hyklerne gjør i synagogene og på gatene, for at de skal få ære av menneskene. Sannelig, jeg sier eder: De har sin lønn. Men når du gjør almisser, så la ikke din venstre hånd vite hva din høyre hånd gjør: Din almisse skal være i det skjulte, og din Far, som ser i det skjulte, skal selv lønne deg åpenlyst." (Matteus 6:2-4)

Gud hadde latt ting skje i livet mitt slik at jeg kunne bli hjemme. Jeg ser tilbake med forundring på hvordan sykdommen min utviklet seg slik at jeg ikke lenger kunne gå, tenke eller føle meg normal, helt til den dagen bror James ba og Gud løftet meg ut av rullestolen. Jeg ble fortsatt ansett som ufør på grunn av svulstene og blodsykdommen, og jeg levde på en mager månedlig uføretrygd. Sjekken min spilte ingen rolle, siden Gud hadde tatt fra meg jobben. Min bekymring var hvordan jeg skulle betale regningene mine. Jesus talte til meg to ganger og sa: "Jeg skal ta vare på deg". Uansett om jeg bodde i California eller Texas, ville Jesus dekke alle mine behov. Gud gjorde det ut fra sin rikdom og overflod. Jeg satte min lit til Gud for alle mine daglige behov.

Men søk først Guds rike og hans rettferdighet, så skal alt dette bli lagt til dere. (Matteus 6:33)

Før jeg forlot India, fortalte noen av kvinnene i menigheten meg at de ikke lenger kjøpte luksusvarer til seg selv. De var fornøyde med det de hadde å ha på seg, fordi de fikk så mye tilfredsstillelse av å gi til de fattige.

Men gudsfrykt med tilfredshet er en stor vinning. For vi har intet brakt inn i denne verden, og det er sikkert at vi intet kan bære ut. Og når vi har mat og klær, så la oss være tilfreds med det. (1.Tim.6:6-8)

De eldre og de små barna var også involvert i kjærlighetsprosjekter. De gikk sammen om å lage gavepakker som de kunne gi til de fattige. De var så fornøyde med velsignelsen ved å gi.

"Gi, så skal det bli gitt eder; et godt mål, som er presset ned og ristet sammen og flyter over, skal menneskene gi i deres favn. For med det samme mål som dere selv har målt med, skal det igjen bli målt opp for dere." (Lukas 6:38)

Tenk deg hva som skjedde på så relativt kort tid. Jeg solgte hjemmet mitt og kjøpte et nytt hjem i en annen stat. Jeg så at landet mitt var forandret med mennesker som tørstet etter Herren Jesus Kristus. Nå så jeg frem til å starte et nytt liv i Texas. Når vi setter Gud først, vil herlighetens Herre også være trofast mot oss.

Tilbake til Amerika.

Jeg kom tilbake fra India tre måneder senere. Jeg fløy til Texas da huset mitt var klart. Den 26. april 2005, mens flyet mitt landet på flyplassen i Dallas-Ft. Worth, gråt jeg fordi jeg var helt adskilt fra all min familie og alle mine venner siden jeg først kom til dette landet. Da ga Gud meg følgende skriftsted:

Men nu sier Herren, han som skapte dig, Jakob, og han som formet dig, Israel: Frykt ikke, for jeg har frelst dig, jeg har kalt dig ved ditt navn; du er min. Når du går igjennem vannene, vil jeg være med dig, og når du går igjennem elvene, skal de ikke oversvømme dig; når du går igjennem ilden, skal du ikke bli brent, og flammen skal ikke tenne på dig. For jeg er Herren din Gud, Israels Hellige, din frelser: Jeg gav Egypten til løsepenge for dig, Etiopia og Seba for din skyld. Du har vært dyrebar i mine øine, du har vært hederlig, og jeg har elsket dig; derfor vil jeg gi mennesker for dig og folk for ditt liv. Frykt ikke, for jeg er med dig; jeg vil føre din ætt fra østen og samle dig fra vesten; jeg vil si til nord: Gi efter, og til syd: Hold dig ikke tilbake; jeg vil føre mine sønner fra det fjerne og mine døtre fra jordens ender; (Jesaja 43,1-6)

Den dagen jeg ankom, var jeg alene i det store, nye huset. Virkeligheten sank inn da jeg sto midt i stuen og så at huset mitt var helt tomt. Jeg satte meg ned på gulvet og begynte å gråte. Jeg følte meg så alene og ønsket å dra hjem til California, der jeg hadde forlatt min kjære mor. Vi hadde bodd sammen så lenge, og hun var en stor del av meg. Jeg var så overveldet av denne følelsen av atskillelse at jeg ville dra til flyplassen og fly tilbake til California. Jeg ville ikke lenger ha dette huset. Sorgen min var større enn virkeligheten. Mens jeg gikk gjennom disse følelsene, minnet Gud meg på at jeg måtte ringe til broder Blakey. Broder Blakey visste ikke hvordan jeg hadde det akkurat i det øyeblikket, men det gjorde Gud. Jeg ble overrasket da han sa: "Søster Das, du vet at du bare er en telefonsamtale unna oss." Ordene hans var helt salvede, for smerten min og all fortvilelsen forsvant øyeblikkelig. Jeg følte at jeg hadde en familie, at jeg ikke var alene, og at alt ville ordne seg. Fra den dagen tok Blakey-familien meg inn i sin egen familie i en tid da jeg ikke hadde noen.

Søsteren min og familien hennes flyttet senere til Plano i Texas, bare noen få kilometer fra Wylie. Blakey-familien består av elleve brødre og søstre. Deres barn og barnebarn behandlet meg som familie. De var nærmere 200, og alle kjenner til Blakey-familien i Wylie. De har vært en enorm støtte for meg, og jeg har alltid følt meg som en "Blakey" jeg også! Da jeg hadde funnet meg til rette i hjemmet mitt, måtte jeg finne en kirke. Jeg spurte Gud hvilken kirke Han ønsket for meg. Jeg besøkte mange kirker. Til slutt besøkte jeg en menighet i byen Garland, The North Cities United Pentecostal Church. Gud sa tydelig: "Dette er din kirke." Det er fortsatt her jeg kommer. Jeg elsker menigheten min og fant en fantastisk pastor, pastor Hargrove. Blakey-familien ble min utvidede familie som inviterte meg på lunsj eller middag etter kirken. De inkluderte meg også i familiesammenkomster og familiehøytider. Gud har på en vidunderlig måte sørget for alt jeg trenger.

Jeg takker Gud for min nye pastor, menighet og familien Blakey som har adoptert meg inn i sin familie. Jeg bor nå komfortabelt i mitt nye hjem. Gud har holdt sitt løfte: "Jeg skal ta vare på deg." Gud valgte alt dette for meg, i henhold til sin vilje for mitt liv. Nå arbeider jeg for Ham fra jeg våkner kl. 03.50 for å be. Jeg spiser frokost og forbereder meg til å gjøre Herrens arbeid fra kontoret mitt hjemme. Vennene mine vil si: "Fortell aldri søster Liz at hun ikke har en ordentlig jobb." Hva er mitt svar? Jeg arbeider for Herren, jeg legger ned mange timer uten å stemple, og jeg får ingen lønnsslipp. Gud tar seg av meg, og min belønning kommer i himmelen.

Jeg setter pris på jobben min og elsker det jeg gjør!

Kapittel 12

Demonisk utfrielse og Guds
helbredende kraft

En søndag ettermiddag fikk jeg en telefon fra Mr. Patel som ba om at vi skulle gå og be for faren hans, som var angrepet av demoniske ånder. Patel er en ingeniør som har bodd i Amerika i over 30 år. Han hadde hørt om min helbredelse og var åpen for å høre om Herren Jesus Kristus. Dagen etter dro vi hjem til broren hans og møtte ham og familien hans (broren, brorens kone, to sønner og hans far og mor). Mens alle lyttet, begynte en annen bror, som også var kristen, å fortelle om hvordan han hadde blitt kjent med Jesus. Faren, den eldre Mr. Patel, sa at han hadde tilbedt avguder, men at han alltid hadde følt seg dårlig når han utførte tilbedelsen. Han sa at det føltes som om en stav stakk ham i magen og forårsaket smerte, og når han gikk, føltes det som om han hadde steiner under føttene. Vi begynte å be for ham i Herren Jesu Kristi navn. Vi ba til han var fri fra den demoniske ånden, og han begynte å føle seg mye bedre. Før han dro, fikk han et bibelstudium slik at han skulle forstå kraften i Herrens navn og hvordan han kunne holde seg fri fra demoniske angrep fra å komme tilbake.

Vi ble glade da sønnen og et av barnebarna insisterte på at den eldre Mr. Patel skulle rope ut navnet JESUS, men det ville han ikke; selv om han ikke hadde noe problem med å si "Gud" (Bhagvan). Barnebarna insisterte: "Nei, si i Jesu navn", mens sønnene stilte seg i kø for å motta bønn. Et av barnebarna, som var i tjueårene, hadde tidligere vært utsatt for en bilulykke. Han hadde vært hos mange kirurger på grunn av et problem med kneet. Den dagen helbredet Herren Jesus kneet hans, og Patels yngre bror ble sterkt berørt av Guds Ånd. Alle mottok bønn og vitnet om hvordan de ble beveget av Guds Ånd som utførte mirakler av helbredelse og utfrielse den dagen. Da Herren Jesus vandret blant menneskene, underviste og forkynte han evangeliet om det kommende riket og helbredet alle slags sykdommer og plager blant folket. Han helbredet og utfridde dem som var besatt og plaget av demoner, de som var gale og de som hadde lammelser (Matteus 4:23-24). Som Guds disipler i dag fortsetter vi å gjøre hans arbeid og undervise andre om frelsen i vår Herre Jesu navn.

*"Heller ikke er det frelse i noe annet, for det er ikke noe annet **navn** under himmelen som er gitt blant mennesker, hvorved vi skal bli frelst." (Apostlenes gjerninger 4:12).*

Det er mange fordeler med å tjene den levende Gud. I stedet for en gud av stein som ikke kan se eller høre, har vi den sanne og levende Gud som ransaker menneskers hjerter. Åpne ditt hjerte og sinn for å lytte til Hans stemme. Be om at Han vil berøre ditt hjerte. Be om at Han vil tilgi deg for at du har avvist Ham. Be om å bli kjent med Ham og bli forelsket i Ham. Gjør dette nå, for dørene vil snart lukke seg.

Kapittel 13

Bekjennelse og ren samvittighet

En dag kom et indisk par på besøk for å be sammen med meg. Da vi gjorde oss klare til å be, begynte kona å be høyt. Mannen fulgte etter. Jeg la merke til at de begge ba på samme religiøse måte, men jeg likte likevel å lytte til deres velformulerte ord. Jeg ba oppriktig til Gud" :Jeg vil at du skal be gjennom min munn." Da det ble min tur til å be høyt, tok Den Hellige Ånd over, og jeg ba i Ånden.

> *"På samme måte hjelper Ånden også våre skrøpeligheter; for vi vet ikke hva vi skal be om, slik vi burde; men Ånden selv går i forbønn for oss med stønn som ikke kan uttrykkes. Og den som ransaker hjertene, vet hva Åndens sinnelag er, fordi han går i forbønn for de hellige etter Guds vilje." (Romerne 8:26, 27).*

Jeg ba i Ånden med Guds kraft på en måte som avslørte synden. Mannen, som ikke orket mer, begynte å bekjenne sin synd for sin kone, som var sjokkert. Senere snakket jeg med dem om renselse gjennom hans syndsbekjennelse.

"Dersom vi bekjenner våre synder, er han trofast og rettferdig, så han tilgir oss våre synder og renser oss fra all urettferdighet. Hvis vi sier at vi ikke har syndet, gjør vi ham til en løgner, og hans ord er ikke i oss." (1. Johannes 1:9, 10)

Jeg forklarte mannen at siden han hadde tilstått, ville Gud tilgi ham.

Husk også å bekjenne dine synder bare for dem som kan be for deg.

Bekjenn deres feil for hverandre, og be for hverandre, så dere kan bli helbredet. En rettferdig manns virkningsfulle, inderlige bønn nytter mye. (Jakob 5:16)

Jeg forklarte at når han ble døpt, ville Gud fjerne synden hans, og han ville få en ren samvittighet.

"På samme måte som dåpen også nå frelser oss (ikke ved at vi fjerner kjødets urenhet, men ved at vi får en god samvittighet overfor Gud) ved Jesu Kristi oppstandelse." (1. Peter 3:21)

Noen dager senere ble både mannen og kona døpt i Herren Jesu navn. Mannen ble fullstendig frelst og fikk sine synder tilgitt. De har begge blitt en stor velsignelse for Guds rike.

"Omvend dere og la dere døpe hver og en av dere i Jesu Kristi navn til syndenes forlatelse, så skal dere få Den hellige ånds gave." (Apostlenes gjerninger 2:38)

Gud leter etter dem som vil ydmyke seg for Ham. Det spiller ingen rolle hvor veltalende og vakre ordene du ber er, men at du ber med hele ditt hjerte. Han vet også hva som er i hjertet når du ber. Fjern synden ved å be Gud om tilgivelse, ellers vil bønnene dine bli hindret av Den hellige ånd. Som troende ransaker vi våre hjerter hver dag og dømmer oss selv. Gud er alltid der for å tilgi og rense oss når vi synder.

Kapittel 14.

På kanten av døden

Broder James, som jeg har fortalt om tidligere, har en gave til å helbrede gjennom Guds salvelseskraft. Han ble invitert til å be for en koreansk dame som lå på intensivavdelingen på Queen of the Valley-sykehuset. Ifølge legene var hun døden nær. Familien var allerede i gang med å arrangere begravelsen hennes. Jeg fulgte med bror James den dagen og så kroppen hennes i respirator; hun var bevisstløs og nær dødens rand. Da jeg begynte å be, føltes det som om noe ville ta tak i beinet mitt og kaste meg ut av rommet, men Den hellige ånds kraft var veldig sterk i meg og lot ikke denne ånden få viljen sin.

Dere er av Gud, små barn, og har overvunnet dem; for han som er i dere, er større enn han som er i verden. (1. Johannes 4:4)

Etter å ha bedt talte Herren gjennom meg, og jeg sa disse ordene: "Dette maskineriet vil forandre seg." Dette refererte til det livsoppholdende utstyret som var festet til kroppen hennes. Jeg hørte meg selv si disse ordene, for Gud har talt om skjebnen til denne svært syke kvinnen. Broder James ba for henne, og deretter snakket vi med kvinnens familie om kraften i bønn og Guds ord. De lyttet da jeg fortalte dem om min egen helbredelse og hvordan Gud tok meg fra rullestol til å kunne gå igjen. Sønnen deres, som var pilot i et flyselskap, var også til stede, men han snakket ikke koreansk. Jeg snakket med ham på engelsk, mens resten av familien snakket koreansk. Interessant nok forklarte han meg at moren skulle ha reist til Canada samme dag som hun ble veldig syk. Han forklarte at hun hadde ropt til mannen sin om hjelp, og at hun ble kjørt til sykehuset selv om hun nektet å dra dit. Sønnen sa at moren hadde sagt til dem: "De kommer til å drepe meg på sykehuset." Hun var sikker på at hun ville dø hvis hun ble kjørt til sykehuset. Sønnen fortsatte å forklare oss at hun hadde fortalt dem at det hver kveld kom svartkledde mennesker inn i huset. Hver kveld ropte moren til både ham og faren og kastet oppvask på dem uten noen åpenbar grunn. Hun begynte også å skrive sjekker på et språk de ikke kunne forstå. Oppførselen hennes var svært bisarr. Jeg forklarte ham om demoniske ånder som kan ta over og plage en person. Dette forbløffet ham, for som han forklarte oss, de går alle i kirken og hun gir så mye penger, men de hadde aldri hørt om dette før. Demoner er underlagt sanne troende som har Den Hellige Ånd; fordi Jesu blod er på deres liv og de tjener under autoriteten til Jesu navn i kraften av hans navn.

Jeg fortalte den unge mannen at bror James og jeg kunne be i Jesu navn for å drive ut demonen, og han gikk med på å be om utfrielse for moren sin. Da legen kom for å se til pasienten, ble han forbløffet over at hun reagerte, og han kunne ikke forstå hva som hadde skjedd med pasienten. Familien fortalte ham at noen hadde kommet for å be for henne i løpet av natten, og hun begynte å respondere akkurat slik de hadde fått beskjed om at hun ville gjøre. Noen dager senere fikk vi en ny mulighet til å be for den samme damen. Hun smilte da vi kom inn i rommet. Jeg la hånden min på hodet hennes og begynte å be; hun kastet hånden min bort og løftet hodet opp og pekte mot taket fordi hun ikke kunne snakke. Ansiktsuttrykket hennes forandret seg, og hun så så livredd ut. Etter at vi hadde gått, ble tilstanden hennes verre. Barna hennes lurte på hva hun så, og de spurte henne om hun hadde sett noe ondt. Hun signaliserte med hånden "ja". Igjen kom vi tilbake for å be for henne fordi hun var livredd for sin plageånd, en demonisk ånd i rommet hennes. Etter å ha bedt denne gangen, ble hun seirende fri fra sine plageånder. Takk til Gud som svarer på bønn. Senere fikk vi høre at hun ble utskrevet fra sykehuset, begynte på et rehabiliteringsprogram og ble sendt hjem, der hun fortsatt har det bra. Hun hadde kommet seg ut av dødens rand.

Gå og vitne for verden:

*Og han bød dem at de ikke skulde si det til nogen; men jo mere han bød dem det, desto mere gav de det **ut**;*
(Markus 7:36)

*Gå tilbake til ditt eget hus og vis hvor store ting Gud har gjort mot deg. Og han gikk sin vei og **forkynte** i hele byen hvor store ting Jesus hadde gjort mot ham. (Lukas 8:39)*

Bibelen sier at vi må gå ut og vitne. Denne koreanske familien vitnet for andre familier om dette mirakelet. En dag fikk Bro. James en dag en telefon fra en annen koreansk dame. Mannen i denne familien hadde en voldelig oppførsel og visste ikke hva han gjorde. Hans kone var en veldig liten og søt dame. Noen dager prøvde han å drepe henne. Mange ganger måtte de ta henne med til sykehuset fordi han slo henne nådeløst. Da hun hørte om dette miraklet, inviterte hun oss og spurte etter meg. Vi besøkte henne og mannen hennes. Bro. James ba meg om å tale, og han ba. Vi ble alle velsignet. Noen uker senere ringte kona hans og spurte om vi ville komme igjen siden mannen hennes hadde det bedre. Så vi dro dit igjen, og jeg ga mitt vitnesbyrd om tilgivelse, og Bro. James ba over dem alle.

Jeg fortalte dem om den gangen jeg jobbet og hadde en kvinnelig arbeidsleder. Hun trakasserte meg på det groveste, og jeg fikk ikke sove om natten. En dag gikk jeg inn på rommet mitt for å be for henne. Jesus sa: "Du må tilgi henne". Først virket det vanskelig, og jeg tenkte at hvis jeg tilgir henne, vil hun likevel fortsette å gjøre det samme mot meg. Men da jeg hørte Jesus snakke til meg, sa jeg: "Herre, jeg tilgir henne fullstendig", og Gud hjalp meg i sin nåde til å glemme det. Da jeg tilgav henne, begynte jeg å sove godt, og ikke bare det, men når hun gjorde noe galt, plaget det meg ikke lenger.

Det står i Bibelen.

Tyven kommer ikke for å stjele, drepe og ødelegge; jeg er kommet for at de skal ha liv, og for at de skal ha det i overflod (Joh 10,10).

Jeg var glad for at svigermoren var der for å høre dette vitnesbyrdet, for hennes hjerte var tungt av sorg. Det var så fantastisk å se Guds hånd komme inn og forandre hele denne situasjonen, og tilgivelsen feide over hjertene deres, og kjærligheten kom inn i dem.

*Men dersom dere ikke **tilgir**, vil heller ikke deres Far i himmelen **tilgi** deres overtredelser. (Markus 11:26)*

Utilgivelse er en veldig farlig ting. Du vil miste din sunnhet i kropp og sinn. Tilgivelse er til fordel for deg, ikke bare for din fiende. Gud ber oss om å tilgi slik at vi kan sove bedre. Å ta hevn er Hans, ikke vår.

*Døm ikke, så **skal** dere ikke bli dømt: fordøm ikke, så **skal** dere ikke bli fordømt; **tilgi**, så **skal** dere bli **tilgitt**." (Luk 6,37)*

Og troens bønn skal frelse den syke, og Herren skal reise ham opp; og om han har begått synder, skal de bli ham tilgitt. Bekjenn eders feil for hverandre, og be for hverandre, så I må bli helbredet. En rettferdig manns virksomme, inderlige bønn nytter mye. (Jakob 5:15, 16)

I den siste delen av historien ovenfor fikk vi høre at mannen hennes ble fullstendig helbredet fra sitt mentale problem og var så snill og kjærlig mot sin kone.

Lovet være Herren! Jesus brakte fred i hjemmet deres.

Kapittel 15

Fred i Guds nærvær

Guds nærvær kan gi sjelen fred. En gang ba jeg for en mann som var dødssyk og i sluttfasen av en kreftsykdom. Han var mannen til en dame i menigheten. Damen og sønnen hennes bodde på et tidspunkt hos meg i mitt hjem.

De hadde tilhørt en menighet som ikke trodde på å forandre livene sine før de så en video om endetiden. De fikk begge åpenbaringen om dåp i Herren Jesu navn, og begynte å lete etter en menighet som ville døpe dem i Jesu navn. Det var da de fant menigheten som jeg går i. Satan ønsker ikke at noen skal ha kunnskap om sannheten, fordi den fører til frelse. Han vil at du skal være i mørket og tro at du er frelst, mens du tror på falske doktriner og menneskelige tradisjoner. Han vil komme mot deg når du leter etter sannheten. I denne situasjonen var det den vantro ektemannen og faren som ble brukt mot denne moren og sønnen, og som stadig trakasserte og latterliggjorde dem på grunn av deres tro på Gud. Mange ganger endte det med at de kom hjem til meg for å be, og de endte opp med å bli værende. En dag hørte sønnen at Herren sa til ham: "Hans dager er talte. Faren lå på Baylor Hospital i Dallas, Texas, på intensivavdelingen. Han gjorde det veldig klart for dem at han ikke ønsket bønn eller at noen kirkefolk skulle komme for å be. En dag spurte jeg kona om jeg kunne komme på besøk og be for mannen hennes. Hun forklarte meg hvordan han hadde det, og sa nei. Vi fortsatte å be om at Gud måtte myke opp hans forherdede hjerte.

En dag dro jeg til sykehuset sammen med sønnen og hans kone og tok sjansen på at Gud hadde forandret ham. Sønnen spurte sin far: "*Pappa, vil du at søster Elizabeth skal be for deg? Hun er en bønnekriger.* Siden faren ikke lenger kunne snakke, ba han faren om å blunke med øynene slik at han kunne kommunisere med ham. Så ba han ham blunke for å signalisere til oss om han ville at jeg skulle be for ham, og han blunket. Jeg begynte å be og ba om at hans synder måtte bli vasket i Jesu blod. Jeg merket en viss forandring i ham og fortsatte å be til Den hellige ånds nærvær var i rommet. Etter at jeg hadde bedt, forsøkte faren å kommunisere ved å peke opp i taket som om han ville vise oss noe. Han forsøkte å skrive, men klarte det ikke. Sønnen ba faren blunke hvis det var noe godt han så. Han blunket! Så spurte han faren om han kunne blunke hvis det var lys, men han blunket ikke. Så spurte han ham om det var engler han så, og om han skulle blunke. Men han blunket ikke. Til slutt spør sønnen om det er Herren Jesus. Da blunket faren med øynene.

Uken etter dro jeg til sykehuset for å se ham igjen. Denne gangen var han helt annerledes og hadde et fredelig ansikt. Noen dager senere døde han i fred. Gud i sin barmhjertighet og kjærlighet ga ham fred før han gikk bort. Vi vet ikke hva som foregår mellom en som er så alvorlig syk og hans skaper. Herrens nærvær var i det rommet. Jeg så en mann som var forherdet mot Gud og sin egen familie, men ved dødens dør gav Herren seg til kjenne for ham og ga ham kunnskap om sin eksistens.

Takk Herren, for han er god, for hans miskunnhet varer evindelig. Takk gudenes Gud, for hans miskunnhet varer evindelig! Takk Herren over alle herrer, for hans miskunnhet varer evindelig! For ham som alene gjør store under, for hans miskunnhet varer evindelig.
(Salme 136:1-4)

Kapittel 16.

En oppofrende livsstil i livet

På denne tiden holdt jeg på med et bibelstudium om hår, klær, smykker og sminke. Jeg sa til meg selv: "Disse menneskene er gammeldagse." Jeg visste i mitt hjerte at jeg elsket Gud, og derfor burde det ikke spille noen rolle hva jeg hadde på meg. Tiden gikk, og en dag hørte jeg Guds Ånd tale til mitt hjerte: "Du gjør det du føler i ditt hjerte." I det øyeblikket ble øynene mine åpnet. Jeg forsto at jeg hadde en kjærlighet til verden i mitt hjerte, og at jeg tilpasset meg verdens moter. (Rhyma er det opplyste og salvede Guds ord som er blitt talt til deg for en bestemt tid eller situasjon).

Herre, du har gransket meg og kjenner meg. Du kjenner mitt fall og min oppstandelse, du forstår min tanke langt borte. Du kjenner min sti og min hvile, og du kjenner alle mine veier. (Salme 139:1-3)

Smykker:

Jeg likte ikke smykker, så det var ikke vanskelig å kvitte seg med de få smykkene jeg hadde.

*I hustruer, vær også eders egne menn underdanige, forat de som ikke adlyder ordet, også uten ordet kan vinnes ved hustruenes tale, når de ser eders kyske tale med frykt. Og deres pryd skal ikke være den **ytre** pryd, som består i å flette håret og bære gull eller ta på seg klær, men hjertets skjulte menneske, det som ikke er forgjengelig, en saktmodig og stille ånds pryd, som er dyrebar i Guds øine. For på samme måte smykket de hellige kvinner sig i gammel tid, de som stolte på Gud, og var sine egne menn underdanige: Likesom Sara adlød Abraham og kalte ham sin herre, hvis døtre I er, så sant I gjør vel og ikke er redde for noen forbløffelse. (1. Peter 3:1-6)*

På samme måte også at kvinner pynter seg i beskjedne klær, med skamfullhet og nøkternhet; ikke med broket hår eller gull eller perler eller kostbare; utstyr; Men (som det passer kvinner som bekjenner gudfryktighet) med gode gjerninger. (1Timoteus 2:9, 10)

Hår

*Lærer ikke naturen selv eder, at om en mann har langt hår, så er det en skam for ham? Men om en kvinne har langt hår, så er det en ære for henne; for håret er gitt henne til **å dekke** henne.*
(1. Korinterbrev 11,14.15)

I mine yngre år hadde jeg alltid langt hår. Da jeg var tjue år gammel, klippet jeg meg for første gang, og jeg fortsatte å klippe håret til det var veldig kort. Så undervisningen om uklipt hår var vanskelig for meg å akseptere til å begynne med. Jeg ville ikke la håret vokse fordi jeg likte kort hår. Det var lett å ta vare på. Jeg begynte å be Gud om å la meg få ha kort hår. Men til min overraskelse endret Gud min måte å tenke på ved å legge sitt ord i hjertet mitt, og det var ikke lenger vanskelig for meg å la håret vokse.

På denne tiden bodde moren min sammen med meg. Siden jeg ikke visste hvordan jeg skulle ta vare på det lange håret mitt, ba moren min meg om å klippe det fordi hun ikke likte hvordan det så ut. Jeg begynte å studere mer om hår ut fra Bibelen. Jeg fikk en bedre forståelse og kunnskap, noe som bidro til at overbevisningen min vokste seg sterkere i hjertet mitt.

Jeg ba og spurte Herren: "*Hva skal jeg gjøre med moren min siden hun ikke liker det lange håret mitt?*" Han talte til meg og sa: "*Be om at hun må forandre mening.*"

Stol på Herren av hele ditt hjerte, og støtt deg ikke til din egen forstand. Erkjenn ham på alle dine veier, så skal han lede dine stier. (Ordspråket 3:5, 6)

Herren er min rådgiver, så jeg fortsatte å be om at hun måtte endre tankegang.

Jesus er vår rådgiver;

*For et barn er oss født, en sønn er oss gitt, og regjeringen skal være på hans skulder, og hans navn skal kalles Underfull, **Rådgiver**, Den mektige Gud, Den evige Far, Fredsfyrsten. (Jesaja 9:6)*

Jeg klippet ikke håret lenger. Håret mitt fortsatte å vokse, og en dag sa moren min til meg: "Du ser fin ut med langt hår!" Jeg ble veldig glad for å høre disse ordene. Jeg visste at Herren hadde ledet meg i bønn og hadde besvart bønnen min. Jeg vet at mitt uklippte hår er min ære, og jeg har fått kraft på hodet på grunn av englene.

Jeg vet at når jeg ber, er det kraft. Lovet være Herren!!!

*Men enhver kvinne som ber eller profeterer **med utildekket** hode, vanærer sitt hode; for det er likesom om hun var ubarbert. Men om en kvinne har langt hår, så er det en ære for henne, for håret er **gitt henne til å dekke henne.** (1. Korinterbrev 11:5,15)*

Dette skriftstedet er veldig tydelig på at uklipt hår er vårt dekke og ikke et skjerf, en hatt eller et slør. Det representerer vår underkastelse under Guds autoritet og Hans herlighet. Gjennom hele Guds ord vil du finne

Elizabeth Das

at engler beskyttet Guds herlighet. Overalt hvor Guds herlighet var, var det engler til stede. Vårt uklippte hår er vår herlighet, og englene er alltid til stede for å beskytte oss på grunn av vår underkastelse under Guds ord. Disse englene beskytter oss og vår familie.

Derfor bør kvinnen ha makt på sitt hode på grunn av englene.
(1. Korinterbrev 11:10)

1. Korinterbrev 11 er Guds ordnede tanke og handling for å opprettholde et utvetydig skille mellom kvinne og mann.

Det nye testamentet viser at kvinner hadde uklipt langt hår.

Og se, en kvinne i byen, som var en synderinne da hun visste at Jesus satt til bords i fariseerens hus, kom med et alabastskrin med salve og stilte seg grätende ved hans føtter bak ham og begynte å vaske hans føtter med tårer og tørket dem med hårene på sitt hode og kysset hans føtter og salvet dem med salven. (Lukas 7:37, 38)

he Lords sier

"Klipp av ditt hår, Jerusalem, og kast det fra deg, og ta opp en klagesang på høydene; for Herren har forkastet og forlatt sin vredes slekt." (Jeremia 7, 29)

Avklipt hår er et symbol på skam, vanære og sorg. Å klippe håret representerer en ugudelig og skammelig handling hos Guds frafalne folk. Det er et tegn på at Herren har forkastet dem. Husk at vi er Hans brud.

Encyclopedia Britannica, V, 1033 sier, etter første verdenskrig "ble håret bobbet". Klippingen av håret ble tatt i bruk av nesten alle kvinner overalt.

Guds ord er fastsatt for evigheten. Guds krav til kvinner er at de skal ha uklipt langt hår, og at menn skal ha kort hår.

Klær

Guds ord gir oss også instruksjoner om hvordan vi skal kle oss. Da jeg var nyomvendt og skulle lære hvordan vi skulle kle oss, var jeg ikke overbevist om klærne mine. På grunn av min type arbeid gikk jeg i bukser. Jeg tenkte for meg selv at *det ville være greit hvis jeg fortsatte å gå i bukser bare på jobb.* Jeg kjøpte nye bukser og fikk mange komplimenter for hvor fin jeg så ut. Jeg visste allerede at kvinner ikke burde gå i herreklær. Bukser har alltid vært menns klær, ikke kvinners. Når du har Guds ord plantet i hjertet ditt, vil du få en overbevisning om hva som er riktig bekledning.

En kvinne skal ikke bære det som hører en mann til, og en mann skal ikke ta på seg et kvinneplagg; for alle som gjør det, er en **vederstyggelighet** *for Herren din Gud. (5. Mosebok 22:5)*

Forvirringen startet da menn og kvinner begynte å gå i unisex-klær. Det neste skrittet vil føre deg, som Gud sa, til:

3. Mosebok 18:22 Du skal ikke ligge med menn som med kvinner; det er en **vederstyggelighet**.

Vi vil bli påvirket av hva vi har på oss. Ordet vederstyggelighet brukes for å beskrive kvinnen som bærer "det som hører en mann til", og mannen som tar på seg "et kvinneplagg". Gud kjenner hvert trinn av seksuell forvirring. Gud har skapt de to kjønnene helt forskjellige med ulike hensikter. La du merke til at det var kvinnene som begynte å ta på seg bukser først? Dette er akkurat som da Eva var ulydig i Edens hage! Denne forvirringen er et bevis på det samfunnet vi lever i i dag. Noen ganger kan man ikke se forskjell på menn og kvinner.

For over 70 år siden var ikke kvinneklær noe problem, fordi de i utgangspunktet gikk i lange kjoler eller lange skjørt. Ingen forvirring. Da kvinner begynte å gå i herreklær, begynte de å oppføre seg som menn og menn som kvinner. Dette er uorden.

*De skal ha linhue på hodet og **linbukser** på lendene, og de skal ikke
ikle seg noe som gir svette (Esekiel 44:18).*

Dagens perverse, ulydige og mediedrevne generasjon lærer av luftens
fyrste, som er Satan. De er ikke klar over sannheten i Bibelen. Deres
støttespillere er også falske lærere som underviser i læresetninger og
bud fra mennesker og ikke fra Gud.

*Se, du har gjort mine dager til en håndbredd, og min alder er som
intet for ditt åsyn; sannelig, hvert menneske er i sin beste tilstand en
ren forfengelighet. Sela. Forgjeves vandrer enhver omkring,
forgjeves er de urolige, forgjeves samler de seg rikdom, og de vet
ikke hvem som skal samle den. (Salmene 39:5-6)*

Da Adam og Eva var ulydige mot Herren og spiste av frukten fra det
forbudte treet, innså de at de hadde syndet, og øynene deres ble åpnet
for deres nakenhet.

*Da ble deres øyne åpnet, og de innså at de var nakne, og de sydde
sammen fikenblader og laget seg forklær (1. Mosebok 3,7).*

Adam og Eva dekket seg med fikenblader. De laget forklær av
fikenblader, men det var ikke tilstrekkelig. Gud har en standard for
tildekking, og derfor godtok Han ikke at de dekket seg med
fikenblader.... Derfor kledde Han dem med skinnplagg.

*Og Herren Gud gjorde skinnkapper til Adam og hans hustru og
kledde dem. (1. Mosebok 3:21)*

Vår sjels fiende, djevelen, liker å forårsake ubeskjeden eksponering av
kroppen.

*Lukas 8:35 "Da gikk de ut for å se hva som var gjort, og kom til
Da fant de mannen som djevlene var drevet ut av, sittende ved Jesu
føtter, **påkledd** og ved sine fulle fem; og de ble redde."*

Når en person ikke tildekker kroppen sin, er det et tegn på at vedkommende er påvirket av en feil ånd som skaper feil motiver.

Det er svært viktig at vi alltid leser Guds ord, ber uten opphør og faster for å få en bedre forståelse og ledelse av Hans ånd. Forvandling kommer gjennom Guds ord, som først kommer fra innsiden, og deretter kommer forandringen på utsiden.

Denne lovens bok skal ikke vike fra din munn, men du skal meditere i den dag og natt, så du holder deg til å gjøre alt det som står skrevet i den; for da skal du gjøre din vei fremgangsrik, og da skal du få god fremgang. (Josva 1:8)

Satans angrep er rettet mot Guds ord. Husker du Eva? Djevelen vet hva han skal angripe og når han skal angripe, for han er utspekulert og listig.

*Vær edruelige, vær årvåkne, for deres motstander, djevelen, går omkring som en brølende løve og søker hvem han kan sluke."
(1. Peter 5,8)*

Den som har mine bud og holder dem, han er den som elsker meg; og den som elsker meg, skal bli elsket av min Far, og jeg vil elske ham og åpenbare meg for ham. (Johannes 14:21)

*Dersom dere holder mine bud, skal dere bli i min kjærlighet, likesom jeg har holdt min Faders bud og blir i hans kjærlighet.
(Johannes 15:10)*

Den kvelden, mens jeg var på jobb, kom en tanke til meg. Jeg lurte på hvordan jeg så ut i Guds øyne. Plutselig kom skammen over meg, og jeg kunne ikke se opp. Jeg følte det som om jeg sto foran Herren vår Gud. Som dere vet hører vi gjennom ørene, men jeg hørte Hans stemme, som om Han talte gjennom hver eneste celle i kroppen min og sa: "Jeg elsker deg oppriktig". Da jeg hørte disse vakre ordene fra Gud som sa "Jeg elsker deg oppriktig", betydde det så mye for meg. Jeg kunne nesten ikke vente med å komme meg hjem fra jobb, slik at jeg kunne tømme skapet mitt for alle mine verdslige klær.

I et par uker hørte jeg stadig ekkoet av Hans stemme som sa: "Jeg elsker deg oppriktig." Senere bleknet det bort.

Å leve for Gud er ikke bare det vi snakker om, men det er en livsstil. Da Gud talte til Moses, talte han veldig tydelig til ham. Moses var ikke i tvil om at det var Guds stemme.

Ordet skamfullhet er oversatt fra gresk og viser til en følelse av skam eller beskjedenhet, eller den indre anstendigheten som erkjenner at mangel på klær er skammelig. Dette betyr at vårt ytre utseende gjenspeiler vårt indre, ikke bare for oss selv, men også for andre. Det er derfor Bibelen sier at beskjedne klær er det samme som skamfullhet

Ordspråket 7:10 Og se, der møtte ham en kvinne som var kledd som en skjøge, og som hadde et ondt hjerte.

*På samme måte skal også kvinner pynte seg i beskjedne klær, med **skamferdighet** og **nøkternhet**; ikke med flettet hår eller gull eller perler eller kostbare klær; (1 Timoteus 2:9)*

Klær må dekke en persons nakenhet. Edruelighet skal hindre en i å bruke klær som er ment å se sexy ut eller som er avslørende. Dagens klesstil er så kortklippet at den kan minne om klærne til en prostituert. Alt handler om hvor sexy man ser ut. Klesdesignerne gjør klesstilen mer avslørende og mer provoserende.

Takk Gud for hans ord som han har etablert for evigheten; han kjenner alle generasjoner i alle tidsaldre. Ordet vil bevare deg fra å tilpasse deg denne verden.

Definisjonen av beskjedenhet varierer fra land til land, fra tid til tid og fra generasjon til generasjon. Asiatiske kvinner går i løse bukser og lange bluser, såkalte panjabi-kjoler, som er svært beskjedne. Arabiske kvinner går i lange kapper med slør. Vestlige, kristne kvinner har kjolene sine under knærne.

Vi har fortsatt gudfryktige kristne damer som elsker å være beskjedne og holde Guds forkynnelse og lære.

Prøv alle ting, hold fast på det som er godt. (1 Tessalonikerne 5:21)

Vi lever i en sjokkerende tid hvor det ikke finnes noen gudsfrykt.

Hvis dere elsker meg, så hold mine bud. (Johannes 14:15)

sa Paul,

*"For dere er kjøpt for en pris; derfor skal dere ære Gud i deres **legeme** og i deres ånd, som tilhører Gud." (1. Korinterbrev 6:20)*

Klærne skal ikke være trange, korte eller utringede. Bilder på enkelte skjorter og bluser er ofte feil plassert.

Guds ideer om å få oss til å bruke klær er å være tildekket. Husk at Eva og Adam var nakne. Vi er ikke uskyldige lenger. Vi vet at dette er fristelsen for menneskets øye. David så Batseba uten klær, og han falt for ekteskapsbrudd.

Vår tids klesmote for unge kvinner eller småpiker er uanstendig. Buksene er tettsittende. Bibelen sier at vi skal lære barna Guds rettferdighet. I stedet for å lære jentene beskjedenhet, handler foreldrene uanstendige klær.

Den gudfryktige, samvittighetsfulle kristne kvinnen vil velge klær som er til behag for Kristus og hennes mann. Hun ønsker ikke lenger å gå i det som er "på moten".

Uanstendige klær, smykker og sminke gir næring til øynenes begjær, kjødets begjær og livets hovmod.

*Elsk ikke verden og heller ikke det som er i verden. Om noen elsker verden, da er Faderens kjærlighet ikke i ham. **For alt det som er i verden, kjødets lyst og øynenes lyst og livets hovmod**, det er ikke av Faderen, men av verden. Og verden forgår, og dens begjær; men den som gjør Guds vilje, blir i evighet. (1. Johannes 2:15-17)*

Satan vet at mennesket er visuelt orientert. Kvinner ser ikke Satans intensjon. Ubeskjedenhet er en kraftig fristelse og lokkemiddel for menn. Uanstendige klær, smykker og sminke skaper opphisselse hos menn. Stolthet og forfengelighet bygger opp det menneskelige ego. En kvinne føler seg mektig fordi hun kan tiltrekke seg mannens begjærlige oppmerksomhet. Disse tingene gjør en kvinne stolt av sitt ytre.

Derfor, brødre, formaner jeg eder ved Guds barmhjertighet, at I fremstiller eders legemer som et levende offer, hellig og velbehagelig for Gud, det er eders rimelige tjeneste. Og la eder ikke bli lik denne verden, men la eder forvandle ved fornyelse av eders sinn, så I kan finne ut hva som er Guds gode, velbehagelige og fullkomne vilje. (Romerne 12:1, 2)

Sminke

Bibelen taler definitivt **mot** sminke. I Bibelen er sminke alltid forbundet med ugudelige kvinner. I Bibelen var Jesabel en ond kvinne som malte ansiktet sitt.

Gjennom sitt ord har Gud gitt oss kristne skriftlige instruksjoner om ansiktsmaling, det som i dag kalles sminke. Gud har informert oss om alle detaljer, til og med med historiske referanser. Bibelen ser på oss som et lys i denne verden; hvis vi er det lyset, trenger vi ikke maling. Ingen maler lyspæren. En død ting trenger maling. Du kan male veggen, treverket osv.

De fleste kvinner og småjenter bruker sminke i dag, uten å kjenne til historien eller Bibelen. Tidligere brukte man bare sminke i ansiktet, men nå liker man å male og trykke på ulike deler av kroppen, som armer, hender, føtter osv. Er sminke syndig? Gud bryr seg om hva du gjør med kroppen din. Gud sier klart ifra om sin motstand mot maling og piercing av kroppen, sminke og tatoveringer.

> *Dere skal ikke skjære noen snitt i deres kjød for de døde, og dere skal **ikke sette noen merker på dere:** Jeg er Herren. (3. Mosebok 19:28).*

Jeg brukte aldri sminke, men jeg brukte leppestift fordi jeg likte det. Da jeg hørte forkynnelsen om sminke, begynte jeg å bruke mindre leppestift, og senere sluttet jeg helt med det. Innerst inne hadde jeg fortsatt lyst til å bruke det, men jeg gjorde det ikke.

I bønn spurte jeg Gud hva Han syntes om leppestift. En dag kom to damer gående mot meg, og jeg la merke til at de hadde på seg leppestift. I det øyeblikket så jeg gjennom Hans åndelige øyne hvordan det så ut.... Jeg følte meg så syk i magen. Jeg ble overbevist i mitt hjerte, og jeg hadde aldri mer lyst til å bruke leppestift. Mitt ønske var å behage Ham og å adlyde Hans Ord.

> *"Slik taler og handler dere som de som skal dømmes etter frihetens lov." (Jak 2,12)*

Selv om vi har frihet til å gjøre som vi vil og leve som vi ønsker, er vårt hjerte svikefullt, og vårt kjød vil søke etter denne verdens ting. Vi vet at vårt kjød er fiendskap mot Gud og Guds ting. Vi må alltid vandre i ånden for ikke å oppfylle kjødets lyster. Djevelen er ikke problemet. Vi er vårt eget problem, hvis vi vandrer i kjødet.

> *For alt som er i verden, kjødets lyst og øynenes lyst og livets hovmod, det er ikke av Faderen, men det er av verden. Og verden forgår, og dens begjær; men den som gjør Guds vilje, blir i evighet. (1. Johannes 2:16-17)*

Satan ønsker å være sentrum for alt. Han var perfekt i skjønnhet og full av stolthet. Han vet hva som fikk ham til å falle, og han bruker det også til å få deg til å falle.

> *Menneskesønn, ta opp en klage over Tyrus' konge og si til ham: Så sier Herren, Gud Herren: Du forsegler summen, full av visdom **og fullkommen i skjønnhet.** Du har vært i Eden, Guds hage; alle edle steiner var ditt dekke, sardius, topas og diamant, beryll, onyks og jaspis, safir, smaragd og karbunkel og gull; utførelsen av dine tabletter og dine piper ble forberedt i deg på den dagen du ble skapt (Esekiel 28:12,13).*

Når vi vandrer i kjødet, søker vi også å være i sentrum for oppmerksomheten. Dette kan vi se i våre klær, samtaler og handlinger. Vi faller lett i Satans felle ved å tilpasse oss verden og dens verdslige moter.

La meg fortelle deg hvordan og hvor sminke eller maling startet. Bruk av sminke begynte i Egypt. Konger og dronninger brukte sminke rundt øynene. Egyptisk øyesminke ble brukt for å beskytte mot ond magi, og også som et symbol på den nye fødselen i reinkarnasjon. Det ble også brukt av dem som kledde på de døde. De ville at de døde skulle se ut som om de bare sov.

Du trenger å vite hva Bibelen sier tydelig om dette emnet. Hvis sminke er viktig for Gud, må det være nevnt i Hans Ord - både spesifikt og prinsipielt.

> *Og da Jehu kom til Jesreel, fikk Jesabel høre om det; og hun malte sitt ansikt og trettet sitt hode og så ut av et vindu.*
> *(2. Kongebok 9:30)*

Den unge mannen, Jehu, dro deretter rett til Jesreel for å eksekvere dommen over Jesabel. Da hun hørte at hun var i fare, sminket hun seg, men sminken klarte ikke å forføre Jehu. Det som Guds profet profeterte over Jesabel og hennes mann kong Akab, gikk i oppfyllelse. Hennes vederstyggelighet tok slutt slik Guds profet profeterte over dem. Da Jehu fikk henne kastet ut av et vindu, spiste hundene kjøttet hennes, slik Gud hadde forkynt! Sminke er et selvdestruktivt våpen.

Begjær ikke etter hennes skjønnhet i ditt hjerte, og la henne ikke ta deg med sine øyelokk (Ordspråkene 6:25).

Og når du er bortskjemt, hva vil du da gjøre? Selv om du kler deg i purpur, selv om du pynter deg med gullsmykker, Selv om du maler ditt ansikt med maling, vil du forgjeves gjøre deg vakker; dine elskere vil forakte deg, de vil søke ditt liv." (Jeremia 4:30)

Historien forteller oss at prostituerte malte seg i ansiktet for å bli gjenkjent som prostituerte. Med tiden har sminke og ansiktsmaling blitt vanlig. Det blir ikke lenger sett på som upassende.

Og dere har sendt bud etter folk langveisfra, og et sendebud ble sendt til dem, og se, de kom; for dem vasket du deg, malte øynene dine og pyntet deg med smykker. (Esekiel 23:40)

Sminke er "produkter ingen trenger", men det ligger i menneskets natur å ville ha det. Stolthet og forfengelighet er grunnen til at mange kvinner bruker sminke, slik at de kan passe inn i verden. Dette er menneskets natur. Vi ønsker alle å passe inn!

Hollywood-stjerner er ansvarlige for slike drastiske endringer i kvinners tenkning om ytre utseende. Sminke ble bare brukt av arrogante og innbilske, stolte kvinner. Alle vil se pene ut, til og med barn som bruker sminke.

Stolthet og forfengelighet har fremmet sminkeindustrien, ved å ønske sminke velkommen har de blitt forfengelige. Overalt hvor du går finner du sminke. Fra de fattigste til de rikeste, alle ønsker å se vakre ut. Dagens samfunn legger for mye vekt på det ytre; på grunn av indre usikkerhet sminker kvinner i alle aldre seg.

Mange er deprimerte over utseendet sitt; de forsøker til og med å begå selvmord. Skjønnhet er noe av det mest beundrede i denne generasjonen. Noen bruker sminke så snart de våkner. De liker ikke sitt naturlige utseende. Sminke har gjort dem så besatt at de føler seg uønsket uten. Dette forårsaker depresjon i vår yngre generasjon og til og med hos små barn.

Tenk nå på de mest kjente rettskafne kvinnene i Det gamle eller Det nye testamentet. Du vil ikke finne en eneste som brukte sminke. Det finnes ingen omtale av Sara, Rut, Abigail, Naomi, Maria, Debora, Ester, Rebekka, Feebie eller noen annen dydig og ydmyk kvinne som noen gang har brukt sminke.

Han vil forskjønne de saktmodige med frelse (Salmene 149:4b)

Faktisk er de eneste eksemplene i Guds ord på dem som brukte sminke, ekteskapsbrytersker, skjøger, opprørere, frafalne og falske profetinner. Dette bør tjene som en stor advarsel til alle som bryr seg om Guds ord og ønsker å følge et bibelsk rettskaffent eksempel i stedet for å velge å følge ugudelige kvinners eksempel.

Ifør dere derfor, som Guds utvalgte, hellige og elskede, barmhjertighetens innvoller, vennlighet, ydmykhet, saktmodighet, langmodighet; (Kolosserne 3:12)

Nei, men du menneske, hvem er du som misliker Gud? Skal det som er formet, si til den som har formet det: "Hvorfor har du skapt meg slik?" (Romerne 9:20)

Kroppen vår er Guds tempel; vi bør ønske å søke etter Guds rettferdige veier. Dette gjøres ved at kvinner presenterer seg i en hellig kledning, med åpent ansikt (rent ansikt), og reflekterer Guds dyrebare herlighet i våre kropper.

Vet dere ikke at deres legeme er et tempel for Den Hellige Ånd som er i dere, som dere har av Gud, og at dere ikke er deres eget? (1. Korinterbrev 6:19)

Du og jeg er kjøpt for en pris, og Gud har også skapt oss i sitt bilde. Guds lover er til for å beskytte oss og bør være skrevet inn i våre hjerter. Du og jeg har regler og retningslinjer å leve etter, akkurat som vi som er foreldre har regler og retningslinjer for våre barn. Når vi velger å adlyde Guds lover og retningslinjer, vil vi bli velsignet og ikke straffet.

"Jeg kaller himmel og jord til regnskap mot deg i dag, for jeg har satt foran deg liv og død, velsignelse og forbannelse; velg derfor livet, så både du og din ætt kan leve." (5. Mosebok 30:19)

Stolthet og opprør vil føre til sykdom, økonomi, undertrykkelse og demonisk besettelse over oss. Når vi søker etter denne verdens ting gjennom stolthet og opprør, legger vi forholdene til rette for å mislykkes. Det er djevelens ønske å ødelegge våre liv med synden stolthet. Dette er ikke Guds vilje for våre liv!

Jeg har sett forandringene når verdslige kvinner blir gudfryktige kvinner. De forvandles fra å se gamle, deprimerte, stressede, plagede og ulykkelige ut til å se mer ungdommelige, vakre, livlige, fredelige og strålende kvinner.

Vi har ett liv å leve! Therefore, let's represent the God of Abraham, Jacob and Isaac…. presenting our bodies, a living sacrifice, Holy and acceptable in His sight. Dette er vår rimelige tjeneste i det indre og det ytre, ulastelig i alle ting!

Når vi er ulydige mot Guds ord gjennom stolthet og opprør, bringer vi forbannelser over oss selv, våre barn og våre barnebarn. Dette kan vi se i Evas ulydige og opprørske handlinger; resultatet var syndfloden som kom over jorden, og alt ble ødelagt. Samson og Saul brakte ødeleggelse over seg selv og sin familie ved sin ulydighet. Elis ulydighet førte til at sønnene hans døde og ble fjernet fra prestetjenesten.

Historien gjennom Guds ord forteller oss at før ødeleggelsen var menneskeslektens mentalitet hovmodig, selvsentrert og de søkte sin egen nytelse.

Og Herren sier: Fordi **Sions døtre** *er hovmodige og vandrer med utstrakt hals og lystne øine, de går og tripper og klirrer med sine føtter: Derfor vil Herren slå Sions døtres hode med en sårskorpe, og Herren vil avsløre deres hemmelige deler. På den dag skal Herren ta bort deres tapperhet, deres klirrende smykker om føttene, deres kuler og deres runde dekk som månen, lenkene og armbåndene og kappene, huene og benprydelsene, pannebånd, tavler og øredobber, ringer og nesesmykker, omskiftelige klær, kapper, kåper, kinnskjorter og kniplepinner, briller, fint lin, hetter og slør. Og det skal skje at i stedet for liflig lukt skal det bli stank, og i stedet for beltet skal det bli en flenge, og i stedet for velstelt hår skal det bli skallethet, og i stedet for magebelte skal det bli et sekkebelte, og i stedet for skjønnhet skal det bli brenning. Dine menn skal falle for sverdet, og dine mektige i krigen. Og hennes porter skal klage og sørge, og hun skal sitte øde på jorden. (Jesaja 3:16-26)*

Våre valg i livet er svært viktige. Å ta valg som er basert på Bibelen og ledet av Ånden, vil bringe velsignelse over oss og våre barn. Velger du å gjøre opprør mot Guds ord og søke din egen egoistiske nytelse, da vil du gjenta historien om ..:

1. Den ulydige Eva som forårsaket syndefloden.

Og Gud så at menneskets ondskap var stor på jorden, og at alle dets hjerters tanker bestandig bare var onde. Og Herren angret at han hadde skapt mennesket på jorden, og det bedrøvde ham i hans hjerte. Og Herren sa: Jeg vil utrydde mennesket som jeg har skapt, fra jordens overflate, både mennesket og dyrene og krypene og fuglene under himmelen; for det angrer meg at jeg har skapt dem. (1. Mosebok 6:5-7)

2. Sodomas og Gomorras opprør:

*Da lot Herren det regne svovel og ild fra himmelen over **Sodoma** og Gomorra; (1. Mosebok 19:24)*

Dette er noen få eksempler fra Bibelen. Du vet at du gjør en forskjell i denne verden. Du ønsker ikke å gjenopplive den onde, gamle historien.

Dette er hva Gud har å si om opprør og ulydighet:

Og jeg vil sende sverd, hungersnød og pest over dem, inntil de blir utryddet fra det land som jeg gav dem og deres fedre (Jeremia 24:10).

Men til de lydige:

Og du skal vende om og adlyde Herrens røst og gjøre alle hans bud som jeg befaler deg i dag. Og Herren din Gud skal gi deg overflod i alt ditt arbeid, i din hånds frukt.i din kropp og i ditt kvegs frukt og i ditt lands frukt, til det gode; for Herren vil igjen glede seg over deg til det gode, likesom han har gledet seg over dine fedre: Dersom du hører på Herrens, din Guds røst og holder hans bud og hans lover som er skrevet i denne lovbok, og dersom du vender om til Herren din Gud av hele ditt hjerte og av hele din sjel. For dette bud som jeg i dag gir deg, det er ikke skjult for deg, og det er ikke langt borte. (5. Mosebok 30,8-11)

Kapittel 17

Reisetjeneste: Kallet til å undervise og spre evangeliet

Jeg er ikke en prest i betydningen en som kalles pastor, pastor eller predikant. Når vi mottar Den hellige ånd og ild, blir vi tjenere for Hans ord og sprer de gode nyhetene. Uansett hvor jeg går, ber jeg Gud om å få være et vitne og en lærer av Hans Ord. Jeg bruker alltid KJV-bibelen, siden den er den eneste kilden som vekker menneskets hjerte og sinn. Når frøet er plantet, er det umulig for Satan å fjerne det, hvis vi kontinuerlig vanner det med bønn.

Når enkeltpersoner aksepterer denne vidunderlige sannheten, får jeg dem knyttet til en lokal menighet slik at de blir døpt i ***Jesu navn***; de kan være under disippelskap av en pastor som holder kontakt med dem. Det er viktig å ha en pastor som vil gi dem Guds ord og våke over dem.

*"Gå derfor ut og undervis alle folkeslag og døp dem i Faderens og Sønnens og Den hellige ånds **navn**." (Matteus 28:19)*

"Og jeg vil gi dere pastorer etter mitt hjerte, som skal gi dere kunnskap og forstand." (Jeremia 3:15)

Når Herren gir oss instruksjoner om å gjøre hans vilje, kan det være hvor som helst og når som helst. Hans veier gir kanskje ikke alltid mening, men jeg har lært av erfaring at dette ikke spiller noen rolle for meg. Fra jeg våkner til jeg går ut av huset, vet jeg aldri hva Gud har forberedt for meg. Som troende må vi vokse i troen gjennom å studere Ordet, slik at vi kan bli modne lærere. Vi fortsetter å nå høyere nivåer av modenhet ved aldri å gå glipp av en mulighet til å vitne for andre; spesielt når Gud har åpnet døren.

"For når I for en tid skulde være lærere, så har I behov for at nogen lærer eder på ny hva som er de første prinsipper i Guds ord, og I er blitt slike som har behov for melk og ikke for sterk føde. For hver den som bruker melk, er ukyndig i rettferdighetens ord, for han er et barn. Men den sterke føde hører dem til som har nådd en moden alder, de som har fått sine sanser oppøvet til å skjelne godt og ondt." (Hebreerne 5:12-14)

I dette kapittelet deler jeg noen av mine reiseerfaringer med noen viktige historiske poenger som jeg har lagt inn for å forklare den tidlige kirkens og den senere lærens trosforestillinger.

Gud førte meg tilbake til California ved hjelp av en "ulogisk flyplan". På grunn av helseproblemer foretrekker jeg alltid direkteflyvninger. Denne gangen kjøpte jeg en flyreise fra Dallas - Ft. Worth i Texas til Ontario i California med en mellomlanding i Denver i Colorado. Jeg kan ikke forklare hvorfor jeg gjorde dette, men senere ga det mening. På flyet gjorde jeg flyvertinnen oppmerksom på at jeg hadde smerter og satte meg i nærheten av et hvilerom. Under den siste delen av flyturen spurte jeg flyvertinnen om hun kunne finne et sted jeg kunne legge meg ned. Hun førte meg bak i flyet. Smertene ga seg etter hvert. Flyvertinnen kom tilbake for å høre hvordan jeg hadde det, og fortalte meg at hun hadde bedt for meg.

Herren åpnet døren for meg slik at jeg kunne dele hva Han hadde gjort for meg. Jeg fortalte henne om skadene, sykdommene og helbredelsene mine. Hun var så forbløffet over at jeg hadde holdt ut alt dette uten medisiner og bare i tillit til Gud. Da vi snakket om Bibelen, fortalte hun meg at hun aldri hadde hørt at noen kunne motta Den hellige ånd. Jeg forklarte henne at ifølge Skriften er det mulig for oss selv i dag. Jeg fortalte henne grunnen til at jeg hadde forlatt mitt hjem i India; når vi søker Gud av hele vårt hjerte, vil han svare på våre bønner. Hun var veldig snill og omsorgsfull mot meg, akkurat som så mange andre ganger jeg har fløyet, og det har alltid vært noen på flyet som har vist meg slik vennlighet og omsorg. Jeg fortsatte å fortelle henne om Den Hellige Ånd og bevisene på tungetale. Hun sa hardnakket at hun ikke trodde på det. Jeg snakket med henne om dåp i Jesu navn, og hun innrømmet at hun heller aldri hadde hørt om dette. Apostlenes dåp, slik den omtales i Apostlenes gjerninger kapittel 2, forkynnes ikke av de fleste kirker, ettersom de fleste har adoptert treenighetslæren om tre personer i guddommen og påberoper seg titlene: Faderen, Sønnen og Den hellige ånd, når de døper.

*"Og Jesus kom og talte til dem og sa: "All makt er gitt meg i himmelen og på jorden. Gå derfor ut og lær alle folkeslag og døp dem i Faderens og Sønnens og Den hellige ånds **navn**."*
(Matteus 28,18-19)

Når disiplene døpte i Jesu navn, oppfylte de Faderens, Sønnens og Den Hellige Ånds dåp når personen gikk ned i vannet i full neddykking. Dette var ikke noen forvirring; de oppfylte det Jesus befalte dem å gjøre, slik Skriftene viser.

*For det er tre som bærer skriften i himmelen: Faderen, Ordet og Den Hellige Ånd, og disse **tre er ett.** (1. Johannes 5:7)*

(Dette skriftstedet er fjernet fra NIV og alle moderne oversettelser av Bibelen)

*"Da de hørte dette, ble de stukket i sitt hjerte og sa til Peter og de andre apostlene: Menn og brødre, hva skal vi gjøre? Da sa Peter til dem: Omvend eder og la eder døpe hver og en i **Jesu Kristi navn til** syndenes forlatelse, så skal I få Den Hellige Ånds gave."*
(Apostlenes gjerninger 2:37-38)

*Da de hørte dette, lot de seg **døpe i Herren Jesu navn.** Og da Paulus hadde lagt hendene på dem, kom Den Hellige Ånd over dem, og de talte i tunger og profeterte. Og alle mennene var omkring tolv år gamle." (Apostlenes gjerninger 19:5-7)*

*"For de hørte dem tale i tunger og lovprise Gud. Da svarte Peter: "Kan noen forby vann, så disse ikke skulde bli døpt, som har mottatt Den Hellige Ånd så vel som vi? Og han befalte dem å la seg **døpe i Herrens navn**. Så ba de ham om å bli værende noen dager".*
(Apostlenes gjerninger 10:46-48)

Apostlene var ikke ulydige mot Jesus. Pinsedagen var begynnelsen på menighetens tidsalder, etter at Jesus hadde stått opp fra de døde og var blitt tatt imot til herlighet. Han hadde vist seg for apostlene og irettesatt dem for deres vantro, og han var sammen med dem i førti dager. I løpet av denne tiden lærte Jesus dem mange ting. Bibelen sier at de troende skal døpes.

"Deretter viste han seg for de elleve mens de satt til bords, og han klandret dem for deres vantro og hjertets hardhet, fordi de ikke trodde dem som hadde sett ham etter at han var stått opp. Og han sa til dem: Gå ut i all verden og forkynn evangeliet for hver skapning. Den som tror og blir døpt, skal bli frelst; men den som ikke tror, skal bli fordømt." (Markus 16:14-16)

Senere tok man i bruk andre dåpsformler, blant annet "dryssing" i stedet for full neddykking. (Noen argumenterer med at Bibelen ikke sier at man ikke kan stenke, og at romerkirken døpte spedbarn). Dåp i Jesu navn ble endret av Romerkirken da de adopterte treenighetssynet.

Før jeg fortsetter, vil jeg først si at jeg ikke betviler oppriktigheten til mange fantastiske troende som søker en personlig vandring med vår Herre, som elsker Gud og tror på det de mener er den tidlige bibelske lære. Det er derfor det er så viktig å lese og studere Skriften selv, inkludert historien om den tidlige apostoliske kirkes lære i Bibelen. "Kirkens lære går i frafall."

Apostasi betyr å falle fra sannheten. En frafallen er en som en gang har trodd og så forkastet Guds sannhet.

I 312 e.Kr., da Konstantin var keiser, ble kristendommen vedtatt av Roma som den foretrukne religionen. Konstantin opphevet forfølgelsesdekretene til Diokletian (latin: Gaius Aurelius Valerius Diocletianus Augustus;) som begynte i 303 e.Kr. Diokletian var romersk keiser fra 284-305 e.Kr. Forfølgelsesdekretene fratok de kristne deres rettigheter og krevde at de skulle følge "tradisjonell religiøs praksis", som blant annet innebar ofring til de romerske gudene. Dette var den siste offisielle forfølgelsen av kristendommen, sammen med drapene på og skrekkinnjagelsene av dem som ikke føyde seg. Konstantin "kristnet" Romerriket og gjorde det til statsreligion, dvs. offisiell religion. Under hans styre oppmuntret han også hedenske religioner i Roma. Dette styrket Konstantins plan om å skape enhet og fred i riket. Dermed ble Roma "kristnet" og en politisk kirke ble satt til å styre. Med alt dette hadde Satan lagt en mektig plan for å korrumpere kirken innenfra, slik at den tidlige kirken ikke ble anerkjent noe sted. Kristendommen ble degradert, forurenset og svekket med et hedensk system som ble en del av datidens politiske verdenssystem. Ifølge dette systemet gjorde dåpen hvem som helst til en kristen, og de tok med seg sin hedenske religion, helgener og bilder inn i kirken. På et senere tidspunkt ble også treenighetslæren etablert i deres konsil. Den frafalne kirken verken anerkjente, forkynte eller tenkte på betydningen av Den hellige ånd eller tungetale. I 451 e.Kr., på kirkemøtet i Kalsedon, ble trosbekjennelsen fra Nikea/Konstantinopel, med pavens godkjennelse, fastsatt som autoritativ. Ingen fikk lov til å debattere saken. Å tale mot treenigheten ble nå ansett som blasfemi. De som ikke adlød, ble dømt til alt fra lemlestelse til døden. Det oppsto uenighet mellom de kristne, og dette resulterte i lemlestelse og nedslakting av tusener. De rettroende hadde ikke noe annet valg enn å gå under jorden og gjemme seg for sine forfølgere, som slaktet ned i kristendommens navn.

Jeg fortalte henne at troen på treenigheten kom fra hedningene, som ikke kjente til Guds forordninger, lover og bud, og at den ble etablert i 325 e.Kr. da det første kirkemøtet i Nikea slo fast treenighetslæren som ortodoksi og vedtok den romerske kirkens Niceanske trosbekjennelse.

Treenigheten ble satt sammen etter at 300 biskoper samlet seg og kom frem til den etter seks uker.

Ingen kan noensinne endre et bud! Den tidlige menigheten i Apostlenes gjerninger begynte på den gammeltestamentlige troen på Guds absolutte enhet sammen med den nytestamentlige åpenbaringen av Jesus Kristus, som den ene inkarnerte Gud. Det nye testamentet var fullført, og de siste apostlene var døde mot slutten av det første århundret. Ved begynnelsen av det fjerde århundret hadde den primære læren om Gud i kristenheten gått fra den bibelske Guds enhet til en tilsynelatende tro på treenighet.

Jeg undrer mig over at I så snart er kommet bort fra ham som kalte eder til Kristi nåde, og over til et annet evangelium: Det er ikke et annet; men det er noen som plager eder og vil forvrenge Kristi evangelium. Men om vi eller en engel fra himmelen forkynner eder et annet evangelium enn det vi har forkynt eder, så være han forbannet! Likesom vi før har sagt, så sier jeg nu igjen: Om noen forkynner eder et annet evangelium enn det I har mottatt, han være forbannet!
(Galaterbrevet 1:6-9)

Forfatterne i den postpostoliske tidsalder (90-140 e.Kr.) var lojale mot det bibelske språket, hvordan det ble brukt og tenkt. De trodde på monoteismen, som er Jesu Kristi absolutte guddom og manifestasjonen av Gud i kjødet.

Hør, Israel! Herren vår Gud er én Herre. (5. Mosebok 6,4)

*Og uten tvil er gudsfryktens hemmelighet stor: **Gud ble åpenbart i
kjødet**, rettferdiggjort i Ånden, sett av engler, forkynt for hedningene,
trodd på i verden, mottatt opp i herligheten.
(1. Timoteus 3:16)*

De tilla Guds navn stor betydning og trodde på dåp i Jesu navn. De
første konvertittene i kirken var jøder; de visste at Jesus var "Guds
lam". Gud tok på seg kjød slik at han kunne utgyte blod.

*"Ta derfor vare på dere selv og på hele hjorden, som Den Hellige
Ånd har satt dere til tilsynsmenn for, for at dere **skal fø Guds
menighet**, som han har kjøpt med sitt **eget blod**." (Apg 20,28)*

Navnet Jesus betyr: Hebraisk Yeshua, gresk Yesous, engelsk Jesus.
Det er derfor Jesus sa.

*Jesus sa til ham: "Har jeg vært så lenge hos deg, og likevel har du
ikke kjent meg, Filip? Den som har sett meg, har sett Faderen; og
hvordan kan du da si: Vis oss Faderen? (Johannes 14:9)*

De støttet ikke ideen om en treenighetslære, eller treenighetsspråk som
senere ble adoptert av Romerkirken. Selv om de fleste kristne kirker i
dag følger treenighetslæren, er det fortsatt den apostoliske læren fra
pinsefestens dag som gjelder i urkirken. Gud advarte oss mot å vende
oss bort fra troen. Det finnes én Gud, én tro og én dåp.

*"Én Herre, én tro, **én dåp**, én Gud og alles Far, han som er over alle
og gjennom alle og i dere alle." (Efeserne 4:5-6)*

*"Jesus svarte ham: Det første av alle budene er: Hør, Israel: **Herren
vår Gud er én Herre!**" (Mark 12,29).*

*"Men jeg er Herren din Gud fra Egyptens land, og du skal ikke
kjenne noen annen gud enn meg, for det finnes **ingen frelser** ved
siden av meg." (Hosea 13:4)*

Kristendommen gikk bort fra tanken om Guds enhet og innførte den
forvirrende treenighetslæren, som fortsatt er en kilde til uenighet

innenfor den kristne religionen. Treenighetslæren sier at Gud er en forening av tre guddommelige personer - Faderen, Sønnen og Den hellige ånd. De avvek fra sannheten og begynte å vandre bort.

Da denne praktiseringen av treenighetslæren begynte, skjulte den "Jesu navn" fra å bli brukt i dåpen. Navnet JESUS er så mektig fordi vi blir frelst ved dette navnet:

Det finnes heller ikke frelse i noe annet navn enn JESUS:

*Heller ikke er det frelse i noe annet; for det er ikke **noe annet navn** under himmelen som er gitt blant mennesker, hvorved vi må bli frelst. (Apostlenes gjerninger 4:12)*

Det fantes jødekristne og hedningekristne som ikke ville ta imot denne dåpen med titlene (Faderen, Sønnen og Den hellige ånd). Menighetens tidsalder gikk inn i apostasi. (Hva det betydde? Å falle bort fra sannheten).

Frafall er et opprør mot Gud fordi det er et opprør mot sannheten.

La oss sammenligne hva NASB og KJV-biblene sier om denne viktige saken.

Understreket setning er fjernet fra NIV, NASB og andre oversettelser av Bibelen.

*"La ingen på noen måte forføre dere, for den [Jesu gjenkomst] kommer ikke uten at **frafallet** kommer først, og lovløshetens menneske åpenbares, ødeleggelsens sønn."*
*(2. Tessalonikerbrev 2:3, **NASB-versjonen**)*

*"La ingen forføre dere på noen måte; for den dagen (Jesu gjenkomst) skal ikke komme, **uten at det først skjer et frafall**, og syndens menneske, fortapelsens sønn, åpenbares."*
*(2. Tessalonikerbrev 2:3 **KJ-versjonen**)*

Flyvertinnen var svært interessert i det jeg lærte henne. Men på grunn av tidsnød forklarte jeg Guds enhet for å gi henne full forståelse i løpet av den korte tiden jeg hadde til rådighet.

Vokt dere for at ikke noen skal forføre dere med filosofi og forfengelig bedrag, etter menneskers overlevering, etter verdens lære, og ikke etter Kristus. For i ham bor hele guddomsfylden legemlig."
(Kolosserne 2,8-9)

Satans sete (også kjent som Pergamos, Pergos eller Pergemon):

Jeg forklarte også flyvertinnen hvilken nøkkelrolle landet Tyrkia spiller i vår moderne tid og endetid. Pergamon eller Pergamon var en gammel gresk by i dagens Tyrkia som ble hovedstad i kongeriket Pergamon i den hellenistiske perioden under Attalid-dynastiet, 281-133 f.Kr. Byen ligger på en høyde der du finner tempelet til guden Asklepios. Her står en statue av Asklepios som sitter og holder en stav med en slange som slynger seg rundt den. Johannes' åpenbaring forteller om Pergamon, en av de syv menighetene. Johannes av Patmos omtalte den som "Satans sete" i sin Åpenbaringsbok.

*"Og til engelen for menigheten i Pergamon skriver du: Dette sier han som har det skarpe, tveeggede sverd: Jeg kjenner dine gjerninger og vet hvor du bor, ja, hvor **Satans sete** er; og du holder fast ved mitt navn og har ikke fornektet min tro, selv ikke i de dager da Antipas var min trofaste martyr, han som ble drept iblandt eder, der hvor Satan bor. Men jeg har noe imot deg, fordi du har der de som holder fast ved Bileams lære, han som lærte Balak å kaste en anstøtssten for Israels barn, å ete avgudsoffer og drive hor." (Åpenbaringen 2:12-14)*

Hvorfor er denne byen så viktig i dag? Grunnen er at da Kyros den store inntok Babylon i 457 f.Kr. tvang kong Kyros det hedenske babylonske presteskapet til å flykte vestover til PERGAMOS i dagens Tyrkia.

{Note: Vi må se til Israel og oppfyllelsen av profetiene. Er det ikke rart at Syrias president Assad den 6. juli 2010, i Madrid i Spania, advarte om at Israel og Tyrkia er nær ved å gå til krig? Guds elskede Israel og Satans (sete) trone kommer sammen i dagens nyheter

Etter å ha diskutert Pergamos med flyvertinnen, begynte jeg å undervise om den nye fødsel. Hun hadde aldri hørt noen tale i tunger (Den hellige ånd). Jeg ga henne all informasjon, skriftsteder og en liste over hvor hun kunne finne en bibeltro menighet. Hun var så begeistret over denne sannheten og åpenbaringen. Nå forsto jeg hvorfor jeg på uforklarlig vis hadde kjøpt en flyreise uten direktefly til California. Gud vet alltid hva han gjør, og jeg lærte at jeg ikke alltid vet hva han har tenkt, men at jeg senere kan se tilbake og se at han hadde en plan hele tiden. Så snart jeg ankom California, gikk jeg ut av flyet smertefri og uten feber.

Spørsmålet: Hva er apostolisk?

Jeg var på et annet fly fra Dallas-Ft. Worth til Ontario i California. Etter å ha tatt en kort lur la jeg merke til at damen ved siden av meg satt og leste. Hun hadde problemer med å se ut, så jeg løftet persiennen for vinduet mitt, og hun ble glad. Jeg var på utkikk etter en mulighet til å snakke med henne, så denne gesten innledet vår samtale som varte i nesten en time. Jeg begynte å fortelle henne om mitt vitnesbyrd.

Hun sa at hun skulle se på den når hun sjekket inn på hotellrommet. Vi begynte å snakke om kirken, og hun innrømmet at hun bare gikk dit en gang i blant. Hun fortalte også at hun var gift og hadde to døtre. Jeg fortalte henne da at jeg gikk i en apostolisk pinsemenighet. Det var da jeg merket at øynene hennes åpnet seg. Hun fortalte meg at hun og mannen hennes nylig hadde sett en reklameplakat om en apostolisk kirke. Vi visste ikke hva det ordet (apostolisk) betydde, sa hun. Jeg forklarte henne at dette var den læren som Jesus hadde etablert i Johannes 3,5 og som ble anvendt i Apostlenes gjerninger, som beskriver den tidlige kirken i den apostoliske tidsalder. Jeg er overbevist om at Gud satte meg ved siden av denne damen for å få svar på nettopp dette spørsmålet. Det var for tilfeldig til at det kunne være tilfeldig.

Den apostoliske tidsalder:

Det antas at Kristus ble født før år 4 f.Kr. eller etter år 6 e.Kr. og at han ble korsfestet mellom år 30 og 36 e.Kr. i en alder av 33 år. Dermed ble grunnleggelsen av den kristne kirke anslått til å være på pinsefesten i mai 30 e.Kr.

Den apostoliske tidsalder omfatter omtrent sytti år (30-100 e.Kr.) og strekker seg fra pinsedagen til apostelen Johannes' død.

Da Johannesbrevene ble skrevet, var det første århundret på vei bort fra sannheten. Mørket kom inn i menighetene i det første århundret. Bortsett fra det vet vi svært lite om denne perioden i kirkens historie. Apostlenes gjerninger (2:41) forteller om en pinseomvendelse av tre tusen mennesker på én dag i Jerusalem. Historien forteller om massemord under Nero. De kristne konvertittene kom for det meste fra middel- og underklassen, som analfabeter, slaver, handelsmenn osv. Det anslås at antallet kristne på tidspunktet for Konstantins omvendelse kan ha nådd over elleve millioner, en tiendedel av den totale befolkningen i Romerriket, noe som er en massiv og rask suksess for kristendommen. Dette resulterte i en grusom behandling av kristne som levde i en fiendtlig verden.

Jesus lærte oss at vi skulle elske hverandre som oss selv, og at frelse og omvendelse fra synd ville komme i hans navn.

Og at omvendelse og syndenes forlatelse skulle forkynnes i hans navn blant alle folkeslag, med Jerusalem som første by. (Lukas 24:47)

Apostlene tok Jesu lære og anvendte den på pinsedagen, og gikk deretter ut og forkynte Jesus for jødene først, og deretter for hedningene.

*"Ta derfor vare på eder selv og på hele den hjord som Den Hellige
Ånd har satt eder til tilsynsmenn **over, for at I skal fø Guds menighet,
som han har kjøpt med sitt eget blod.** For jeg vet at efter min
bortgang skal onde ulver komme inn iblandt eder og ikke skåne
hjorden. Også av eder selv skal det stå frem menn som taler
villfarelser for å lokke disipler efter sig. Våk derfor og kom i hu at jeg
i løpet av tre år ikke har opphørt å advare hver og en natt og dag med
tårer." (Apostlenes gjerninger 20:28-31)*

Ikke alle underkastet seg Konstantins dekret.

Det fantes de som fulgte apostlenes opprinnelige lære, men som ikke
ville godta "omvendelsen" som var nedfelt i Konstantins dekret.
Dekretet inkluderte de religiøse tradisjonene som ble skapt under de
romerske kirkemøtene, sammen med endringer som ble gjort som
forvrengte sannheten om den tidlige kirken. Disse menneskene som
utgjorde rådene som utformet Konstantins dekret, var ikke sanne
gjenfødte troende.

Dette er grunnen til at mange kirker i dag kaller seg apostoliske eller
pinsevenner, og følger apostlenes lære.

*"Ikke mange vise etter kjødet, ikke mange mektige, ikke mange edle
ble kalt, men Gud utvalgte det uforstandige i verden for å gjøre de
vise til skamme, og Gud utvalgte det svake i verden for å gjøre det
sterke til skamme, og det usle i verden og det foraktede utvalgte Gud,
ja, og det som ikke er, for å gjøre det som er, til intet, for at intet kjød
skulle rose seg for Gud." (1. Kor. 1:26-29)*

Tverrreligiøs

I dag har vi en ny trussel mot Guds prinsipper. Den kalles
"interreligiøsitet". "Interreligiøsitet sier at det er viktig å vise respekt
for **alle guder.** Delt lojalitet og delt ærbødighet er akseptabelt for
interreligiøse. Vi kan ha respekt for hverandre som individer og elske
hverandre, selv når vi er uenige, men Bibelen er krystallklar når det

gjelder "Guds sjalusi", som krever eksklusiv hengivenhet til Ham, og at det er en snare å vise ærbødighet for andre guder.

"Ta eder i vare, så I ikke slutter pakt med innbyggerne i det land I drar til, så det ikke blir til en snare midt iblandt eder; men I skal ødelegge deres altere, knuse deres bilder og hugge ned deres lunder: For du skal ikke dyrke noen annen gud; for Herren, som heter Nidkjær, er en nidkjær Gud: For at du ikke skal slutte en pakt med landets innbyggere, og de skal drive hor etter deres guder og ofre til deres guder, og en av dem kaller på deg og du spiser av hans offer."
(2. Mosebok 34:12-15)

Djevelen har funnet på den villedende troen på "inter-tro" for å lure de utvalgte. Han vet hvordan han skal manipulere det moderne mennesket med sin egen politiske korrekthet, når det i virkeligheten inngås en pakt ved å anerkjenne eller vise ærbødighet for deres falske guder, avguder og bilder.

Kapittel 18

Departementet i Mumbai, India "En mann med stor tro"

En gang før 1980 dro jeg til Mumbai i India for å få visum for å kunne reise ut av landet. Da jeg reiste gjennom Mumbai med toget, la jeg merke til at vi kjørte gjennom et slumområde med svært fattige mennesker og hytter. Jeg hadde aldri sett så elendige leveforhold med mennesker som levde i fryktelig fattigdom.

Jeg sa innledningsvis at jeg vokste opp i en strengt religiøs familie. Min far var lege og min mor var sykepleier. Selv om vi var religiøse og jeg leste mye i Bibelen, hadde jeg ikke Den Hellige Ånd på den tiden i mitt liv. Hjertet mitt ble bedrøvet da Herrens byrde kom over meg. Fra den dagen av bar jeg denne byrden for disse menneskene som var uten håp i slummen. Jeg ville ikke at noen skulle se tårene mine, så jeg la hodet ned og skjulte ansiktet. Jeg ville bare sovne, men min byrde for disse menneskene føltes som om den var større enn en hel nasjon. Jeg ba og spurte Gud" :Hvem vil gå for å forkynne evangeliet for disse menneskene?" Jeg tenkte at jeg ville være redd for å komme til dette området selv. På den tiden forstod jeg ikke at Guds hånd var så stor at

113

Han kunne nå hvem som helst, hvor som helst. Lite visste jeg da at Gud skulle føre meg tilbake til dette stedet i årene som kom. Tilbake i USA, 12 år senere, hadde jeg fortsatt en byrde for menneskene som bodde i slummen i Mumbai.

Det var indisk skikk, og familiens skikk, å alltid ta imot predikanter i vårt hjem, gi dem mat, dekke deres behov og gi dem en donasjon. Jeg var tidligere metodist, men nå hadde jeg fått sannhetens åpenbaring, og det var ikke noe kompromiss. Familien min ventet på at en indisk prest som var på besøk i Amerika, skulle ankomme. Vi ventet, men han kom ikke i tide. Jeg måtte gå på jobb og fikk ikke anledning til å møte ham, men moren min fortalte meg senere at han var veldig ekte. Året etter, i 1993, kom den samme presten hjem til oss i West Covina i California for andre gang. Denne gangen sa broren min til ham at han måtte møte søsteren hans fordi hun var trofast mot Guds ord, og familien respekterte hennes tro og tillit til Gud. Det var denne dagen jeg møtte pastor Chacko. Vi begynte å diskutere dåp og hans tro på Guds ord. Pastor Chacko fortalte meg at han døpte ved full neddykking i Jesu navn, og at han ikke ville gå på kompromiss med noen annen form for dåp. Jeg ble veldig glad og begeistret over å vite at denne Guds mann gjorde det på den bibelske måten som den apostoliske urkirken gjorde. Deretter inviterte han meg til å besøke Mumbai i India, hvor han bor.

Jeg fortalte pastoren min om pastor Chackos sterke overbevisning om Guds ord og om hans besøk i hjemmet vårt. Samme kveld kom pastor Chacko på besøk til menigheten vår, og pastoren min ba ham om å si noen ord til menigheten. Det var så stor interesse for det arbeidet pastor Chacko gjorde i Mumbai at menigheten min begynte å støtte ham økonomisk og med våre bønner. Menigheten vår var opptatt av misjon. Vi betalte alltid misjon på samme måte som vi betaler tiende. Det var utrolig hvordan alt begynte å falle på plass, og Mumbai hadde nå støtte fra min lokale kirke i California.

Året etter sendte Gud meg til India, så jeg takket ja til pastor Chackos tilbud om å besøke menigheten og familien hans i Mumbai. Da jeg først ankom, kom pastor Chacko for å hente meg på flyplassen. Han kjørte meg til hotellet mitt. Det var også der de møttes til menighet og i den samme slummen som jeg hadde reist gjennom med toget i 1980. Året var nå 1996, og min inderlige bønn om håp for disse vakre sjelene ble besvart. Pastor Chacko var svært gjestfri og delte sin byrde og sitt ønske om å bygge en kirke med meg. Jeg fikk besøke andre kirker og ble bedt om å tale for menigheten før jeg reiste videre til Ahmadabad, byen jeg var på vei til. Jeg ble så trist over levekårene til menigheten i Mumbai. En katolsk far ga et klasserom til pastor Chacko for søndagsgudstjenesten.

Folk var så fattige, men jeg hadde gleden av å være vitne til de små, vakre barna som lovpriste og tjente Gud. De spiste sammen med bare en liten brødbit som ble sendt rundt, og vann å drikke. Jeg ble rørt av medfølelse og kjøpte mat til dem, og ba dem gi meg en liste over ting de trengte. Jeg gjorde alt jeg kunne for å dekke behovene på listen. De velsignet meg med sine bønner etter den lange flyturen til India. En bror fra menigheten ba over meg, og jeg kjente Den hellige ånds kraft som elektrisitet komme over min svekkede og søvnløse kropp. Jeg følte meg uthvilt da kreftene kom tilbake, og smertene i hele kroppen forsvant. Bønnene deres var så kraftfulle at jeg ble velsignet hinsides alt jeg kan forklare. De ga meg mer enn det jeg hadde gitt dem. Før jeg fløy tilbake til Amerika, forlot jeg Ahmadabad og dro tilbake til Mumbai for å besøke pastor Chacko en gang til. Jeg ga ham alle rupiene jeg hadde igjen som en donasjon til ham og familien hans.

Heldigvis vitnet han for meg om sin kone som skammet seg dypt når hun gikk forbi butikken der de skyldte penger. Hun gikk med hodet skammelig ned, fordi de ikke var i stand til å betale denne gjelden. Pastor Chacko fortalte meg også om sønnens utdannelse. Han skyldte penger til skolen, og sønnen ville ikke kunne fortsette på skolen. Jeg kunne se at situasjonen var overveldende for familien. Gud hadde beveget meg til å gi, og donasjonen jeg hadde gitt var mer enn tilstrekkelig til å ta hånd om begge sakene og mye mer. Gud være lovet!

"Ta de fattige og farløse i forsvar, gjør rettferdighet mot dem som lider nød og trang. Frels de fattige og nødlidende, befri dem fra de ugudeliges hånd." (Salmene 82:3-4)

Da jeg kom tilbake til California, ba jeg og gråt over denne lille menigheten og dens mennesker. Jeg var så sønderknust at jeg spurte Gud om to eller tre kunne være enige om å røre ved alt de ber om.

"Sannelig sier jeg eder: Alt hvad I binder på jorden, skal være bundet i himmelen, og alt hvad I løser på jorden, skal være løst i himmelen. Og jeg sier eder igjen: Om to av eder blir enige på jorden om noe som helst av det de ber om, så skal det skje for dem hos min Fader i himmelen. For hvor to eller tre er samlet i mitt navn, der er jeg midt iblant dem." (Matteus 18:18-20)

Det var min byrde og mitt anliggende å hjelpe Guds menighet i Mumbai, men jeg trengte å dele byrden min med noen. En dag spurte min kollega, Karen, meg hvordan jeg kunne be så lenge? Jeg spurte Karen om hun også kunne tenke seg å lære seg å be i lengre perioder, bygge opp bønnelivet sitt og faste sammen med meg. Hun takket ja, og ble min bønnepartner. Karen delte også min byrde for Mumbai. Etter hvert som vi begynte å be og faste, ble hun ivrig etter å be i lengre perioder og faste mer. Hun gikk ikke i noen menighet på den tiden, men var veldig seriøs og oppriktig i det hun gjorde åndelig. Vi ba i lunsjpausene, og etter jobb møttes vi for å be i 1½ time i bilen. Noen måneder senere fortalte Karen meg at hun hadde fått penger fra en forsikring fordi onkelen hennes hadde gått bort. Karen er veldig godhjertet og giverglad, og sa at hun ønsket å betale tiende av disse pengene ved å gi dem til tjenesten i Mumbai. Pengene ble sendt til pastor Chacko for å kjøpe et lokale der de kan ha sin egen kirke. De kjøpte et lite rom som hadde blitt brukt til satanistisk tilbedelse. De ryddet det opp og restaurerte det til sin egen kirke. Året etter dro Karen og jeg til Mumbai for å være med på innvielsen av kirken. Det var et bønnesvar, for Karen, som nå tjener Herren, er sterk i troen. Gud være lovet!

Da menigheten i Mumbai vokste, ba pastor Chacko om hjelp til å kjøpe en liten tomt ved siden av kirken. Pastor Chacko hadde stor tro på menighetens vekst og på Guds arbeid. Tomten tilhørte den katolske kirken. Pastor Chacko og presten hadde et vennskapelig forhold, og presten var villig til å selge tomten til pastor Chacko. Pastor Chacko fikk ikke den donasjonen som han trodde Gud ville gi. Gud vet alt, og Han gjør ting på sin måte og bedre enn vi kan forestille oss!

Noen år senere var det opptøyer mellom hinduer og kristne over hele India. Hinduene prøvde å bli kvitt de kristne fra India. Opptøyene kom inn i kirken om morgenen med politiet i ryggen. De begynte å ødelegge kirken, men pastor Chacko og kirkens medlemmer tryglet dem om å la være for deres egen skyld, fordi det var farlig for dem å ødelegge den allmektige Guds hus. Opprørerne fortsatte å ødelegge alt de så, uten å bry seg om folks advarsler og bønn, helt til kirken var fullstendig revet. Resten av dagen var kirkens medlemmer redde for denne beryktede og ondskapsfulle gruppen, for de visste at deres egne liv var i fare.

De kjente på sorgen over å ikke lenger ha sin egen kirke etter å ha bedt så lenge om å få et eget sted å tilbe Gud. Det var her de hadde sett Gud utføre mirakler, demoner bli drevet ut og frelse bli forkynt for syndere. Samme natt, rundt midnatt, banket det på døren til pastor Chacko. Han ble skremt da han så at det var lederen for den beryktede gruppen som tidligere hadde ødelagt kirken. Pastor Chacko trodde at han helt sikkert ville bli drept, og at det var slutten for ham. Han ba Gud om å gi ham mot til å åpne døren og om beskyttelse. Da han åpnet døren, så han til sin overraskelse en mann med tårer i øynene som ba pastor Chacko om tilgivelse for det de hadde gjort mot kirken hans tidligere på dagen.

Mannen fortsatte å fortelle pastor Chacko at kona til lederen hadde dødd etter ødeleggelsen av kirken. En av opprørerne hadde fått hånden kuttet av med en maskin. Det var ting på gang mot dem som hadde ødelagt kirken. Det var frykt blant opprørerne for det de hadde gjort mot pastor Chacko og hans Gud! Gud sa at han ville kjempe våre kamper, og det gjorde han. Religiøse hinduer og kristne i India er gudfryktige mennesker som vil gjøre hva som helst for å gjøre ting rett.

På grunn av det som skjedde med hinduene fordi de deltok i ødeleggelsen av kirken, kom de samme opprørerne tilbake for å gjenoppbygge kirken av frykt. De tok også eiendommen som tilhørte den katolske kirken i besittelse. Ingen gikk imot dem eller klaget. Opprørerne gjenoppbygde selv kirken, skaffet materialene og all arbeidskraften uten hjelp fra kirken. Da kirken sto ferdig, var den større og hadde to etasjer i stedet for én.

Gud besvarte pastor Chackos bønn, og han sier: "Jesus svikter aldri." Vi har fortsatt å be for Mumbai. I dag finnes det 52 kirker, et barnehjem og to barnehager, takket være troen og bønnene til mange som har en byrde for India. Jeg begynte å tenke på hvordan hjertet mitt hadde blitt dypt berørt da jeg satt på toget i 1980. Lite visste jeg da at Gud hadde fått øynene opp for denne delen av landet mitt og brakte kjærlighet og håp til menneskene i slummen i Mumbai gjennom utrettelige bønner og en Gud som lytter til hjertet. I begynnelsen sa jeg at min byrde var like stor som en hel nasjon. Jeg er takknemlig for at Gud har gitt meg denne byrden. Gud er den store strategen. Det skjedde ikke umiddelbart, men i løpet av seksten år skjedde det ting som jeg ikke visste om, og Han la grunnlaget for at bønnesvarene skulle føre til resultater, alt mens jeg bodde i USA.

Bibelen sier at vi skal be uten opphør. Jeg ba konsekvent og fastet for vekkelse over hele India. Landet mitt gikk gjennom en åndelig metamorfose for Herren Jesus.

Pastor Chackos hjemmeside er: http://www.cjcindia.org/index.html

Kapittel 19

Departementet i Gujarat!

På slutten av 1990-tallet besøkte jeg byen Ahmedabad i delstaten Gujarat. Under mitt siste besøk i Mumbai i India følte jeg at jeg hadde oppnådd noe med arbeidet der. Senere på reisen besøkte jeg byen Ahmedabad og var vitne til det. Jeg visste at de fleste av menneskene var trinitarer. Alle mine kontakter var trinitarer. Jeg ba i mange år om å få bringe denne sannheten til India. Min første bønn var at jeg ville vinne noen som Paulus eller Peter, slik at mitt arbeid ville bli lettere og fortsette. Jeg ber alltid med en plan og en visjon. Før jeg besøker et sted, ber jeg og faster, spesielt når jeg reiser til India. Jeg ber alltid og faster i tre dager og netter uten mat eller vann, eller til jeg er fylt av Ånden. Dette er den bibelske måten å faste på.

Ester 4:16 Gå og samle sammen alle jøder som er i Susan, og fast for min skyld; i tre dager skal I hverken spise eller drikke, hverken dag eller natt: Også jeg og mine jomfruer vil faste på samme måte; og så vil jeg gå inn til kongen, noe som ikke er i samsvar med loven; og hvis jeg går til grunne, går jeg til grunne.

Jona 3:5 Da trodde folket i Ninive Gud og utropte en faste og tok på seg sekk, fra den største av dem til den minste av dem. 6 Da det kom bud til kongen i Ninive, reiste han seg fra sin trone, la kjortelen fra

seg og dekket seg med sekk og satte seg i aske.7 Og han lot det
forkynne og kunngjøre i hele Ninive ved kongens og hans høvdingers
befaling: Hverken mennesker eller dyr, kveg eller buskap skal få
smake noe som helst; de skal ikke få ete eller drikke vann:

India har blitt oppslukt av åndelig mørke. Man våger ikke å reise dit
med mindre man er full av Guds Ånd. For noen år tilbake, på 1990-
tallet, ble jeg introdusert for Bro. Christian på et treenighetsuniversitet.
Under det besøket ble jeg angrepet av de fleste av treenighetspastorene.
Det var mitt første møte med broder Christian. I stedet for å lovprise
Herren! spurte jeg ham: "Hva forkynner du?" "Døper du i Jesu navn"?
Han svarte: "Ja". Jeg ville vite hvordan han hadde fått vite denne
sannheten. Så han sa: "Gud åpenbarte sannheten mens jeg tilba Gud en
tidlig morgen på et sted som heter Malek Saben Stadion. Gud talte
tydelig til meg om Jesu navnedåp'.

Under dette besøket trykket jeg opp og delte ut over noen tusen
brosjyrer som forklarte vanndåpen i Jesus. Det gjorde de religiøse
kirkemyndighetene sinte. Religiøse ledere begynte å forkynne mot
meg. De sa: "Absolutt, spark henne ut av huset ditt. Uansett hvor jeg
gikk, talte alle imot meg. Sannheten gjør djevelen sint, men Guds ord
sier: "Og dere skal kjenne sannheten, og sannheten skal sette dere fri".
Møtet med Bro. Christian hjalp meg til å spre sannheten. Lovet være
Gud for at han sendte en oneness-pastor som ville undervise og
forkynne det sanne evangeliet til India.

Etter dette besøket i India i 1999 ble jeg ufør og kunne ikke reise tilbake
til India. Men arbeidet var i ferd med å **bli etablert**. Snart glemte alle
de menneskene som talte meg imot meg, og nå har de gått bort. I løpet
av denne tiden med fysisk funksjonshemming spilte jeg inn alle CD-
ene om Sannhetssøken, enhet og doktrine og ga dem bort gratis. Jeg
satt i rullestol og hadde mistet hukommelsen, så jeg utvidet min tjeneste
med å spille inn bøker. Det var vanskelig å sitte, men med Herrens hjelp
gjorde jeg det jeg ikke kunne fysisk. Å stole på Herren vil ta deg til nye
veier og motorveier. Vi står overfor alle utfordringer. Guds kraft er så
fantastisk at ingenting kan stoppe salvelsen. Budskapet som ble
kjempet så hardt, ble nå spilt i hjemmene på innspilte CD-er. Gud være

lovet! Det var til min glede og forbløffelse at mange mennesker kjente til den bibelske læren og Guds enhet.

Jeg hadde bedt og fastet i mange år for at India skulle få kjærlighet til sannheten. Og at evangeliet om Jesus skulle forkynnes fritt i alle delstatene i India. Jeg hadde et sterkt ønske om å bringe kunnskap om sannheten til dem gjennom oversettelse av bibelstudier fra engelsk til gujarati. Gujarati er det språket som snakkes i denne delstaten. Jeg fant oversettere i India som var ivrige etter å hjelpe meg med oversettelsen av disse bibelstudiene. En av disse oversetterne, som selv var pastor, ønsket å endre skriften fra den bibelske dåpen i den apostoliske urkirken ved å utelate navnet JESUS til Fader, Sønn og Hellig Ånd. Det er tittelen på den ene sanne Gud. Det ble vanskelig å stole på at oversetteren min ville holde Guds ord korrekt. Bibelen advarer oss tydelig mot å legge til eller ta bort noe fra de hellige skriftene. Fra Det gamle testamentet til Det nye testamentet må vi ikke endre Guds ord på grunn av menneskers tolkning. Vi må kun følge Jesu eksempel og apostlenes og profetenes lære.

Efeserne 2:20 og er bygd på apostlenes og profetenes grunnvoll, med Jesus Kristus selv som den viktigste hjørnestein;

Det var disiplene som gikk ut og forkynte og underviste i evangeliet om Jesus. Vi må følge apostelens lære og tro på at Bibelen er Guds ufeilbarlige og autoritative ord.

4. Mosebok 4:1 Hør nu, Israel, på de lover og forskrifter som jeg lærer eder, for at I skal holde dem, så I kan leve og gå inn og ta i eie det land som Herren eders fedres Gud gir eder. 2 I skal ikke legge noget til det ord som jeg befaler eder, og I skal heller ikke gjøre noget mindre av det, forat I må holde de bud fra Herren eders Gud som jeg befaler eder.

Jeg velger her å slå fast at det er stor forskjell på hva vi tror er sannheten i dag, og hva urkirken lærte. Allerede i den tidlige kirkehistorien var det noen som vendte seg bort fra den sunne læren, ifølge Paulus' brev til menighetene. Mange versjoner av Bibelen har endret seg for å passe djevelens lære. Jeg foretrakk KJV siden det er en 99,98% nøyaktig oversettelse nær de opprinnelige rullene.

Les og undersøk følgende skriftsteder nøye:

2 Peter 2:1 Men det var også falske profeter blant folket, likesom det skal være falske lærere blant eder, som i hemmelighet skal innføre fordømmelig vranglære og fornekte den Herre som har kjøpt dem, og føre over sig selv en rask fortapelse.2 Og mange skal følge deres skadelige veier; på grunn av dem skal sannhetens vei bli talt ondt om.3 Og ved begjær skal de med falske ord gjøre handel med eder; deres dom som nå er lang, er ikke blitt forsinket, og deres fordømmelse er ikke blitt forsinket.

Etter å ha fått åpenbaringen om Jesu identitet, ga den apostelen Peter nøklene til Riket og holdt sin første preken på pinsedagen. De advarte oss mot bedragere som har en form for gudsfrykt og ikke følger apostlenes og profetenes lære. En gudstroende kan ikke være Antikrist siden de visste at Jehova en dag vil komme i kjøtt og blod.

2 Joh 1:7 For det er kommet mange bedragere inn i verden, som ikke bekjenner at Jesus Kristus er kommet i kjød. Dette er en bedrager og en antikrist. 8 Se til dere selv, så vi ikke mister det vi har gjort, men at vi får full lønn. 9 Den som overtreder og ikke blir i Kristi lære, han har ikke Gud. Den som blir i Kristi lære, han har både Faderen og Sønnen. 10 Om det kommer noen til eder som ikke bringer denne lære, da ta ikke imot ham i eders hus og ønsk ham ikke lykke til! 11 For den som ønsker ham lykke til, er delaktig i hans onde gjerninger.

Det var mange konferanser i India der forkynnere dro fra Stockton Bible College og andre stater for å overbringe budskapet om å bli født på ny. Pastor McCoy, som hadde et kall til å forkynne i India, gjorde en fantastisk jobb med å forkynne på mange steder i India. Med mange timer i bønn og faste har suksessen i den indiske tjenesten fortsatt siden år 2000. Jeg husket at jeg ringte en pastor, pastor Miller, som lederen for Foreign Mission Asia hadde henvist meg til. Da jeg ringte ham hjemme hos ham, fortalte han at han var i ferd med å ringe meg for å fortelle at han hadde vært i Calcutta og Vest-Bengal seks måneder tidligere. Han ville også reise til Ahmedabad, men på grunn av sykdom vendte han tilbake til USA. Pastor Miller sa at han gjerne ville reise tilbake til India, men at han måtte be over det og spørre Gud om hans kall var for dette landet. Han vendte tilbake til India for andre gang og forkynte på to generalkonferanser. Gud beveget seg mektig blant gujarati-folket i denne delstaten.

Pastor Christian sa at det var veldig vanskelig å etablere Guds arbeid i denne delstaten. Vær så snill å be for forkynnerne som står overfor en enorm kamp. Herren gjør et stort arbeid i delstaten Gujarat. Djevelen kjemper ikke mot de vantro, for han har dem allerede! Han angriper dem som har sannheten; Herrens trofaste utvalgte. Jesus betalte prisen med sitt blod slik at vi kan få forlatelse eller tilgivelse for våre synder. Djevelen vil kjempe enda sterkere mot tjenesten (ministrene) ved å angripe både menn og kvinner. Djevelen bruker alle forvrengte midler for å bringe dem til en fallen tilstand av synd og fordømmelse.

Joh 15:16 I har ikke utvalgt mig, men jeg har utvalgt eder og bestemt eder til at I skal gå ut og bære frukt, og at eders frukt skal bli stående, forat I skal få alt det I ber Faderen om i mitt navn, det skal han gi eder.

En gang frelst, alltid frelst er også en annen løgn fra djevelen. Mellom 1980 og 2015 besøkte jeg India noen ganger. Mange forandringer hadde funnet sted i denne nasjonen. Når du starter et arbeid for Gud, må du huske at du gjør Jesu disipler til disipler, som er fortsettelsen av det arbeidet som Jesus og hans disipler startet. Vi ville ha vunnet verden nå hvis vi fortsatte å følge evangeliet om Jesus Kristus.

I 2013, i henhold til Guds plan, flyttet Han meg til en menighet i Dallas, Tax. Jeg satt under Guds sanne profet. Han hadde ni gaver fra Guds Ånd. Han får kunnskapen om ditt navn, adresse, telefonnummer osv. nøyaktig av Den Hellige Ånd. Det var nytt for meg. I 2015, en søndag morgen, så pastoren min i Dallas, Texas, på meg og sa: "Jeg ser en engel som åpner en stor dør som ingen mennesker kan lukke. Han ropte meg ut og spurte: "Skal du til Filippinene? Han sa at jeg verken så svarte eller hvite mennesker der. Da han fikk ytterligere informasjon fra Den Hellige Ånd, spurte han: Skal du til India? Den Hellige Ånd talte til ham og sa at jeg skulle tjene hinduene. På den tiden var de kristne i India i fare. Hinduene angrep de kristne ved å brenne deres helligdommer og banke opp pastorer og Jesu helgener.

Jeg trodde på profetien, så jeg adlød Guds stemme og reiste til India. Da jeg kom til Badlapur college, var 98 prosent av studentene hinduer som hadde konvertert til kristendommen. Jeg ble forbløffet over å høre deres vitnesbyrd om hvordan Gud fører mennesker ut av mørket og inn i lyset. Gjennom deres vitnesbyrd lærte jeg mye om hinduismen. Det forbløffet meg å høre at de tror på 33 millioner og flere guder og gudinner. Jeg kunne ikke forstå hvordan man kan tro at det finnes så mange guder og gudinner.

I 2015 vendte jeg tilbake til Badlapur i Bombay etter 23 år for å undervise på bibelskolen. Der var jeg prest for bibelskolens oversetter, bror Sunil. Broder Sunil var i en overgangsfase. Bror Sunil var motløs, og visste ikke at Gud var i ferd med å endre hans retning og var motløs. Mens jeg arbeidet med ham, visste jeg at han hadde sannheten og en kjærlighet til den. Avvik aldri fra Bibelens sannhet. La Den hellige ånd lede, veilede, undervise og gi deg kraft til å være vitne til mirakler og helbredelser. India trenger fortsatt mange arbeidere, sanne profeter og lærere. Be om at Gud sender mange arbeidere til India.

Under denne misjonsreisen besøkte jeg en by som heter Vyara i Sør-Gujarat. Jeg hørte om en stor vekkelse som foregikk i Sør-Gujarat. Gud åpnet døren for meg til å besøke byen. Jeg var veldig glad for å være der, og jeg møtte mange avgudsdyrkere som nå vender seg til den eneste sanne Gud. Dette er fordi de fikk helbredelse, utfrielse og frelse gjennom Jesu navn. Så stor vår Gud er!

Mange ber og faster for India. Vær så snill å be om en vekkelse. Under besøket i Vyara inviterte pastoren meg hjem til seg. Jeg ba over ham, og mange av de hindrende åndene forsvant. Etter det var han fri fra bekymring, tvil, tyngde og frykt. Gud profeterte gjennom meg at vi skulle bygge et hus for bønn. Pastoren sa at vi ikke har penger. Gud sa til meg at han ville sørge for det. I løpet av et år hadde de et stort, vakkert bedehus, og vi betalte det ned. Guds ord kommer ikke ugyldig tilbake.

Under mitt siste besøk i India i 2015 tjente jeg mange hinduer som hadde konvertert til kristendommen i ulike delstater. Jeg betjente også mange ikke-kristne som opplevde tegnene og underverkene som ble gjort i Jesu navn, og som ble forbløffet. Jeg så mange år med bønn med faste svar for India. Gud være lovet! Siden jeg fikk åpenbaringen av denne sannheten, har jeg jobbet nonstop for å gi denne informasjonen gjennom CD-er, lyd, video, YouTube-kanal og bøker for landet India. Vårt harde arbeid er ikke forgjeves!

Senere fikk jeg høre at bror Sunil hadde tatt imot sitt kall som pastor for Bombay og byene rundt. Nå arbeider jeg sammen med pastor Sunil og andre steder jeg besøkte i 2015. Vi har etablert mange helligdommer i delstaten Maharashtra og Gujarat. Selv i dag fortsetter jeg å disippelgjøre de nyomvendte i disse statene. Jeg støtter dem gjennom bønn og undervisning. Jeg støtter Guds arbeid i India økonomisk.

Mange av disse menneskene går til heksedoktorer når de er syke, men de blir ikke helbredet. Så de ringer meg hver morgen, og jeg tjener, ber og driver ut demonene i Jesu navn. De blir helbredet og utfridd i Jesu navn. Vi har mange nyomvendte i forskjellige stater. Etter hvert som de blir helbredet og utfridd, går de ut for å vitne for sine familier, venner og landsbyer for å bringe andre til Kristus. Mange av dem ber meg om å sende et bilde av Jesus. De sier at vi gjerne vil se Gud, som helbreder, befrier, setter fri og gir frelse gratis. Guds arbeid kan fortsette hvis vi har arbeidere. Mange av dem jobber på gården. Mange er analfabeter, så de lytter til innspillingene av Det nye testamentet og bibelstudier. Dette hjelper dem til å bli kjent med og lære om Jesus.

Den siste lørdagen i november 2015 i India kom jeg sent hjem fra tjeneste. Jeg var fast bestemt på å bli hjemme søndag og mandag for å pakke og forberede meg på min videre reise til De forente arabiske emirater. Som pastoren i Dallas profeterte over meg: "Jeg så en engel som åpnet en enorm dør som ingen kan lukke". Det viste seg at ikke engang jeg kunne lukke den døren. Sent den lørdagskvelden fikk jeg en telefon med en invitasjon til å delta på søndagens gudstjeneste, men det passet ikke inn i timeplanen min, så jeg forsøkte å forklare dette for dem, men de ville ikke ta et nei for et nei. Jeg hadde ikke noe annet valg enn å gå. Neste morgen satte de meg av ved kirkerommet klokken 9, men gudstjenesten begynner klokken 10. Jeg var alene, og en musiker øvde på sangene sine.

Mens jeg ba, så jeg mange ånder av hinduistiske guder og gudinner i helligdommen. Jeg lurte på hvorfor det var så mange av dem på dette stedet. Rundt klokken 10 begynte pastoren og medlemmene å ankomme. De hilste på meg ved å håndhilse på meg. Da pastoren håndhilste på meg, fikk jeg en rar følelse i hjertet. Jeg følte at jeg var i ferd med å kollapse. Senere fortalte Den Hellige Ånd meg at pastoren var under angrep av de demonene du så tidligere. Jeg begynte å be og ba Gud om å få lov til å tjene denne pastoren. Midt under gudstjenesten ba de meg om å komme opp og tale. Mens jeg gikk mot prekestolen, ba jeg og ba Herren om å tale gjennom meg. Da jeg fikk mikrofonen, forklarte jeg hva Gud hadde vist meg og hva som skjedde med pastoren. Da pastoren knelte, ba jeg menigheten om å strekke ut hånden mot ham for å be. I mellomtiden la jeg hånden min på ham og ba, og alle demonene forsvant. Han vitnet at han hadde vært på legevakten kvelden før. Han hadde fastet og bedt for unge mennesker. Det var derfor han var under dette angrepet. Ære være Gud! Hvor viktig det er å være i harmoni med Guds Ånd! Hans ånd taler til oss.

Derfra dro jeg til De forente arabiske emirater den 1. desember 2015. I Dubai og Abu Dhabi tjente jeg hinduer, og de fikk også oppleve Guds kraft. Etter å ha fullført oppdraget mitt, dro jeg tilbake til Dallas i Texas.

Gud være lovet!

YouTube-kanalene mine:Daglig åndelig diett:

1. youtube.com/@dailyspiritualdietelizabet7777/videos
2. youtube.com/@newtestamentkjv9666/videos mp3
3. Nettsted: https://waytoheavenministry.org

Kapittel 20

Vår sjels hyrde: Trompetens klang

Jeg er den gode hyrde, og jeg kjenner mine får, og jeg er kjent av mine. (Johannes 10:14)

Jesus er vår sjels hyrde. Vi er kjøtt og blod med en levende sjel. Vi er på denne jorden bare for et øyeblikk i Guds tid. Om et øyeblikk, i løpet av et øyeblikk, vil alt være over med lyden av "trompeten" når vi blir forvandlet.

"Men jeg vil ikke at dere skal være uvitende, brødre, om dem som sover, for at dere ikke skal sørge, likesom andre som ikke har noe håp. For når vi tror at Jesus døde og stod opp igjen, da skal også de som sover i Jesus, komme med ham. For dette sier vi eder ved Herrens ord, at vi som lever og blir igjen til Herrens komme, skal ikke hindre dem som sover. For Herren selv skal stige ned fra himmelen med et rop, med erkeengelens røst og med Guds basun, og de døde i Kristus skal stå opp først: Og vi som lever og blir igjen, skal sammen med dem rykkes bort i skyene for å møte Herren i luften, og så skal vi alltid være sammen med Herren. Trøst derfor hverandre med disse ord." (1. Tessalonikerne 4:13-18)

Bare de som har Guds Ånd (Den hellige ånd) vil bli levendegjort og oppreist for å være sammen med Herren. De døde i Kristus vil bli kalt opp først, deretter vil de som lever, bli rykket opp i luften for å møte vår Herre Jesus i skyene. Våre dødelige legemer vil bli forvandlet for å være sammen med Herren. Når hedningenes tid er fullført, vil de som ikke har Den Hellige Ånd, bli etterlatt for å gå en tid med stor sorg og trengsel i møte.

"Men i de dager, etter den trengsel, skal solen formørkes, og månen skal ikke gi sitt lys, og himmelens stjerner skal falle, og himmelens krefter skal rokkes. Og da skal de se Menneskesønnen komme i skyene med stor makt og herlighet. Og Da skal han sende sine engler og samle sine utvalgte fra de fire vindretninger, fra jordens ytterste til himmelens ytterste." (Markus 13:24-27)

Mange vil gå fortapt fordi de ikke hadde gudsfrykt (respekt) nok til å tro på Hans Ord slik at de kunne bli frelst. Frykt for Herren er begynnelsen til visdom. Kong David skrev: "Herren er mitt lys og min frelse, hvem skal jeg frykte? Herren er mitt livs styrke, for hvem skal jeg frykte? David var i sannhet en mann etter Guds hjerte. Da Gud formet mennesket av jordens støv, blåste han livets ånde inn i dets nesebor, og mennesket ble en levende sjel. Kampen står om sjelen; ens sjel kan være på vei til Gud eller til helvete.

*"Frykt ikke for dem som dreper legemet, men som ikke kan drepe **sjelen**, men frykt ham som kan ødelegge både sjel og legeme **i helvete." (Matteus 10:28)***

Mange vil på den dagen få vite hva som var for vanskelig for dem å akseptere i dag. Det vil være for sent å snu livets sider, for mange vil stå foran den levende Gud for å avlegge regnskap.

"Men dette sier jeg eder, brødre, at kjød og blod kan ikke arve Guds rike, og forgjengelighet kan ikke arve uforgjengelighet. Se, jeg åpenbarer eder en hemmelighet: Vi skal ikke alle sove, men vi skal alle forvandles i et øyeblikk, i et blinkende øye, ved den siste basun;

for basunen skal lyde, og de døde skal oppstå uforgjengelige, og vi skal forvandles. For dette forgjengelige skal ikle seg uforgjengelighet, og dette dødelige skal ikle seg udødelighet. Når så dette forgjengelige har ikledd seg uforgjengelighet, og dette dødelige har ikledd seg udødelighet, da skal det ord skje som står skrevet: "Døden er oppslukt i seier. Død, hvor er din brodd? O grav, hvor er din seier? Dødens brodd er synden, og syndens styrke er loven. Men Gud være takk, han som gir oss seier ved vår Herre Jesus Kristus."
(Første Korinterbrev 15:50-57)

Hva vil vi bli "frelst" fra? Et evig helvete i en innsjø som brenner med ild. Vi tar sjeler bort fra djevelens klør. Dette er en åndelig krigføring som vi utkjemper på denne jorden. Vi vil bli dømt etter Guds ord (Bibelens 66 bøker), og Livets bok vil bli åpnet.

"Og jeg så en stor, hvit trone og ham som satt på den, og for hans åsyn flyktet jorden og himmelen bort, og det blev ikke funnet nogen plass for dem. Og jeg så de døde, små og store, stå for Guds åsyn, og bøkene ble åpnet, og en annen bok ble åpnet, livets bok, og de døde blev dømt efter det som var skrevet i bøkene, efter sine gjerninger. Og havet gav de døde som var i det, og døden og helvete gav de døde som var i dem, og de blev dømt enhver efter sine gjerninger. Og døden og helvete ble kastet i ildsjøen. Dette er den annen død. Og hver den som ikke ble funnet skrevet i livets bok, ble kastet i ildsjøen."
(Åpenbaringen 20:11-15)

Jeg begynte å tenke på menn som Moses, kong David, Josef, Job og mange flere. Jeg likte ikke all den smerten jeg opplevde, og jeg forstår ikke hvorfor det er så mye lidelse i kristendommen. Jeg er langt fra å være som disse mennene som er våre forbilder og som gir oss inspirasjon til å vandre i troen. Guds ord seirer selv midt i lidelse og smerte. I prøvelsens, sykdommens og nødens tid er det Gud vi påkaller mest. Det er en merkelig, men vidunderlig tro, som bare Gud vet hvorfor han har valgt denne veien. Han elsker oss så høyt, og likevel har Han gitt oss muligheten til selv å velge om vi vil tjene og elske Ham. Han er på utkikk etter en lidenskapelig brud. Ville du giftet deg med noen som ikke var lidenskapelig opptatt av deg? Dette kapittelet er skrevet som en oppmuntring til å overvinne de tingene som hindrer deg i å oppnå evig liv. Kjærlighetens, barmhjertighetens og nådens Gud vil bli dommens Gud. Nå er tiden inne til å sikre din frelse og unnslippe helvetes flammer. Vi må velge slik Josva valgte i Josvas bok.

Og hvis det synes dere er ondt å tjene Herren, så velg i dag hvem dere vil tjene, enten de guder som deres fedre tjente på den andre siden av vannflommen, eller amorittenes guder, i det land dere bor i. Men jeg og mitt hus vil tjene Herren. (Josva 24:15)

"Og se, jeg kommer snart, og min lønn er med mig, for at jeg skal gi enhver etter hans gjerning. Jeg er Alfa og Omega, begynnelsen og enden, den første og den siste. Salige er de som gjør hans bud, for at de skal ha rett til livets tre og gå inn gjennom portene til byen."
(Åpenbaringen 22:12-14)

Alle ønsker å gå gjennom portene inn til den byen som Gud har forberedt for oss, men vi må ha et plettfritt og lytefritt plagg før vi kan gå inn. Dette er åndelig krigføring" ,utkjempet og vunnet" på våre knær i bønn. Vi har bare ett liv på denne jorden og bare én god kamp! Det eneste vi kan ta med oss til den byen, er sjelene til dem vi har vitnet for, som tok imot evangeliet om vår Herre og Frelser Jesus Kristus, og som adlød Kristi lære. For å kjenne Ordet må vi lese det, og å lese Ordet er å forelske seg i opphavsmannen til vår frelse. Jeg takker min Herre og Frelser for at han har ledet mine skritt fra India til Amerika og vist meg sine veier, for de er fullkomne.

Ditt ord er en lykt for mine føtter og et lys på min sti.
(Salme 119:105)

Kapittel 21

Departementet i arbeid

Etter at jeg mottok Den Hellige Ånd, har det skjedd store forandringer i livet mitt.

Men dere skal få kraft etter at Den Hellige Ånd er kommet over dere, og dere skal være mine vitner både i Jerusalem og i hele Judea og Samaria og helt til jordens ytterste grense.
(Apostlenes gjerninger 1:8)

Jeg prøvde å være sjelesørger på jobben min overfor kolleger; jeg vitnet, og hvis de hadde et problem, ba jeg for dem. Mange ganger kom de til meg og fortalte meg om sin situasjon, og jeg ba for dem. Hvis de var syke, la jeg hendene på dem og ba for dem. I mange år vitnet jeg for dem. Mitt eget liv var et stort vitnesbyrd, og Gud arbeidet med meg og bekreftet gjennom helbredelse, utfrielse, sjelesorg og trøst.

Og han sa til dem: Gå ut i all verden og forkynn evangeliet for hver skapning! Den som tror og blir døpt, skal bli frelst; men den som ikke tror, skal bli fordømt. Og disse tegn skal følge dem som tror: I mitt navn skal de drive ut djevler; de skal tale med nye tunger; de skal ta

imot slanger; og om de drikker noe dødelig, skal det ikke skade dem; de skal legge hendene på syke, og de skal bli friske. Og efterat Herren hadde talt til dem, blev han tatt op til himmelen og satte sig på Guds høire hånd. Og de gikk ut og forkynte overalt, og Herren virket med dem og stadfestet ordet med tegn som fulgte. Amen.
(Markus 16:15-20)

Uansett hvor jeg ba, om de ble helbredet eller frelst, snakket jeg med dem om evangeliet. Evangeliet er Jesu død, begravelse og oppstandelse. Det betyr at vi må omvende oss fra alle synder, eller at vi dør for vårt kjød ved å omvende oss. Det andre trinnet er at vi blir begravet i Jesu navn i dåpens vann for å motta syndenes forlatelse eller tilgivelse for våre synder. Vi kommer opp av vannet og taler i nye tunger ved å motta Hans ånd, som også kalles Åndens dåp eller Den hellige ånd.

Mange hørte det og adlød det også.

Jeg vil gjerne oppmuntre deg ved å gi deg mitt vitnesbyrd om hvordan Jesus virket mektig på min arbeidsplass. Arbeidsplassen vår, der vi bor eller hvor som helst, er en åker der vi kan plante Guds ords såkorn.

En venninne ble helbredet av kreft, og moren hennes vendte seg til Herren da hun døde.

Jeg hadde en god venninne på jobben min som het Linda. I år 2000 var jeg veldig syk. En dag ringte min venninne meg og sa at hun også var veldig syk og hadde gjennomgått en operasjon. I det første året av vårt vennskap avviste hun evangeliet og sa til meg at jeg ikke vil ha din Bibel eller dine bønner, jeg har min egen gud. Jeg ble ikke såret, men hver gang hun klaget over sykdom, tilbød jeg henne å be, men hun sa alltid "Nei". Men en dag hadde hun uutholdelige smerter i ryggen, og plutselig fikk hun også vondt i kneet. Det var en enda større smerte enn den hun hadde i ryggen. Hun klaget, og jeg spurte om jeg kunne be for henne. Hun sa: "Gjør hva som helst". Jeg benyttet anledningen til å lære henne hvordan hun kunne irettesette denne smerten i Jesu navn.

Smerten var uutholdelig, men hun begynte å irettesette smerten med en gang i Jesu navn, og smerten forsvant øyeblikkelig.

Men denne helbredelsen forandret ikke hjertet hennes. Gud bruker lidelse og problemer til å myke opp hjertet vårt. Det er den tuktens stav Han bruker for sine barn. En dag ringte Linda til meg og sa at hun hadde et stort kutt på halsen som gjorde veldig vondt. Hun ba meg om å be for henne. Jeg var mer enn glad for å be for min gode venn. Hun fortsatte å ringe meg hver time for å få trøst og sa: "Kan du komme hjem til meg og be"? Den ettermiddagen fikk hun en telefon som fortalte henne at hun hadde fått diagnosen kreft i skjoldbruskkjertelen. Hun gråt veldig, og da moren hennes fikk høre at datteren hadde kreft, kollapset hun. Linda var skilt og hadde en liten sønn.

Hun insisterte på at jeg skulle komme og be for henne. Jeg ble også så såret av å høre denne rapporten. Jeg begynte å lete etter noen som kunne kjøre meg hjem til henne, slik at jeg kunne be for henne. Lovet være Gud, hvis det finnes en vilje, så finnes det en vei.

Min bønnepartner kom fra jobb og tok meg med hjem til henne. Linda, moren og sønnen hennes satt og gråt. Vi begynte å be, og jeg følte ikke så mye, men jeg trodde at Gud kom til å gjøre noe. Jeg tilbød meg å be igjen. Hun sa: ***"Ja, be hele natten***, jeg har ikke noe imot det." Mens jeg ba den andre gangen, så jeg et sterkt lys komme fra døren, selv om døren var lukket og øynene mine var lukket. Jeg så at Jesus kom gjennom døren, og jeg ville åpne øynene, men han sa "***fortsett** å be*".

Da vi var ferdige med å be, smilte Linda. Jeg visste ikke hva som hadde skjedd for at hun hadde forandret ansiktsuttrykk. Jeg spurte henne : "*Hva skjedde?*" Hun sa: "*Liz, Jesus er den sanne Gud*". *Jeg sa: "Ja, det har jeg sagt til deg de siste ti årene, men jeg vil vite hva som har skjedd.*" Hun sa: "*Smertene mine er helt borte.*" "*Vær så snill å gi meg adressen til kirken, jeg ønsker å bli døpt.*" Linda gikk med på å gå på bibelstudie med meg, og så ble hun døpt. Jesus brukte denne lidelsen til å få hennes oppmerksomhet.

Se på min lidelse og min smerte, og tilgi meg alle mine synder.
(Salme 25:18).

Gud være lovet! Vær så snill å ikke gi opp din kjære. Fortsett å be dag og natt, en dag vil Jesus svare hvis vi ikke besvimer.

Og la oss ikke bli trette i det gode arbeid, for vi skal høste når tiden er
inne, dersom vi ikke blir trette. (Galaterne 6:9)

Da moren lå for døden, ba Linda meg om å besøke henne. Hun dyttet meg i rullestolen min inn på sykehusrommet hennes. Mens vi betjente moren, angret hun og ropte til Herren Jesus om tilgivelse. Neste dag var stemmen hennes helt borte, og den tredje dagen døde hun.

Min venn Linda er en god kristen nå. Lovet være Herren!!!

Kollegaen min fra Vietnam:

Hun var en søt dame, og hadde alltid et veldig vakkert sinnelag. En dag var hun syk, og jeg spurte om jeg kunne be for henne. Hun aksepterte tilbudet mitt med en gang. Jeg ba, og hun ble helbredet. Neste dag sa hun: "Hvis det ikke er for mye bry, så be for faren min." Faren hennes hadde vært kontinuerlig syk de siste månedene. Jeg sa til henne at jeg mer enn gjerne ville be for faren hennes. Jesus i sin barmhjertighet rørte ved ham og helbredet ham fullstendig.

Senere så jeg henne syk og tilbød henne å be igjen. Hun sa: "*Ikke ta deg bryet med å be for meg*", men hennes venn, som jobber som mekaniker på et annet skift, trenger bønn. Han kunne ikke sove verken dag eller natt; denne sykdommen kalles Fatal Insomnia. Hun fortsatte å gi meg informasjon, og var veldig bekymret for denne mannen. Legen hadde gitt ham høye doser medisin, men ingenting hjalp. Jeg sa: "*Jeg ber mer enn gjerne.*" Hver kveld etter jobb ba jeg nesten halvannen time for alle bønneønskene og for meg selv. Da jeg begynte å be for denne mannen, la jeg merke til at jeg ikke sov godt. Plutselig hørte jeg noen klappe meg i øret eller en høy lyd som vekket meg nesten hver eneste natt etter at jeg hadde begynt å be for ham.

Noen dager senere, da jeg hadde fastet, kom jeg hjem fra kirken og la meg i sengen min. Plutselig, til min overraskelse, kom det noe gjennom veggen over hodet mitt og gikk inn på rommet mitt. Takk Gud for Den Hellige Ånd. Øyeblikkelig talte Den Hellige Ånd gjennom munnen min: "Jeg binder deg i Jesu navn". Jeg visste i ånden at noe var bundet, og kraften ble brutt i Jesu navn.

Sannelig sier jeg dere: Alt det dere binder på jorden, skal være bundet i himmelen, og alt det dere løser på jorden, skal være løst i himmelen. (Matteus 18:18)

Jeg visste ikke hva det var, og senere, mens jeg jobbet, begynte Den hellige ånd å åpenbare hva som hadde skjedd. Da visste jeg at det var demoner som kontrollerte denne mekanikeren og ikke lot ham sove. Jeg ba min venninne på jobben om å finne ut av vennens søvntilstand. Senere kom hun tilbake til arbeidsområdet mitt med mekanikeren. Han fortalte meg at han sov godt og ønsket å takke meg. Jeg sa: "***Vær så snill, takk Jesus.***" "***Det er han som har frelst deg.***" Senere ga jeg ham en bibel og ba ham lese i den og be hver dag.

Det var mange mennesker i familien deres som vendte om til Jesus på jobben min. Det var en flott tid for meg å vitne for mange forskjellige nasjonaliteter.

Jeg vil takke deg i den store forsamling: Jeg vil prise deg blant mye folk. (Salme 35:18)

Jeg vil prise deg, min Gud, konge, og jeg vil velsigne ditt navn i all evighet. (Salme 145:1)

Kapittel 22

Lær Hans veier ved å adlyde Hans stemme

Jeg fant denne vakre sannheten i 1982. Et par år senere bestemte jeg meg for å besøke India. Mens jeg var der, bestemte min venninne Dinah og jeg oss for å gå på sightseeing i byen Udaipur. På slutten av dagen gikk vi tilbake til hotellrommet vi delte. På rommet vårt hang det et bilde på veggen av en falsk gud som ble tilbedt i India. Som dere vet har India mange guder. Bibelen snakker om den eneste sanne Gud, og hans navn er Jesus.

Jesus sa til ham: "Jeg er veien, sannheten og livet; ingen kommer til Faderen uten ved meg. (Johannes 14:6)

Plutselig hørte jeg en stemme som sa: "Ta *ned bildet fra veggen.*" Siden jeg har Den hellige ånd, tenkte jeg: "*Jeg er ikke redd for noe, og ingenting kan skade meg.*" Så jeg var ulydig mot denne stemmen og tok ikke ned bildet.

Da vi lå og sov, fant jeg meg selv uventet sittende i sengen; jeg visste at en engel hadde lurt meg. Gud åpnet mine åndelige øyne, og jeg så en enorm svart edderkopp komme gjennom døren. Den kom krypende over meg, min venninne og hennes sønn. Så gikk den mot kjolen min som hang på veggen og forsvant rett foran øynene mine. I det øyeblikket minnet Herren meg på skriftstedet som sier at vi aldri skal gi plass til djevelen.

Gi heller ikke djevelen noen plass. (Efeserne 4:27)

Jeg reiste meg med en gang og tok ned bildet og snudde det. Fra den dagen av innså jeg at Gud er en hellig Gud. Hans bud som Han har gitt oss, vil beskytte oss og velsigne oss, så lenge vi alltid adlyder og holder dem.

På den tiden jeg jobbet, kom jeg alltid hjem og følte meg åndelig utslitt. En dag talte Jesus til meg og sa: "*Tal i tunger i en halv time, lovpris og tilbe i en halv time, og legg hånden over hodet og tal i tunger i en halv time.*" Dette ble mitt daglige bønneliv.

En dag kom jeg hjem fra jobb etter midnatt. Jeg begynte å gå rundt i huset mitt og be. Jeg kom til et bestemt hjørne av huset mitt og så en demon med mine åndelige øyne. Jeg skrudde på lyset og tok på meg brillene for å se hvorfor denne demonen var her. Plutselig husket jeg at jeg tidligere på dagen hadde dekket over avtrykkene og gudenavnene som var på en boks med maisolje. På en eller annen måte hadde jeg oversett avtrykket av denne falske guden. Jeg hentet straks den permanente tusjen og dekket det til.

Bibelen sier at Jesus har gitt oss myndighet til å binde og drive ut onde ånder. Den kvelden brukte jeg autoriteten, åpnet døren og sa til demonen" :*I Jesu navn befaler jeg deg å gå ut av mitt hus og aldri komme tilbake!*" Demonen forsvant øyeblikkelig.

Gud være lovet! Hvis vi ikke kjenner Guds ord, kan vi tillate demoner å komme inn i huset vårt gjennom blader, aviser, fjernsyn og til og med gjennom leker. Det er veldig viktig å vite hva vi tar med oss inn i våre hjem.

Et annet eksempel på dette er at jeg var veldig syk og ikke kunne gå, og jeg var avhengig av familie og venner for å hente og sette bort matvarene mine. En morgen våknet jeg og følte at noen holdt meg for munnen, jeg var bundet.

Jeg spurte Gud hvorfor jeg følte det slik. Han viste meg hakekorsets symbol. Jeg lurte på hvor jeg skulle finne dette symbolet. Jeg gikk til kjøleskapet, og så snart jeg åpnet døren, så jeg hakekors-symbolet på en matvare som søsteren min hadde tatt med dagen før. Jeg takket Gud for hans veiledning og fjernet det umiddelbart.

Stol på Herren av hele ditt hjerte, og støtt deg ikke til din egen forstand. Erkjenn ham på alle dine veier, så skal han lede dine stier.
(Ordspråkene 3:5-6)

Jeg vil gjerne dele en annen opplevelse jeg hadde da jeg besøkte hjembyen min i India. Jeg tilbrakte en natt sammen med en venn av meg som var idoldyrker.

I mange år hadde jeg vitnet for henne om Jesus og kraften. Hun kjente også til bønnens kraft og mange mirakler som hadde skjedd i hennes hjem. Hun vitnet om mirakler da jeg ba i Jesu navn.

Mens jeg sov, våknet jeg av en lyd. På den andre siden av rommet så jeg en skikkelse som så ut som vennen min. Skikkelsen pekte på meg med et ondt ansikt. Hånden begynte å vokse mot meg og kom en halv meter fra meg, og så forsvant den. Skikkelsen dukket opp igjen, men denne gangen var det ansiktet til den lille gutten hennes. Igjen begynte armen å vokse og pekte mot meg. Den kom en meter fra meg og forsvant. Jeg husket at Bibelen sier at engler er rundt oss.

Den som bor i Den Høyestes lønnkammer, han bor under Den Allmektiges skygge. Jeg vil si om Herren: Han er min tilflukt og min

*borg, min Gud; på ham setter jeg min lit. Han skal frelse deg fra
fuglefangerens snare og fra den larmende pest. Han skal dekke deg
med sine fjær, og under hans vinger skal du sette din lit; hans sannhet
skal være ditt skjold og din skanse. Du skal ikke frykte for nattens
redsel, ikke for pilen som flyr om dagen, ikke for pesten som vandrer i
mørket, ikke for ødeleggelsen som kommer ved middagstid. Tusen
skal falle ved din side og ti tusen ved din høyre hånd, men det skal
ikke komme dig nær. Bare med dine øyne skal du skue og se de
ugudeliges lønn. Fordi du har gjort Herren, som er min tilflukt, den
Høyeste, til din bolig, skal intet ondt ramme deg, og ingen pine skal
komme nær din bolig. For han gir sine engler befaling over deg, så de
skal vokte deg på alle dine veier. (Salmene 91:1-11)*

Da jeg våknet om morgenen, så jeg venninnen min og sønnen hennes
bøye seg for avgudsbildene. Og jeg husket hva Gud hadde vist meg i
løpet av natten. Så jeg fortalte venninnen min at jeg hadde hatt et syn
tidligere den natten. Hun fortalte meg at hun også hadde sett og følt det
i huset sitt. Hun spurte meg hvordan demonen jeg hadde sett så ut. Jeg
fortalte henne at den ene formen så ut som henne og den andre som
sønnen hennes. Hun fortalte meg at hun og sønnen ikke kunne komme
overens. Hun spurte meg hva som måtte gjøres for å bli kvitt disse
demonene som plaget henne og hennes familie. Jeg forklarte henne
dette skriftstedet.

*Tyven kommer ikke for å stjele, drepe og ødelegge; jeg er kommet for
at de skal ha liv, og for at de skal ha det i overflod. (Johannes 10:10)*

Jeg ga henne Bibelen og ba henne om å lese den høyt hver dag hjemme
hos henne, spesielt Johannes 3,20 og 21.

*For hver den som gjør det onde, hater lyset og kommer ikke til lyset,
for at hans gjerninger ikke skal bli bebreidet. Men den som gjør
sannhet, kommer til lyset, for at hans gjerninger skal bli åpenbare, og
for at det skal bli åpenbart at de er gjort i Gud.
(Johannes 3:20-21)*

Jeg lærte henne også den åndelige krigføringsbønnen der du binder alle onde ånder og løsner Den Hellige Ånd eller engler i Jesu navn. Jeg ba henne også om å snakke Jesu navn og be Jesu blod i huset hennes kontinuerlig.

Noen måneder etter denne reisen fikk jeg et brev som vitnet om at demonene hadde forlatt huset hennes, at hun og sønnen hadde det bra sammen, og at de hadde fullstendig fred i hjemmet sitt.

Så kalte han sammen sine tolv disipler og gav dem makt og myndighet over alle djevler og til å helbrede sykdommer. Og han sendte dem ut for å forkynne Guds rike og for å helbrede syke (Luk 9,1.2).

Da hun vitnet for andre slektninger, ble de veldig interessert i Bibelen og ønsket å lære mer om Herren Jesus.

På mitt neste besøk i India møtte jeg hele familien og svarte på spørsmålene deres. Jeg lærte dem å be og ga dem bibler. Jeg gir Gud all ære for disse resultatene.

Mitt ønske er at mennesker skal lære å bruke Jesu navn og Guds ord som et sverd mot fienden. Ved å bli en "født på ny kristen" vil vi få kraft.

Herrens, Guds Ånd er over meg, fordi Herren har salvet meg til å forkynne et godt budskap for de saktmodige; han har sendt meg for å forbinde de sønderknuste, for å forkynne frihet for de fangne og åpning av fengslet for dem som er bundet; (Jesaja 61:1)

Kapittel 23

Moving On Media

I 1999 fikk jeg en skade på jobben, og senere ble det verre. Denne skaden var så alvorlig at jeg mistet hukommelsen på grunn av smertene. Jeg kunne ikke lese og huske hva jeg hadde lest. Jeg kunne ikke sove på 48 timer. Hvis jeg sov, våknet jeg etter noen timer på grunn av nummenhet i hendene og smerter i rygg, nakke og ben. Dette var en brennende prøvelse for min tro. Jeg hadde ingen anelse om hva jeg tenkte. Mange ganger besvimte jeg og sovnet. Det var den eneste måten jeg sov på det meste av tiden. Jeg ville ikke kaste bort tiden min, så jeg tenkte hva skulle jeg gjøre? Jeg tenkte på å lage en CD med alle bøkene mine som allerede var oversatt. Jeg tenkte at hvis jeg la ut alle disse bøkene på lyd, ville det være flott for denne tiden.

For at prøvelsen av deres tro, som er mye mer dyrebar enn gull som forgår, selv om det blir prøvet med ild, skal bli funnet til pris og ære og herlighet når Jesus Kristus kommer til syne: (1 Peter 1:7)

For å spre denne sannheten var jeg villig til å gjøre hva som helst. Ingen pris er større enn den Jesus betalte. Gud i sin barmhjertighet hjalp meg til å nå målet mitt.

Det tok utvilsomt over et år å gjøre dette. Jeg hadde ikke nok penger til å kjøpe alt utstyret, og jeg hadde heller ikke nok kunnskap til å vite hvordan jeg skulle spille inn. Jeg begynte å bruke kredittkortet mitt til å kjøpe det jeg trengte til dette nye prosjektet. Jeg tenkte at siden jeg ikke kan lese og huske, kan jeg bare lese boken høyt og lage en lyd-CD, på denne måten trenger jeg ikke noe minne for å lese.

Siden jeg gikk i en engelsk kirke, glemte jeg nesten hvordan jeg skulle lese guajarati riktig, og jeg ville ikke gi opp språket mitt. Som du vet, kunne jeg mange ganger ikke sitte på flere dager eller uker på grunn av helsa. Jeg glemte hvordan jeg skulle ta opp og bruke opptaksutstyret mitt. Jeg ville se notatene mine og begynne på nytt, men jeg ville ikke gi slipp på det.

En ting må vi huske; djevelen gir aldri opp! Det må vi lære av og aldri gi opp!

Dagen kom da jeg ble ferdig med det seks sider lange heftet mitt. Til min store overraskelse tok det ett år å bli ferdig. Jeg var så glad at jeg satte på CD-en for å spille den, og sakte snudde jeg rullestolen for å høre CD-en min.

Plutselig da jeg så, hadde øynene mine ikke noe syn. Jeg ble så redd og sa til meg selv" :Jeg har jobbet så hardt med min dårlige helse. Jeg skulle ønske jeg hadde tatt bedre vare på helsen min, for nå kan jeg ikke se." Jeg så ikke kjøkkenet mitt, stereoanlegget, veggen eller møblene mine. Ingenting var der, bortsett fra en tykk, hvit sky. Jeg sa : "Jeg var hard mot meg selv, nå er jeg blind." Plutselig, i den tykke, hvite skyen i rommet mitt, så jeg Herren Jesus stå i en hvit kjortel og smile til meg. På kort tid forsvant Han, og jeg innså at det var en visjon. Jeg visste at Hans Shekinah-herlighet hadde kommet ned. Jeg ble så glad og innså at Herren Jesus var fornøyd med min innsats.

Jeg vil alltid søke Gud for å få Hans ledelse, for å bruke tiden min på den beste måten for å gi Ham ære. Ingen situasjon kan hindre oss i å utføre Hans tjeneste. Denne CD-en ga jeg fritt til folk og lastet også opp på min https://waytoheavenministry.org

Hvem skal skille oss fra Kristi kjærlighet? Skal trengsel eller nød eller forfølgelse eller hungersnød eller nakenhet eller fare eller sverd? Som det står skrevet: "For din skyld blir vi drept dagen lang, vi blir regnet som får som skal slaktes. Men i alt dette er vi mer enn seierherrer ved ham som har elsket oss. For jeg er overbevist om at verken død eller liv, verken engler eller fyrstedømmer eller makter, verken det som er nå eller det som skal komme, verken høyde eller dybde eller noen annen skapning skal kunne skille oss fra Guds kjærlighet, den som er i Kristus Jesus, vår Herre".
(Romerbrevet 8:35-39)

Kapittel 24

Studie som utforsker

Mange ganger fikk jeg anledning til å holde bibelstudier på andre språk enn engelsk. Mens jeg underviste dem i Guds ord, klarte de ikke å finne det rette skriftstedet. Jeg brukte alltid King James-versjonen. Men noen av dem hadde andre versjoner og språk av Bibelen.

En kveld jeg underviste om én Gud, monoteisme (mono kommer av det greske ordet monos og theos betyr Gud), leste jeg 1. Johannes 5:7. Da de lette etter det skriftstedet i Bibelen, kunne de ikke finne det. Nå var det over midnatt, så jeg trodde ikke de forsto hva de leste, og da vi oversatte fra engelsk til deres språk, sa de at dette ikke står i vår bibel.

*For det er tre som bærer skriften i himmelen, Faderen, Ordet og Den Hellige Ånd, og disse **tre er ett.** (1. Johannes 5:7)*

Jeg ble sjokkert. Så vi lette etter et annet skriftsted.

*(KJV) 1. Timoteus 3:16, "**Gud** ble åpenbart i kjødet"*

I deres bibel sto det: "*Han viste seg i et legeme*" (alle bibler som er oversatt fra det korrupte manuskriptet fra Alexandria har denne løgnen. Romersk-katolske Vulgata, Guajarati Bibelen, NIV Bibelen, spansk og andre moderne versjoner av Bibelen)

{ΘC=Gud} på gresk, men ved å fjerne den lille linjen fra ΘC, endres "Gud" {OC = "hvem" eller "han"} til hvem, som har en annen betydning på gresk. Det er to forskjellige ord, fordi "han" kan bety hvem som helst, men Gud snakker om Jesus Kristus i kjøtt og blod.

Hvor lett er det ikke å ta bort Jesu Kristi guddom?!?!!

Åpenbaringen 1:8

KJV: Jeg er Alfa og Omega, <u>begynnelsen og enden</u>, sier Herren, han som er, og som var, og som kommer, den Allmektige.

NIV oversettelse: Åpenbaringen 1:8 "Jeg er Alfa og Omega," sier Herren Gud, "han som er, og som var, og som kommer, den Allmektige".

(Gujarati Bible, NIV og andre oversettelser har fjernet "<u>Begynnelsen og slutten</u>")

Åpenbaringen 1:11

KJV: Og han sa: "<u>Jeg er Alfa og Omega, den første og den siste;</u> og det du ser, skriv det i en bok og send det til de sju menighetene i Asia, til Efesos, Smyrna, Pergamon, Thyatira, Sardes, Filadelfia og Laodikea." (Åpenbaringen 1,11)

NIV: Åpenbaringen 1,11: "Skriv på en bokrull det du ser, og send det til de sju menighetene: til Efesos, Smyrna, Pergamon, Thyatira, Sardes, Filadelfia og Laodikea."

Elizabeth Das

(Moderne versjoner av Bibelen, Guajarati og NIV-bibelen har alle fjernet <u>Jeg er Alfa og Omega, den første og den siste</u>)

Jeg kunne ikke bevise at det finnes "én Gud" ut fra deres Bibel.

Undervisningen min tok lang tid, og til deres overraskelse kunne jeg ikke gi dem bibelske bevis for at det finnes én Gud ut fra Bibelen. Dette satte meg i gang med å studere i dybden.

Jeg husker at Paulus sa: *For jeg vet at etter at jeg er gått bort, skal det komme onde ulver inn blant dere som ikke skåner hjorden. (Apostlenes gjerninger 20:29)*

Apostelen Johannes, som var Kristi siste overlevende disippel, ga oss en advarsel i et av sine brev:

Mine kjære, tro ikke enhver ånd, men prøv åndene, om de er av Gud; for mange falske profeter er gått ut i verden. Ved dette skal I kjenne Guds Ånd: Hver ånd som bekjenner at Jesus Kristus er kommet i kjød, er av Gud: Og enhver ånd som ikke bekjenner at Jesus Kristus er kommet i kjød, er ikke av Gud; og dette er den antikrists ånd som I har hørt at den skal komme, og allerede nu er den i verden. (1. Johannes 4:1-3)

Jeg vil gjerne dele dette faktum som jeg fant ved å søke etter sannheten om forvanskningen av 'Guds ord'.

Det aleksandrinske manuskriptet var en forvansket versjon av det opprinnelige sanne manuskriptet av Bibelen. De fjernet mange ord som Sodomitt, helvete, blod, skapt av Jesus Kristus, Herren Jesus, Kristus, Alleluia og Jehova, sammen med mange andre ord og vers fra det opprinnelige manuskriptet.

I Alexandria i Egypt hadde de skriftlærde, som var antikrist, ikke åpenbaringen av den ene sanne Gud fordi Bibelen ble endret fra det

146

opprinnelige manuskriptet. Denne korrupsjonen begynte i det første århundre.

Først ble greske og hebraiske bibler skrevet på papyrusruller som var forgjengelige. Så de ville håndskrive 50 eksemplarer i forskjellige land hvert 200 år for å bevare dem ytterligere 200 år. Dette ble praktisert av våre forfedre som hadde den ekte kopien av originalmanuskriptet. Det samme systemet ble tatt i bruk av aleksandrinerne for å bevare det korrupte manuskriptet.

Tidlig i vår tidsregning inntok biskopene posisjonen og brakte gradvis korrupsjon fra år 130 til 444 e.Kr. De la til og trakk fra den opprinnelige kopien av det greske og hebraiske manuskriptet. Alle de følgende biskopene hevdet at de mottok budskap direkte fra Jesus og ikke skulle ta hensyn til apostlene, disiplene, profetene og lærerne. Og alle biskopene hevdet også at de var de eneste opplyste.

Biskop Origenes av Alexandria (185-254 e.Kr.): Tertullian var en korrumpert biskop, som tilførte mer mørke. Han døde ca. 216 e.Kr. Klemens tok over og var biskop av Alexandria. Kyrillos, biskop av Jerusalem, ble født i år 315 og døde i 386 e.Kr. Augustin, biskop av Hippo og grunnlegger av katolisismen, ble født i 347 og døde i 430 e.Kr. Han fjernet de menneskene som virkelig trodde på Guds ord. Chrysostomos var en annen biskop i Konstantinopel, der den forvanskede versjonen oppsto. Han ble født i 354 og døde i 417 e.Kr. Kyrillos av Alexandria ble utnevnt til biskop i 412 og døde i 444 e.Kr.

Disse biskopene forvansket det sanne manuskriptet, og ble avvist av våre forfedre som kjente til fakta om hvor og hvordan det opprinnelige manuskriptet var blitt forvansket.

Denne korrupsjonen startet mens Paulus og Johannes fortsatt levde. Alexandrinerne ignorerte Guds ord, og i Nikea i år 325 e.Kr. etablerte de treenighetslæren. Nikea ligger i dagens Tyrkia, og i Bibelen er det kjent som Pergamon.

Elizabeth Das

Og til engelen for menigheten i __Pergamon__ skriver han: Dette sier han som har det skarpe, tveeggede sverd: Jeg kjenner dine gjerninger og vet hvor du bor, ja, hvor __Satans sete__ er, og du holder fast ved mitt navn og har ikke fornektet min tro, selv ikke i de dager da Antipas var min trofaste martyr, han som ble drept iblant eder, der hvor Satan bor. (Åpenbaringen 2:12-13.)

Nicaea

I år 325 e.Kr. ble Guds enhet fjernet av Satan, og treenigheten ble lagt til, og Gud ble delt. De fjernet navnet "Jesus" fra dåpsformelen ved å legge til Faderen, Sønnen og Den hellige ånd.

Tyven kommer ikke for å stjele, drepe og ødelegge. Jeg er kommet for at de skal ha liv, og for at de skal ha mer av det. i overflod (Johannes 10:10.)

Pergamon (senere kalt Nicaea og nå Tyrkia) er en by som ligger 1000 meter over havet. Fire forskjellige guder ble tilbedt rundt dette stedet. Hovedguden var Asklepios, hvis symbol er en slange.

Åpenbaringen sier:

Og den store __dragen ble__ kastet ut, den gamle __slangen__ som kalles djevelen og Satan, han som forfører hele verden; han ble kastet ut på jorden, og englene hans ble kastet ut med ham (Åp 12,9).

Og han grep dragen, den gamle __slangen__, som er djevelen og Satan, og bandt ham i tusen år, (Åp 20,2).

I dette tempelet var det mange store slanger, og rundt dette området var det også tusenvis av slanger. Folk kom til tempelet i Pergamon for å søke helbredelse. Asklepios ble kalt guden for helbredelse, og var den øverste guden blant de fire gudene. Siden han ble kalt guden for helbredelse, introduserte de på dette stedet urter og medisiner for helbredelse. Slik at han kan fjerne stripene og Jesu navn for helbredelse. Hans plan er å ta Jesu plass og fjerne Kristus som frelser, for han hevdet også selv å være en frelser. Moderne medisinsk vitenskap tok slangesymbolet fra Asklepios (slangen).

Det står i Bibelen:

*I er mine vitner, sier Herren, og min tjener, som jeg har utvalgt, forat I skal kjenne og tro mig og forstå at jeg er **han;** før mig var det ikke dannet nogen Gud, og efter mig skal det ikke være nogen. Jeg, jeg er Herren, og ved siden av mig er det ingen **frelser**.*
(Jesaja 43,10-11)

Dette er stedet der Satan etablerte treenigheten.

I dag har de funnet en original kopi av Alexandria-manuskriptet, og understreket ordet og skriften for å fjerne fra det opprinnelige sanne hebraiske og greske manuskriptet. Dette beviser at det var de som forvansket Guds sanne ord.

Den mørke æra kom inn ved å fjerne sannheten og endre Bibelens sanne dokument.

Guds ord er et sverd, lys og sannhet. Guds ord står fast i all evighet.

NIV-bibelen, den moderne Bibelen og mange andre språk av Bibelen, ble oversatt fra en korrupt gammel Alexandria-kopi. Nå kommer de fleste andre eksemplarer av Bibelen fra NIV-versjonen og er oversatt til andre språk. Satans Bibel og NIV Bibelens kopieringsrett eies av en mann ved navn Rupert Murdoch.

Da kong James overtok etter den jomfruelige dronning Elizabeth i 1603, tok han på seg prosjektet med å oversette Bibelen fra det originale hebraiske og greske manuskriptet. Dette prosjektet ble utført av mange hebraiske, greske og latinske teologer, lærde og folk som var høyt respektert i andres øyne. Arkeologer har funnet de gamle originale hebraiske og greske manuskriptene som stemmer 99 % overens med KJV-bibelen. Én prosent er mindre feil som tegnsetting.

Gud være lovet! KJV er et offentlig domene, og hvem som helst kan bruke KJV-bibelen til å oversette den til sitt morsmål. Mitt forslag er at vi må oversette fra KJV-bibelen siden den er offentlig domene og er den mest nøyaktige Bibelen.

Ved å fjerne sannheten fra den opprinnelige Bibelen ble navnet "Jesus Kristus", som er den kraften som setter mennesker fri, borte.

Dette førte til at mange kirkesamfunn oppsto. Nå vil du forstå hvorfor Bibelen sier at du ikke skal legge til eller trekke fra.

Angrepet er rettet mot den inkarnerte ene Gud.

Det står i Bibelen.

> *Og Herren skal være konge over hele jorden; på den dag skal det være én Herre, og hans navn skal være ett. (Sakarja 14:9)*

Hans navn er JESUS!!!

Kapittel 25

Livsforvandlende personlige vitnesbyrd

Vær hilset i Jesu navn:

Disse personlige "livsforvandlende" vitnesbyrdene er tatt med som en oppmuntring om den allmektige Guds kraft. Det er mitt oppriktige håp at din tro vil bli styrket når du leser disse inspirerende vitnesbyrdene fra ydmyke troende og forkynnere som har et kall og en lidenskap for Gud. "Kjenn Ham i Hans kjærlighets nærhet, gjennom tro, bønn og Guds ord." Vitenskap og medisin kan ikke forklare disse miraklene, og heller ikke de som hevder å være vise, kan forstå Guds ting.

*Og jeg vil gi deg mørkets **skatter** og skjulte rikdommer på hemmelige steder, for at du skal kjenne at jeg, Herren, som kaller deg ved ditt navn, er Israels Gud. (Jesaja 45:3)*

"Dette er en trosvandring som ikke kan dissekeres og som man ikke kan forestille seg."

"De vise menn skammer seg, de er forferdet og forferdet; se, de har forkastet Herrens ord, og hva visdom er det i dem?"
(Jeremia 8,9)

"Ve dem som er vise i egne øyne og kloke i sine egne øyne!"
(Jesaja 5:21)

"For dere ser deres kall, brødre, at ikke mange vise etter kjødet, ikke mange mektige, ikke mange edle, er kalt: Men Gud har utvalgt det uforstandige i verden til å forvirre det vise, og Gud har utvalgt det svake i verden til å forvirre det mektige."
(1. Korinterbrev 1:26-27)

Kall på meg, og jeg vil svare deg og vise deg store og mektige ting som du ikke kjenner til. (Jeremia 33:3)

Jeg vil rette en stor takk til alle som har bidratt med sine personlige vitnesbyrd og sin tid til denne boken til Guds ære.

Må Gud velsigne deg
Elizabeth Das, Texas

Vitnesbyrd fra folket

Alle vitnesbyrd gis frivillig for å gi Gud ære, og æren tilhører Gud alene

Terry Baughman, pastor
Gilbert, Arizona, USA

Elizabeth Das er en innflytelsesrik kvinne. Apostelen Paulus og hans misjonærkompanjong Silas ble tiltrukket av en kvinnelig bønnegruppe langs elvebredden i nærheten av Thyatira. Det var på dette bønnemøtet at Lydia fikk høre Paulus' og Silas' undervisning, og deretter insisterte hun på at de skulle komme og bo i hennes hus i løpet av deres tjeneste i området. (Se Apg 16,13-15.) Denne kvinnens gjestfrihet og ... tjeneste er nedtegnet i Skriften for å bli husket i all fremtid.

Elizabeth Das er en slik Guds kvinne, omtrent som den innflytelsesrike kvinnen Lydia i Apostlenes gjerninger. Gjennom sin iver og lidenskap har hun ledet andre til kunnskap om sannheten, koordinert bønnegrupper og vært et redskap for å sende forkynnere av evangeliet til sitt hjemland Gujarat i India. Første gang jeg hørte om Elizabeth Das, var jeg instruktør og akademisk dekan ved Christian Life College i Stockton i California. Daryl Rash, vår misjonsdirektør, fortalte meg om hennes gode arbeid med å få forkynnere til å reise til Ahmadabad i India for å undervise og forkynne på konferansene som ble sponset av Pastor Jaiprakash Christian and Faith Church, en gruppe på mer enn 60 kirker i delstaten Gujarat i India. Hun ringte Christian Life College og ba om talere til en kommende konferanse for menighetene i India. Vi sendte to av våre instruktører for å undervise og forkynne på konferansen. Neste gang Elizabeth Das ringte, spurte Daryl Rash meg om jeg kunne tenke meg å undervise på en av konferansene. Jeg sa ja med glede, og begynte straks å forberede reisen. En annen instruktør, Brian Henry, fulgte med meg og holdt nattgudstjenesten på konferansen. På den tiden var jeg visepresident for Christian Life College og instruktør på heltid, så vi ordnet med vikarer for timene våre og andre ansvarsområder og fløy til den andre siden av jordkloden for å dele vår tjeneste med de fantastiske menneskene i Gujarat i Vest-India. På min andre reise til Gujarat i 2008 hadde jeg med meg sønnen min, og han opplevde en livsforvandlende begivenhet på Ånd og sannhet-konferansen i Anand. Det er kostbart å fly verden rundt og delta på disse konferansene og menighetsturene, men belønningen kan ikke måles i penger. Sønnen min forpliktet seg til Herren på denne turen til India, og det har endret hans liv. Han leder nå lovsang og er musikkleder i menigheten der jeg nå er pastor i Gilbert, Arizona. Det er ikke bare mennesker som blir velsignet av arbeidet i India, men også de som reiser dit blir velsignet, noen ganger på overraskende måter.

Elizabeth Das' innflytelse merkes bokstavelig talt over hele verden. Ikke bare bidrar hun til å sende forkynnere fra USA til India, hun har også en lidenskap for å oversette materiell til gujarati, språket i hennes hjemland. Når jeg har snakket med henne på telefon, er hun hele tiden på utkikk etter nye måter å dele evangeliets sannhet på. Hun er aktiv i en bønnetjeneste og leter aktivt etter måter å forkynne på gjennom bibeltimer på trykk og på Internett gjennom YouTube-opptakene sine. Elizabeth Das er et levende eksempel på hva én person kan gjøre for å forandre verden gjennom lidenskap, utholdenhet og bønn.

Veneda Ing
Milan, Tennesee, USA

Jeg bor i en liten by i West Tennessee og tilhører en lokal pinsemenighet. For noen år siden deltok jeg på en bønnekonferanse i St. Louis, MO, og der møtte jeg en dame som het Tammy, og vi ble umiddelbart venner. Etter hvert som vi ble kjent med hverandre, fortalte hun meg om en bønnegruppe som hun var med i, ledet av søster Elizabeth Das fra hennes hjem i Texas. Den lille gruppen besto av mennesker fra ulike deler av USA som deltok via telefonkonferanse.

Da jeg kom hjem, begynte jeg å ringe inn til bønnegruppen og ble umiddelbart velsignet av Gud. Jeg hadde vært i menigheten i omtrent 13 år da jeg ble med i denne gruppen, så bønn var ikke noe nytt, men kraften i "Avtalt bønn" var forbløffende! Jeg begynte umiddelbart å få resultater på bønneønskene mine og hørte lovprisningsrapporter hver dag. Ikke bare vokste bønnelivet mitt, men også fengselsarbeidet mitt vokste, sammen med andre av Åndens gaver som Gud har velsignet meg med. Jeg hadde aldri møtt søster Das på dette tidspunktet. Hennes store ønske om å be og å hjelpe andre til å ta i bruk de gavene de har i seg, fikk meg alltid til å komme tilbake for å få mer. Hun er veldig oppmuntrende og frimodig, ikke redd for å stille spørsmål ved ting, og definitivt ikke redd for å si ifra hvis hun føler at noe er galt. Jesus er alltid hennes svar. Da jeg fikk muligheten til å komme til Texas for å være med på et spesielt bønnemøte hjemme hos søster Das, var jeg veldig ivrig etter å dra dit.

Jeg gikk om bord i flyet og var på flyplassen i Dallas-Ft. Worth i løpet av noen få timer, der vi møttes for første gang i mer enn et år med bønn sammen.

En kjent stemme, men det virket som om vi hadde kjent hverandre i årevis. Det kom også andre fra andre stater for å være med på dette møtet.

Bønnemøtet i hjemmet var noe jeg aldri hadde opplevd før. Jeg var så begeistret over at Gud lot meg bli brukt til å gagne andre. I løpet av dette møtet fikk vi se mange bli helbredet for rygg- og nakkeproblemer. Vi så og opplevde at ben og armer vokste og var vitne til at noen ble helbredet for diabetes sammen med mange andre mirakler og livsforandrende hendelser som for eksempel utdrivelse av demoner. Dette gjorde meg bare enda mer begjærlig etter Guds ting og etter å kjenne Ham på et høyere sted. La meg ta et øyeblikk til å stoppe her og skyte inn at Gud utførte disse miraklene i Jesu navn og Ham alene. Gud bruker søster Das fordi hun er villig til å hjelpe og lære andre å lære hvordan de kan tillate Gud å bruke dem også. Hun er en kjær venn og en mentor som har lært meg å være mer ansvarlig overfor Gud. Jeg takker Gud for at våre liv har krysset hverandre, og at vi har blitt bønnepartnere. I løpet av de 13 årene jeg har levd for Gud, har jeg aldri kjent bønnens sanne kraft. Jeg oppmuntrer deg til å danne en samlet bønnegruppe og bare se hva Gud vil gjøre. Han er en fantastisk Gud.

Diana Guevara
California El Monte

Da jeg ble født, ble jeg oppdratt i den katolske religionen i familien min. Da jeg ble eldre, praktiserte jeg ikke religionen min. Jeg heter Diana Guevara, og som liten jente visste jeg alltid at jeg burde føle noe når jeg gikk i kirken, men det gjorde jeg aldri. Min rutine var å be Fadervår og Ave Maria, slik jeg hadde lært som liten. Sannheten er at jeg egentlig ikke kjente Gud. I februar 2007 fant jeg ut at kjæresten min gjennom 15 år var utro, og at han var på ulike datingsider på Internett. Jeg ble så såret og knust at jeg gikk inn i en depressiv tilstand og lå på sofaen og gråt hele tiden. Jeg var så sønderknust at jeg gikk ned 25 kilo på 21 dager fordi jeg følte at min verden hadde gått under. En dag fikk jeg en telefon fra søster Elizabeth Das, en dame jeg aldri hadde møtt. Hun oppmuntret meg, ba for meg og siterte skriftsteder fra Bibelen. I to måneder snakket vi sammen, og hun fortsatte å be for meg, og hver gang følte jeg Guds fred og kjærlighet. I april 2007 var det noe som sa meg at jeg måtte reise til søster Elizabeths hjem i Texas. Jeg reserverte bord og var på vei til Texas i fem dager. I løpet av denne tiden hadde søst. Elizabeth og jeg ba og hadde bibelstudier. Hun viste meg skriftsteder om å bli døpt i Jesu navn. Jeg stilte mange spørsmål om Gud og visste at jeg måtte bli døpt i Jesu navn så snart som mulig. Etter at jeg ble døpt, visste jeg at dette var grunnen til at jeg følte at det hastet med å reise til Texas. Endelig hadde jeg funnet det jeg hadde savnet som barn, den allmektige Guds nærvær! Da jeg kom tilbake til California, begynte jeg å gå i Life Church.

Det var her jeg mottok Den Hellige Ånds gave med beviset på tungetale. Jeg kan virkelig si at det er forskjell på sannhet og religion. Det var gjennom Guds kjærlighet at han brukte søster Elizabeth til å undervise meg i bibelstudier og vise meg frelsesplanen i henhold til Guds ord. Jeg ble født inn i en religion, og det var alt jeg visste uten å utforske Bibelen selv. Etter å ha lært bønner å gjenta, er bønnene mine nå aldri rutinemessige eller kjedelige. Jeg elsker å snakke til Herren. Jeg har alltid visst at det fantes en Gud, men da visste jeg ikke at jeg også kunne føle Hans nærvær og Hans kjærlighet slik jeg gjør nå. Han er ikke bare til stede i livet mitt, han har også gitt meg fred og reparert hjertet mitt da jeg trodde verden hadde gått under. Herren Jesus har gitt meg den kjærligheten som jeg alltid har savnet i livet mitt. Jeg kan aldri forestille meg livet mitt uten Jesus, for uten ham er jeg ingenting. Fordi han har fylt de tomme rommene i hjertet mitt med sin kjærlighet, lever jeg for ham og bare ham. Jesus er alt, og Han kan helbrede ditt hjerte også. Jeg gir all ære og ære til bare vår Herre Jesus Kristus.

Jairo Pina Mitt vitnesbyrd

Jeg heter Jairo Pina og jeg er for tiden 24 år gammel og bor i Dallas, TX. Da jeg vokste opp, gikk familien min og jeg bare i kirken omtrent én gang i året, og vi trodde på den katolske troen. Jeg visste om Gud, men jeg kjente ikke Gud. Da jeg var 16 år gammel, fikk jeg diagnosen osteosarkom (beinkreft), en ondartet svulst på høyre leggben. Jeg gikk gjennom et år med cellegiftbehandling og operasjoner for å bekjempe dette. Det var i løpet av denne tiden at jeg har det tidligste minnet om at Gud åpenbarte seg for meg. Den dro meg med til en liten bygning i Garland, Texas, sammen med en venn og hans mor. Moren til vennen min var venn med et kristent par som tok oss med til en pastor som var av afrikansk avstamning. Senere skulle jeg oppdage at denne pastoren hadde profetisk gave.

Pastoren profeterte over dem som ble med oss til denne lille bygningen, men det var det han profeterte over meg som ble sittende fast i meg for alltid. Han sa: "Jøss! Du kommer til å få et stort vitnesbyrd og bringe mange mennesker til Gud med det!". Jeg var skeptisk og bare trakk på skuldrene, uten å vite hva som ville skje senere i livet mitt. Omtrent to år etter at jeg var ferdig med min første kamp mot kreften, fikk jeg tilbakefall på samme sted som tidligere nevnt. Det gjorde meg ekstremt fortvilet, for jeg hadde flere planlagte cellegiftkurer og måtte amputere høyre ben. Jeg brukte mye tid på å være alene rundt denne tiden i håp om å forberede meg mentalt. En dag parkerte jeg ved en innsjø og begynte å be til Gud fra hjertet. Jeg visste ikke hva det egentlig betydde å be, så jeg begynte bare å snakke til ham ut fra det jeg hadde i tankene og hjertet. Jeg sa: "Gud, hvis du virkelig er ekte, så vis meg det, og hvis du bryr deg om meg, så vis meg det".

Et kvarter senere gikk jeg for å si opp et medlemskap på LA Fitness, der en av vennene mine jobbet. Jeg forklarte ham hvorfor jeg ville si opp medlemskapet, og han spurte hvorfor jeg ville si opp. Da sa han: "Du burde gå til kirken min. Jeg har sett mange mirakler der, og folk blir helbredet". Jeg hadde ingenting å tape, så jeg begynte å gå dit. Han begynte å vise meg versene i Apostlenes gjerninger om dåpen og det å bli fylt med Den hellige ånd. Han fortalte meg om tungetale, noe jeg syntes var merkelig, men han viste meg til bibelske bevis. Før jeg visste ordet av det, var jeg i kirken hans da de spurte hvem som ville overgi livet sitt til Kristus og bli døpt. Jeg nærmet meg prekestolen da en pastor la hånden sin over hodet mitt. Han begynte å be for meg, og jeg begynte å tale i tunger samme dag som de døpte meg. Dette ble et tegn på at jeg var en gjenfødt opplevelse, uten at jeg visste at jeg nå var i den åndelige krigen.

Selv etter denne opplevelsen begynte jeg å bli angrepet og trukket bort fra Gud. Jeg vil også nevne at selv før jeg ble døpt, ble jeg åndelig angrepet av demoner, og jeg hørte til og med noen av dem hørbart. Jeg hørte en som lo med barnestemme utenfor vinduet mitt klokken tre om natten, en som lo mens den berørte meg seksuelt, og en som fortalte meg at den skulle ta meg med til helvete. Det er noen flere angrep jeg har opplevd, men det er disse som skiller seg mest ut. Tilbake til der jeg slapp om å bli trukket bort fra Gud. Jeg hadde et forhold til en jente som til slutt var utro mot meg og knuste hjertet mitt i småbiter. Vi var sammen i omtrent ett år, og det endte tragisk. Da jeg prøvde å takle tomheten, begynte jeg å drikke og røyke. Så begynte jeg å be Gud om å hjelpe meg og bringe meg nær ham igjen mens jeg gråt. Jeg mente det virkelig og begynte å oppleve Guds barmhjertighet, uten at jeg egentlig visste hva det var.

Jeg begynte å gå i kirken igjen sammen med vennen min og moren hans, og der ble jeg døpt i pinsemenigheten. Det var da min kunnskap om Bibelen begynte å vokse enormt. Jeg gikk på grunnkurs og lærte så mye ved å lese Guds ord. Moren til en venninne av meg ga meg etter hvert Elizabeth Das' bok "I did it His Way" og fortalte meg at det var en innflytelsesrik bok om hennes vandring med Gud. Da jeg var ferdig med boken, la jeg merke til at e-posten hennes sto på den. Jeg tok kontakt med Elizabeth, og moren til vennen min fortalte henne også om meg. Jeg begynte å snakke med henne på telefon, og til slutt møtte jeg henne ansikt til ansikt. Etter at jeg møtte henne, la jeg merke til at hun virkelig elsker og bruker Guds ord i livet sitt. Hun har lagt hendene på syke og ber for mange mennesker i sin egen tid. Jeg ser på henne som min åndelige mentor, for hun har lært meg så mye om Gud og hans ord, og det er jeg svært takknemlig for. Jeg vil til og med si at vi har blitt venner og fortsetter å se til hverandre den dag i dag.

I januar 2017 hadde jeg en leiekontrakt på en leilighet som tilhørte universitetet jeg gikk på. Jeg prøvde faktisk å få noen til å overta leiekontrakten min på grunn av økonomiske problemer. Jeg jobbet ikke og hadde ikke penger til å fortsette å betale husleie for leiligheten. Dessverre fant jeg ingen som kunne overta leiekontrakten min, og da var det jeg som måtte fortsette å betale husleien. Jeg ringte Elizabeth Das, som jeg ofte gjør, for å be om forbønn for dette med å bryte kontrakten. I januar samme år tok jeg en CT-undersøkelse av brystet som viste at jeg hadde en flekk på høyre lungelapp. Jeg måtte gjennom en operasjon for å fjerne flekken som ble vist på skanningen, og det viste seg at den var ondartet. Selv om dette var kjipt, kunne jeg si opp leiekontrakten for leiligheten samme måned på grunn av dette. Det sies at Guds veier er uransakelige, så jeg stolte på ham i det som skjedde. I denne perioden tok jeg forberedende fag i håp om å bli ferdig og komme inn på sykepleierskolen. Elizabeth ba for meg at jeg skulle få en god jobb og komme inn på sykepleierskolen i henhold til Guds vilje for livet mitt.

Omtrent tre måneder senere skulle jeg ta en ny CT-skanning av brystet for å se om det gikk bra med meg. Skanningen viste imidlertid en ny flekk på lungen min, nær den samme som var der i januar 2017. Onkologen sa at han tror dette er kreft som kommer tilbake igjen, og at vi må operere den bort. Jeg kunne ikke tro at dette foregikk. Jeg trodde at dette var slutten for meg. Jeg fortalte Elizabeth om det, og så mange andre begynte å be for meg på denne tiden. Selv om dette pågikk, hadde jeg fortsatt en liten tro på at alt kom til å ordne seg og at Gud ville ta vare på meg. Jeg husker at jeg kjørte bil en dag om natten og spurte Gud" :Hvis du får meg ut av dette rotet, lover jeg å dele det du har gjort for meg med andre".

Noen uker senere ble jeg operert, og de fjernet en større del av høyre lungelapp. Elizabeth og hennes venninne kom til og med til sykehuset for å legge hendene på meg og be for at Gud skulle gi meg helbredelse. Omtrent to uker etter operasjonen dro jeg tilbake til sykehuset for å få resultatene. For ikke å snakke om at jeg fortsatt var på utkikk etter en jobb på sykehuset for å bedre sjansene mine til å komme inn på sykepleierstudiet i denne perioden. Da jeg kom til resepsjonen samme dag for å få resultatene fra operasjonen, spurte jeg om de søkte etter folk. En av lederne sto i resepsjonen da jeg sjekket inn, og ga meg informasjonen hennes slik at jeg kunne gi henne beskjed når jeg sendte inn søknaden min på nettet. Plutselig satt jeg på et rom og ventet på at onkologen skulle komme med resultatene mine. Jeg var ekstremt nervøs og redd for hva han ville fortelle meg.

Onkologen kom inn i rommet, og det første han sa var: "Har noen fortalt deg resultatene dine ennå?". Jeg sa nei, og ville bare at han skulle legge frem alternativene mine for hva jeg skulle gjøre videre. Så sa han: "Så resultatene dine viste at det bare var kalsiumavleiringer, det er ikke kreft." Jeg var helt i sjokk, for jeg visste at det var Gud som hadde gjort dette for meg. Jeg gikk til bilen min og begynte å gråte gledestårer! Jeg ringte Elizabeth og fortalte henne den gode nyheten. Vi feiret sammen. Noen dager senere var jeg på intervju til jobben på sykehuset, og bare en uke senere ble jeg tilbudt jobben. Noen uker etter at jeg fikk jobben, kom jeg inn på sykepleierskolen. Gud være lovet for at alt dette skjedde, og jeg blir fortsatt glad når jeg snakker om det.

Akkurat nå er jeg inne i mitt siste semester på sykepleierutdanningen, og jeg tar eksamen i mai 2019. Jeg har opplevd så mye og er takknemlig for alle dørene som Gud har åpnet og lukket for meg. Jeg har til og med funnet meg selv i et forhold med en annen, og hun har vært fantastisk for meg ved å være der siden kreften metastaserte i lungen min i januar 2017 til i dag. Elizabeth har lært meg så mye og har bedt for meg mange ganger, noe som viser meg kraften i bønn og håndspåleggelse på de syke. Lesere, jeg er ikke på noen måte mer spesiell enn dere. Gud elsker deg like høyt, og Jesus Kristus har dødd for dine og mine synder. Hvis du søker ham av hele ditt hjerte, vil du finne ham.

"For jeg vet hvilke tanker jeg tenker om dere, sier Herren, fredstanker og ikke onde tanker, for å gi dere en forventet utgang. Da skal I påkalle mig, og I skal gå og be til mig, og jeg vil høre eder. Og dere skal søke meg og finne meg, når dere leter etter meg av hele deres hjerte." Jeremia 29:11-13 KJV.

Madalyn Ascencio
El Monte, California, USA

Jeg pleide å tro at en mann ville gjøre meg komplett. Da jeg forelsket meg i Jesus, fant jeg ut at det er Ham og Ham alene som fullender meg. Jeg ble skapt til å tilbe og tilbe Ham! Mitt navn er Madalyn Ascencio, og dette er mitt vitnesbyrd.

I mars 2005 begynte jeg å lide av angst og panikkanfall i tre år. Jeg dro til sykehuset ved flere anledninger, og alt de tilbød var antidepressiva og Valium, men jeg nektet å være avhengig av medisiner for å føle meg normal. Jeg ba om at Gud måtte hjelpe meg. En lørdag morgen i midten av oktober 2008 fikk jeg et alvorlig panikkanfall, så jeg ringte søster Elizabeth. Hun spurte meg hva som skjedde, og ba for meg. Da jeg følte meg bedre, ga hun meg noen skriftsteder jeg kunne lese. Jeg ba og ba Gud om å gi meg visdom og forståelse. Mens jeg leste skriftene,

Joh 3,5-7: Jesus svarte: Sannelig, sannelig sier jeg deg: __Uten at et menneske blir født av vann og Ånd, kan det ikke komme inn i Guds rike.__ Det som er født av kjødet, er kjød, og det som er født av Ånden, er ånd. Undre deg ikke over at jeg sier til deg: Du må fødes på ny.

Joh 8,32: Og dere skal kjenne sannheten, og sannheten skal gjøre dere frie.

Joh 10,10: "Tyven kommer ikke for å stjele, drepe og ødelegge; jeg er kommet for at de skal ha liv, og for at de skal få det i overflod.

Jeg visste at Gud talte til meg. Jo mer jeg ba og snakket med søster Elizabeth, jo mer visste jeg at jeg måtte døpes på nytt. Jeg hadde bedt så mye om at Gud måtte føre meg nærmere. Fra 2001 til 2008 gikk jeg i en kristen, ikke-konfesjonell kirke, og i april 2007 ble jeg døpt. Søster Elizabeth spurte meg hva jeg følte da jeg ble døpt, og jeg sa :"Jeg følte meg bra". Svaret hennes var "var det alt"? Hun spurte om jeg var døpt i Jesu navn, og jeg sa at jeg var døpt i Faderens, Sønnens og Den hellige ånds navn. Hun ba meg om å lese og studere.

*Apg 2,38: Da sa Peter til dem: Omvend dere og la dere døpe hver og en av dere i **Jesu Kristi navn til syndenes forlatelse**, så skal dere få Den Hellige Ånds gave.*

*Apostlenes gjerninger 8,12-17: Men da de kom til tro på Filip som forkynte om Guds rike og om Jesu Kristi navn, lot de seg døpe, både menn og kvinner. Og Simon selv kom også til tro, og da han var døpt, gikk han med Filip og undret sig og så de undergjerninger og tegn som blev gjort. Da apostlene i Jerusalem hørte at Samaria hadde tatt imot Guds ord, sendte de Peter og Johannes til dem; og da de var kommet ned, bad de for dem at de måtte få Den Hellige Ånd; for den var ennå ikke kommet over nogen av dem, men de var **døpt i Herren Jesu navn**. Da la de sine hender på dem, og de fikk Den Hellige Ånd.*

Apostlenes gjerninger 19:43-48: Om ham vitner alle profetene, at enhver som tror på ham, skal få syndenes forlatelse ved hans navn. Og mens Peter ennå talte disse ord, falt Den Hellige Ånd over alle dem som hørte ordet. Og de av omskjærelsen som trodde, ble forundret, så mange som kom sammen med Peter, fordi Den Hellige Ånds gave også var utøst over hedningene. For de hørte dem tale i tunger og lovprise Gud. Da svarte Peter: Kan nogen forby vann, så *disse ikke skulde bli døpt, de som har fått Den Hellige Ånd likeså vel som vi? Og han **bød dem å la sig døpe i Herrens navn.***

*Apg 19,1-6: Og det skjedde mens Apollos var i Korint, da Paulus hadde passert gjennom de øvre kyststrøk, kom han til Efesos; og da han fant noen disipler, sa han til dem: Har I fått Den Hellige Ånd siden I kom til tro? Og de svarte ham: Vi har ikke så meget som hørt om den Hellige Ånd er til. Og han sa til dem: Til hva blev I da døpt? Og de svarte: Til Johannes' dåp. Da sa Paulus: Johannes døpte i sannhet med omvendelsens dåp og sa til folket at de skulde tro på ham som skulde komme efter ham, det vil si på Kristus Jesus. Da de hørte dette, lot **de sig døpe i Herren Jesu navn.** Og da Paulus hadde lagt sine hender på dem, kom Den Hellige Ånd over dem, og de talte i tunger og profeterte.*

*Apg 22:16 Og nå, hvorfor drøyer du? Stå opp og la deg **døpe og vaske bort dine synder ved å påkalle Herrens navn.***

Herren åpenbarte for meg at Den Hellige Ånd også var tilgjengelig for meg, og hvis jeg lot meg **døpe i Jesu navn**, ville jeg bli helbredet og befridd fra denne forferdelige lidelsen. De dagene det var virkelig ille, ringte jeg til søster Elizabeth, og hun ba for meg. Jeg innså at jeg ble angrepet av fienden, for hans oppgave er tross alt å stjele, drepe og ødelegge, som det står i Johannes 10:10. For mange år siden leste jeg Efeserbrevet 6,10-18 og innså at jeg måtte ta på meg hele Guds rustning hver dag. Hver gang jeg begynte å føle at angsten tok overhånd, begynte jeg å kjempe i stedet for å frykte. Den 2. november 2008 ble jeg døpt i Jesu navn i Life Church i Pasadena, California. Jeg følte den mest fantastiske fred jeg noen gang har opplevd, og det var før jeg i det hele tatt kom ned i vannet for å bli døpt. Da jeg kom opp av vannet, følte jeg meg lett som en fjær, som om jeg gikk på skyer, og jeg kunne ikke slutte å smile. Jeg følte Guds nærvær, fred og kjærlighet som aldri før. Den 16. november 2008 mottok jeg Den Hellige Ånds gave ved at jeg fikk bevis på at jeg talte i andre tunger. Tomrommet jeg alltid hadde følt siden jeg var barn, ble nå fylt. Jeg visste at Gud elsket meg og hadde en stor hensikt med livet mitt, og jo mer jeg søker ham og ber, jo mer åpenbarer han seg for meg. Gud har vist meg at jeg skal dele min tro, gi håp og kjærlighet. Siden min nye apostoliske fødsel og utfrielse fra angst, har Jesus brakt mange mennesker inn i livet mitt som også lider av angst. Jeg har nå en tjeneste i mitt vitnesbyrd som jeg kan dele med dem.

Jeg er så takknemlig til Jesus for søster Elizabeth Das. Det var gjennom hennes bønner og undervisning at jeg nå også arbeider for Jesus. Hun ledet også min mor, datter, tante og noen venner til Herren gjennom sine bønner og sin tjeneste. Jeg ble skapt for å gi Jesus all ære! Velsignet være Hans hellige navn.

Martin Razo
Santa Ana, California, USA

Som barn levde jeg i sorg. Selv om jeg var omgitt av mennesker, hadde jeg en følelse av dyp ensomhet. Jeg heter Martin Razo, og dette var min barndom og oppvekst. På videregående visste alle hvem jeg var, selv om de ikke var i kretsen av det jeg anså som "dekule folkene". Jeg hadde et par kjærester, tok dop og levde livet som om dette var noe normalt fordi nesten alle andre gjorde det. Fredag og lørdag kveld ruset jeg meg med vennene mine og gikk på klubber for å sjekke opp jenter. Faren min fulgte alltid med på hva jeg gjorde og hvor jeg var.

En venn av familien, søster Elizabeth, delte sitt vitnesbyrd med meg. Det var ikke kjedelig, det var faktisk veldig interessant det hun sa. Jeg pleide å tro at hun faktisk trodde på det hun sa. Så gikk plutselig alt galt hjemme. Det virket som om Herren advarte meg og kalte på meg gjennom frykt. Jeg hadde tre veldig skremmende opplevelser som fikk meg til å tro dette. Først ble jeg tatt med narkotika og rømte hjemmefra, men ikke lenge. Tanten min fikk meg til å ringe moren min, og etter å ha hørt at moren min hadde diabetes, kom jeg hjem igjen. For det andre var jeg på vei fra en nattklubb klokken to om natten og havnet i en bilulykke der bilen eksploderte og fløy opp i luften. Jeg deltok i bibelstudier med søster Das på den tiden. Da vi begynte å snakke, fortalte han meg at han hadde solgt sin sjel til djevelen, og at han hadde makt til å slå lys av og på. Han demonstrerte det for meg ved å blunke med øynene for å slå dem av og på. Jeg så ansiktet hans som om det forvandlet seg til en demon. Jeg hoppet ut av bilen og løp hjem så fort jeg kunne. Noen timer senere begynte jeg å tenke på det søster Elizabeth hadde sagt, og jeg tenkte at det også måtte være virkelig. Søster Das ga meg et bibelstudium over telefon om dåpen i Jesu navn slik det står i Apostlenes gjerninger og i urmenigheten. Hun visste ikke om mine selvmordstanker på den tiden, men noe sa henne at jeg trengte å høre det med en gang fordi hun kanskje ikke ville se meg igjen. Jeg ble døpt mens jeg gikk i en menighet som trodde at Gud er en hellig treenighet bestående av tre personer. Jeg var i ferd med å gå over fra den kirken til apostlenes lære. Gud er én! Gud er Ånd, Jesus var Gud som kom i kjød for å bo blant menneskene, og Den Hellige Ånd er Gud i oss. Dette var og er apostlenes lære. Jeg hadde bare akseptert det jeg ble lært som sannhet. Jeg visste ikke når og hvor denne troen kom fra.

En uke senere ba søster Elizabeth meg om å bli med til min onkels hus for å delta i et bibelstudium. Bror James Min, som har gaven til å helbrede og utfri, ble med henne. Det skjedde mirakler den kvelden, og etter bibelstudiet spurte de oss om vi ønsket å motta Den Hellige Ånd. De fleste av oss sa ja. Jeg tenkte fortsatt at dette var galskap og ikke mulig, men jeg gikk frem likevel.

Mens bror James og søster Elizabeth ba for meg, kom det en kraft over meg. Jeg visste ikke hvordan jeg skulle reagere på denne mektige følelsen av glede. Først undertrykte jeg følelsen av denne kraften. Så kom den en gang til, sterkere enn første gang, og den ble sterkere da jeg prøvde å undertrykke den igjen.

Den tredje gangen klarte jeg ikke å undertrykke Ånden, og jeg begynte å tale i en annen tunge eller på et språk jeg ikke kjente. Jeg trodde at tungetale var en løgn, så da gleden over Den Hellige Ånd først kom over meg, prøvde jeg å snakke, men jeg prøvde å stoppe det fordi jeg var redd. Jesus helbredet meg fra all depresjon og selvmordstanker den dagen.

Jeg er 28 år gammel nå, og Herren har virkelig forandret livet mitt til det bedre. Jeg har fullført bibelskolen, og Herren har velsignet meg med en vakker kone. Vi har et ungdomsarbeid i menigheten vår, og jeg er også i gang med en tjeneste som Guds tjener. Søster Das ga aldri opp verken Razo-familien eller meg. På grunn av hennes mange bønner og vitnesbyrd om Guds kraft har hele Razo-familien fått det godt. Mange av våre slektninger og naboer har også vendt om til Herren Jesus Kristus. Nå har jeg et vitnesbyrd. La meg si at du aldri må gi opp å be for dine kjære og mennesker generelt. Du kan aldri vite hva Gud gjør og hvordan han legger strategier for å oppnå det på sin måte!

Tammy Alford
Mount. Herman, Louisiana, USA

Jeg har i utgangspunktet vært i kirken hele livet. Min byrde er for mennesker som har det vondt, og jeg ønsker å nå dem med sannhetens ord og la dem få vite at Jesus er deres håp. Da Herren ga meg denne byrden, skrev jeg "Folket" på en bønneduk og delte den med menigheten min. Vi begynte å be og gå i forbønn, og resultatet ble at alle fikk med seg et bønneklede hjem for å be over det.

 Det var gjennom vår tidligere pastor og hans familie (som nå er kalt til India som misjonærer) at jeg først møtte søster. Elizabeth Das. Vår Country Church i Franklinton, Louisiana, ønsket henne velkommen da hun delte sitt sterke vitnesbyrd. Alle ble velsignet. Noen måneder senere ble søster Elizabeth og jeg bønnepartnere. En strålende dame som ikke bare elsker å be, men som lever det! Utrolig nok lever hun "I tide og utide". Vår bønnetid var tidlig om morgenen via telefon, Texas koblet seg til Louisiana. Vi fikk Herrens velsignelse. Han ga forøkelsen, og snart hadde vi en bønnegruppe fra forskjellige stater.

Gjennom en konferanselinje begynte vi å be og faste, og så begynte lovprisningsrapportene å komme inn. Vår Gud er så fantastisk! Søster Elizabeth er den strålende kvinnen som har et brennende ønske om å se sjeler bli frelst. Hennes brennende flamme har utløst og tent mange andre til å be og ha visjoner. Det finnes ingen sykdom, smerte eller djevel i helvete som kan stoppe henne. I mange år nå har hun nådd ut til og bedt for de fortapte og døende; bare evigheten vil vise det. Jeg takker Gud for hennes beslutsomhet og hennes kjærlighet til "folket". Jeg har sett Gud gjøre fantastiske gjerninger, mirakler og bønnesvar gjennom henne. Mine venner her og folk jeg kjenner, kan alle vitne om at når vi tilkaller søster Elizabeth, blir bønnen i tro hørt. Elizabeth, blir troens bønn bedt. Ting skjer! For eksempel skulle en dame som av og til kommer i menigheten vår gjennom en større operasjon. Selv om hun bodde utenfor byen, sa jeg til henne at jeg skulle ringe søster Elizabeth, og så skulle vi be for hennes sykdom over telefon. Vi ba, og smertene forsvant. Søster Elizabeth sa til henne: "Du trenger ikke å opereres, du er helbredet." Hun hadde fortsatt en planlagt operasjon, helt til sykehuset ringte for å avlyse operasjonen, og hun gikk ut og bestilte ny tid. Sykehuset utførte ikke flere tester før operasjonen, og fortsatte med operasjonen. Etter operasjonen fikk hun beskjed om at de ikke hadde funnet noe galt med henne, ikke engang et spor av den alvorlige sykdommen.

Et annet mirakel skjedde med min venn som har en liten gutt. Han var syk med feber og hadde sovnet. Vi ringte Sis. Elizabeth og ba på høyttalertelefonen. Den lille gutten våknet plutselig, reiste seg og løp rundt som normalt og ble helbredet. Mange ganger har vi bedt over hjem med demoniske ånder, og vi kunne faktisk føle at noe hadde skjedd. Vi kunne glede oss over at de fortalte oss at de plutselig følte fred, eller at de kunne få en god natts søvn uten å bli plaget.

Jeg vet at troen min har økt etter at jeg ble en del av denne bønnegruppen. Søster Elizabeth har vært en lærer for meg på så mange måter. Hun har gitt meg åndelig veiledning gjennom Guds ord. Hennes liv er et vakkert eksempel som viser metaforene i Bibelen, der det står om "lyset på høyden som ikke kan skjules" og om "treet som er plantet ved vannets elver". Hennes røtter er dypt forankret i Jesus, og hun er i stand til å gi andre den styrken og visdommen de trenger. Gjennom de mørke prøvelsene jeg har gått gjennom, vet jeg at søster Elizabeth har bedt for meg. Elizabeth har bedt meg gjennom, og jeg er takknemlig for hennes tjeneste. Hun er virkelig den blendende juvelen som er utvalgt i Kristus, og som brukes mektig for Hans rike. Tidlig hver morgen bringer hun de tomme karene frem for Jesus, og Han fyller dem på nytt. Jeg takker søster Elizabeth for at hun virkelig, men likevel helt og holdent, gir seg selv til Jesus og Hans rike. Ære være Gud!

Rhonda Callahan
Fort Worth, Texas
20. mai 2011

En gang i 2007 kjørte jeg gjennom Dallas på en motorvei og la merke til et par hjemløse menn som lå og sov under en bro. Jeg ble rørt av medlidenhet og sa til Herren" :Herre, hvis du var på denne jorden i dag, ville du berøre disse mennene og helbrede deres sinn og gjøre dem hele! De ville bli produktive menn i samfunnet og leve normale liv.".... I det samme talte Jesus til mitt hjerte og sa: "Du er mine hender og du er mine føtter." I det øyeblikket visste jeg hva Gud talte til meg. Jeg begynte å gråte og lovprise ham. Jeg hadde kraft til å røre ved disse mennene og gjøre dem hele. Ikke av min egen kraft, men av Hans kraft.

I Apostlenes gjerninger 1,8 står det" :Men dere skal få kraft etter at Den Hellige Ånd er kommet over dere, og dere skal være mine vitner både i Jerusalem og i hele Judea og i Samaria og like til jordens ytterste grense.

Videre forteller Efeserne 1:13-14 oss;

"På ham stolte også dere, etter at dere hørte sannhetens ord, evangeliet om deres frelse; på ham ble også dere, etter at dere trodde, beseglet med den hellige løftets Ånd, som er vår arvelodds fortjeneste inntil forløsningen av den kjøpte eiendom, til lovprisning av hans herlighet."

Jeg hadde mottatt kraften og blitt beseglet i 1986 da Gud på en herlig måte døpte meg med Den Hellige Ånd. Så mange ganger har vi den tankegangen at hvis Gud var her i dag, ville det skje mirakler blant oss. Vi må forstå at når Han fyller deg med sin Hellige Ånd. Han har gitt deg kraft til å gjøre mirakler. Vi blir Hans hender og føtter, vi er kalt til å forkynne dette vidunderlige budskapet til alle som er i nød.

Lukas 4:18

"Herrens Ånd er over meg, fordi han har salvet meg til å forkynne evangeliet for de fattige; han har sendt meg for å helbrede dem som har et sønderknust hjerte, for å forkynne befrielse for fanger og synets gjenreisning for blinde, for å sette dem som er knust, i frihet, for å forkynne Herrens velbehagelige år".

Selv om jeg hadde vært fylt av Den hellige ånd siden 1986, hadde jeg fått noen harde slag de siste årene. Jeg gikk trofast i kirken, jeg var søndagsskolelærer og hadde nettopp fullført fire år på bibelskole. Jeg meldte meg frivillig til å gjøre alt som ble bedt om i menigheten.

Likevel hadde jeg blitt ekstremt undertrykt. Jeg trodde fortsatt at Gud var i stand til å gjøre alt det Han hadde lovet, men jeg var et ødelagt kar. Det var en gang en tid da jeg arbeidet for Herren i bønn og forbønn, leste i Bibelen hver dag og vitnet hver gang jeg fikk sjansen, men nå opplevde jeg at jeg ikke ba så mye i det hele tatt. Jeg var motløs og deprimert, og jeg var overveldet av stadige mentale plager. Datteren min hadde nylig forlatt mannen sin og søkt om skilsmisse. Barnebarnet mitt var fire år på den tiden, og jeg så smerten han led på grunn av et ødelagt hjem. Jeg ble mer og mer plaget av tankene på det livet han ville komme til å leve når han vokste opp i et splittet hjem. Jeg bekymret meg for muligheten for at han skulle bli mishandlet av en steforelder som ikke hadde noen kjærlighet til ham, eller for at han skulle vokse opp uten å føle seg elsket av sin far eller mor på grunn av skilsmissen. Tankene mine kvernet rundt, og jeg gråt hver dag. Jeg uttrykte disse tankene til noen få nære venner. De svarte alltid det samme: "Stol på Gud! Jeg visste at Gud var i stand til det, men jeg hadde mistet troen på meg selv. Når jeg ba, tok jeg meg selv i å trygle, gråte og ønske at Gud måtte beskytte ham. Jeg visste at Han kunne det, men ville Han gjøre det for meg?

Jeg kjempet med å spise, og hadde stadig behov for å stappe i meg mat. Kjødet hadde blitt herskeren i livet mitt. Jeg vandret ikke lenger i ånden, men vandret mer i kjødet og oppfylte kjødets lyster hele tiden, eller det var i hvert fall slik jeg følte det.

27. mars 2011 hadde vi en Ladies Fellowship-lunsj etter gudstjenesten. Jeg ble bedt om å tale. Jeg jobbet jo fortsatt i kirken som vanlig, men jeg var nedbrutt, og få, om noen, forsto dybden av min nedbrutthet. Etter lunsjen kom søster Elizabeth Das bort til meg med et søtt smil og ga meg telefonnummeret sitt. Hun sa" :Ring meg hvis du trenger et sted å være etter kirken, du kan bo hjemme hos meg." Grunnen til at hun sa at jeg kunne bo hos henne, var at jeg har 65 mil å kjøre til kirken én vei, og det er veldig vanskelig å dra hjem og tilbake igjen til kveldsgudstjenesten, så jeg prøvde bare å bli der til kveldsgudstjenesten i stedet for å kjøre hjem mellom gudstjenestene.

Det hadde gått omtrent to uker, og jeg følte at jeg ble mer deprimert. En morgen på vei til jobb rotet jeg i vesken min og fant nummeret til søster Elizabeth. Jeg ringte henne og ba henne om å be for meg.

Jeg forventet at hun skulle si ok og avslutte telefonsamtalen. Men til min overraskelse sa hun at jeg vil be for deg nå. Jeg kjørte bilen inn til siden av veien, og hun ba for meg.

Uken etter gikk jeg hjem med henne etter gudstjenesten. Etter å ha snakket en stund, ba hun om å få be for meg. Hun la hendene på hodet mitt og begynte å be. Med kraft og autoritet i stemmen ba hun om at Gud måtte frelse meg. Hun irettesatte mørket som omgav meg; overspising, mentale plager, depresjon og undertrykkelse.

Jeg vet at den dagen brukte Gud disse hendene til å befri meg fra den forferdelige undertrykkelsen jeg led under. I det øyeblikket søster Elizabeth overga seg til Gud, satte Han meg fri!

Markus 16,17-18 forteller oss" :Og disse tegnene skal følge dem som tror: I mitt navn skal de drive ut djevler, de skal tale med nye tunger, de skal ta imot slanger, og om de drikker noe dødelig, skal det ikke skade dem, de skal legge hendene på syke, og de skal bli friske".

Jesaja 61,1 "Herrens, Guds Ånd er over meg, fordi Herren har salvet meg til å forkynne et godt budskap for de saktmodige; han har sendt meg for å forbinde de sønderknuste, for å forkynne frihet for de fangne og åpning av fengslet for dem som er bundet.".

Jesus trenger oss til å være Hans hender og føtter. Søster. Elizabeth er en sann Guds tjener. Hun er fylt av Hans kraft og er lydig mot Hans stemme. Jeg er så takknemlig for at det finnes kvinner som Sis. Elizabeth vandrer blant oss, som fortsatt tror på den befriende kraften i Jesu dyrebare blod, som har blitt salvet av Hans Ånd og som oppfyller det fantastiske kallet Han har kalt henne til å gjøre. Den dagen forvandlet Gud min smerte til skjønnhet og fjernet tyngdens ånd og erstattet den med gledens olje.

Jesaja 61,3 "For å gi dem som sørger på Sion, skjønnhet for aske, gledens olje for sorg, lovsangens kledning for sorgens ånd, for at de skal kalles rettferdighetens trær, Herrens plantning, for at han skal bli herliggjort".

Jeg utfordrer deg i dag; søk Gud av hele ditt hjerte, slik at du kan vandre i fylden av Hans kraft. Han trenger deg til å dele Jesus med andre og være Hans hender og føtter. Amen!

Vicky Franzen Josephine Texas

Mitt navn er Vicki Franzen, jeg har gått i den katolske kirken det meste av mitt voksne liv, men jeg har alltid følt at noe har manglet. For noen år siden begynte jeg å lytte til et radioprogram som underviste om endetiden. Mange spørsmål som jeg hadde hatt hele livet, ble besvart. Dette førte meg til en apostolisk kirke for å fortsette min søken etter sannheten. Der ble jeg døpt i Jesu navn og mottok Den hellige ånds dåp, med bevis på tungetale, slik det er beskrevet i Apostlenes gjerninger.

De neste fire årene virket det som om evnen til å tale i tunger ikke lenger var tilgjengelig for meg, selv om jeg gikk regelmessig i kirken, ba, studerte og var involvert i ulike tjenester. Jeg følte meg veldig "tørr" og tom for Den hellige ånd. Et annet medlem av menigheten min fortalte meg at da søster Liz hadde lagt hendene på henne og bedt, kom det "noe" ut av henne som gjorde at hun følte seg helt fri fra undertrykkelse, depresjon og så videre.

Flere damer fra menigheten vår var samlet til lunsj, og det ga meg anledning til å møte søster Elizabeth. En samtale begynte om demoner og den åndelige verden. Jeg hadde alltid vært veldig nysgjerrig på dette emnet, men hadde aldri hørt noen undervisning om det. Vi utvekslet telefonnumre og begynte et bibelstudium hjemme hos henne. Jeg stilte spørsmål ved hvordan en person som var døpt i Jesu navn og døpt med Den hellige ånd, kunne ha en demon. Hun fortalte meg at man må leve et rettferdig og hellig liv ved å be, faste, lese Guds ord og holde seg full av Den Hellige Ånd ved å tale i tunger hver dag. På den tiden delte jeg min opplevelse av å føle meg tørr og ikke være i stand til å tale i tunger. Hun la hendene på meg og ba. Jeg følte meg bra, men veldig sliten. Liz forklarte at når en ond ånd kommer ut av kroppen, etterlater den deg trett og utslitt. Hun fortsatte å be over meg, og jeg begynte å tale i tunger. Jeg var så opprømt og full av glede. Det å kunne tale i tunger viste meg at jeg fortsatt hadde Den Hellige Ånd.

Liz og jeg ble gode venner og ba sammen. Søster Elizabeth har en så søt og mild ånd, men når hun ber, salver Gud henne med guddommelig frimodighet til å helbrede syke og drive ut demoner. Hun ber med autoritet og ser nesten alltid svaret umiddelbart. Gud har gitt henne et talent for å undervise i skriften som gjør betydningen veldig klar for meg.

Jeg fortalte Liz om datteren til min venninne Valerie, Mary. Hun hadde diagnosen ADD og KOLS. Hun hadde også en diskusprolaps som de forsøkte å behandle uten kirurgi. Hun var stadig innlagt på sykehus med ulike fysiske problemer. Hun gikk på en rekke forskjellige medisiner uten gode resultater. Mary var så ufør at hun ikke kunne jobbe, og hun hadde fire barn å ta seg av uten støtte fra eksmannen.

Søster Liz begynte å fortelle meg at noen av disse tingene er demoner og kan drives ut i Jesu navn. Jeg var litt i tvil om det, rett og slett fordi jeg aldri hadde hørt den spesielle sykdommen omtalt som forårsaket av demoner. Da min venninne, hennes svigermor og jeg nylig satte oss ned for å drikke kaffe, begynte de å fortelle meg hvor voldsomt Maria snakket til dem. Hun skrek, ropte og bannet til dem. De visste at hun hadde hatt store smerter på grunn av ryggproblemer og kraftig hodepine som medisinene ikke så ut til å lindre, men dette var annerledes. De fortalte om hvor hatefulle øynene hennes til tider var, og hvor redde de ble.

Noen dager senere ringte venninnen min og sa at hun ikke orket mer! Beskrivelsene av hvordan datteren hennes oppførte seg, begynte å bekrefte de tingene som Sis. Liz fortalte meg om demoner. Alt hun fortalte meg, bekreftet Gud gjennom andre. Marys tilstand ble stadig verre, og hun begynte å snakke om å ta sitt eget liv. Vi begynte å be i fellesskap om utdrivelse av demoner i Mary og hennes hjem. Gud vekket søster Liz to netter på rad for å gå i forbønn for Mary. Liz ba spesifikt Gud om å vise Mary hva som foregikk der.

Da Maria ba om natten, fikk hun et syn om at mannen hennes (som hadde forlatt henne og levde sammen med en annen kvinne) var i huset hennes. Hun trodde synet var Guds svar på hennes bønn om at han skulle komme hjem til dem til jul. Søster Liz fortalte meg at hun mistenkte at det ble brukt heksekunst mot Mary. Sannsynligvis av hennes eksmann eller kvinnen han bodde sammen med. Jeg forsto virkelig ikke hvordan hun kunne vite det. Jeg delte ikke noe av det Liz fortalte meg med noen. I løpet av et par dager fortalte Valerie meg at datteren hennes, Mary, mottok merkelige og stygge tekstmeldinger fra kvinnen som bor sammen med eksmannen. Mary visste at språket definitivt ble brukt til heksekunst. Dette var en bekreftelse på det søster Liz hadde fortalt meg.

I løpet av de siste par månedene etter at vi hadde fått vite om Marys tilstand, hadde vi forsøkt å gå og be for henne. Det gikk bare ikke. Søster Liz sa: "Selv om vi ikke kan komme til huset hennes, vil Gud ta seg av situasjonen."

Og da Jesus var kommet inn i Kapernaum, kom en høvedsmann til
ham og bønnfalt ham og sa: Herre, min tjener ligger hjemme syk av
lammelser og er meget plaget. Og Jesus sa til ham: Jeg vil komme og
helbrede ham. Da svarte høvedsmannen og sa: Herre, jeg er ikke
verdig til at du kommer inn under mitt tak; men si bare et ord, så skal
min tjener bli helbredet. For jeg er en mann med myndighet, og jeg
har soldater under mig; og jeg sier til denne mann: Gå, og han går;
og til en annen: Kom, og han kommer; og til min tjener: Gjør dette,
og han gjør det. Da Jesus hørte det, ble han forundret og sa til dem
som fulgte efter: Sannelig sier jeg eder: En så stor tro har jeg ikke
funnet, nei, ikke i Israel. (Matteus 8, 5-10)

To dager etter at vi hadde bedt om å drive ut demoner fra Mary og hennes hjem, rapporterte hun til sin mor at hun sov bedre og ikke hadde flere drømmer. Dette er en av mange ting Sis. Liz fortalte meg, at når du har mange drømmer og nattmarer, kan det være en indikasjon på onde ånder i huset ditt. Dagen etter fortalte en av Valeries kollegaer henne om en drøm hun hadde hatt natten før. En flat, svart slange krøp bort fra Marys hus. Den dagen ringte Mary moren sin og sa at hun følte seg så glad og lykkelig. Hun var ute og handlet med de 15 måneder gamle tvillingene sine, noe hun ikke hadde gjort på lenge. Dette var nok en bekreftelse på at ADD, ADHD, bipolar og schizofreni er angrep fra fienden. Vi har makt over skorpioner og slanger (dette er alle onde ånder som er nevnt i Bibelen.) som vi bare kan kaste ut i Jesu navn.

Se, jeg gir eder makt til å tråkke på slanger og skorpioner og over all
fiendens makt, og intet skal på noen måte skade eder. Lukas 10:19

Søster Liz fortalte meg også at vi daglig må salve vår familie, våre hjem og oss selv med velsignet olivenolje for å beskytte oss mot fiendens angrep. Vi bør også la Guds ord gjennomsyre hjemmet vårt.

Denne erfaringen har hjulpet meg til å se noen situasjoner som definitivt er styrt av demoner, slik det står om i Bibelen.

For vi kjemper ikke mot kjøtt og blod, men mot fyrstedømmer, mot makter, mot herskerne i denne verdens mørke, mot åndelig ondskap i det høye. (Efeserne 6:12)

Jeg kan bare snakke for meg selv. Jeg vokste opp i den tro at mirakler, tungetale, helbredelse av syke og utdrivelse av demoner bare var noe som skjedde i Bibelens tid, da Jesus og hans apostler var på jorden. Jeg har aldri tenkt så mye på demonbesettelse i vår tid. Nå vet jeg og forstår; vi er fortsatt i Bibelens tid! Hans Ord har alltid vært for nåtiden. "Nåtiden" var i går, "nåtiden" er nå, og "nåtiden" vil være for i morgen!

Jesus Kristus er den samme i går og i dag og i all evighet. (Hebreerne 13:8)

Satan har klart å forføre og lede oss bort fra den kraften Gud har gitt sin menighet. Guds menighet er de som omvender seg, blir døpt i Jesu navn og mottar Den Hellige Ånds gave, med bevis på tungetale. De vil da motta kraft fra det høye.

Men dere skal få kraft etter at Den Hellige Ånd er kommet over dere, og dere skal være mine vitner både i Jerusalem og i hele Judea og Samaria og helt til jordens ytterste grense. (Apostlenes gjerninger 1:8)

Og min tale og min forkynnelse var ikke med forførende ord av menneskelig visdom, men i Åndens og kraftens åpenbaring (1. Korinterbrev 2:4)

For vårt evangelium kom ikke til eder bare i ord, men også i kraft og i Den Hellige Ånd og i stor visshet; for I vet hva slags mennesker vi var iblandt eder for eders skyld. (1 Tessalonikerne 1:5)

Guds ord er for oss NÅ!

Del II

Jeg hadde aldri tenkt på å ta med denne andre delen i boken min. Men jeg tok meg tid til å legge til denne delen fordi så mange etterspurte denne informasjonen. Helt siden jeg begynte å holde bibelstudier for forskjellige nasjonaliteter, kom vi over endringer i de moderne biblene. Jeg begynte å grave dypt i historien og fant noen svært sjokkerende opplysninger. Med denne informasjonen mener jeg at det er mitt ansvar å la mine medbrødre og søstre få vite denne sannheten og å stoppe fienden i hans spor, slik at han ikke lenger vil villede folk.

Elizabeth Das

A.

Språk Gud brukte

Gjennom århundrene har Bibelen blitt oversatt på mange forskjellige måter, og ikke minst på forskjellige språk. Opp gjennom historien ser vi fire hovedspråk som Bibelen har blitt oversatt til: først hebraisk, deretter gresk, så latin og til slutt engelsk. De påfølgende avsnittene viser kort disse ulike stadiene.

Fra rundt år 2000 f.Kr., Abrahams tid, til ca. år 70 e.Kr., da det andre tempelet i Jerusalem ble ødelagt, valgte Gud å tale til sitt folk gjennom de semittiske språkene, for det meste hebraisk. Det var gjennom dette språket at hans utvalgte folk ble vist veien, og også at de faktisk hadde behov for en frelser som kunne korrigere dem når de syndet.

Etter hvert som verden utviklet seg, oppsto det en supermakt som først og fremst kommuniserte gjennom det greske språket. Gresk var et fremtredende språk i tre århundrer, og det var et logisk valg fra Guds side. Det var gjennom gresk at Gud valgte å kommunisere Det nye testamentet, og som historien viser, spredte det seg som ild i tørt gress. Satan innså den overhengende trusselen som en tekst skrevet på massens språk ville utgjøre, og satte seg fore å ødelegge Bibelens

180

troverdighet. Denne "falske" Bibelen var skrevet på gresk, men hadde sin opprinnelse i Alexandria i Egypt; Det gamle testamentet ble omtalt som "Septuaginta" og Det nye testamentet ble kalt "Alexandrinske tekst". Informasjonen ble forvrengt av menneskets ideer og slettet mange av Guds ord. Det er også tydelig at disse apokryfene (gresk som betyr "skjult" og aldri ble ansett som Guds ord) i dag har sivet inn i vår moderne Bibel.

I år 120 e.Kr. var latin blitt et vanlig språk, og Bibelen ble oversatt på nytt på 1500-tallet. Fordi latin var et så utbredt språk på den tiden, var Bibelen lett å lese i hele Europa. Latin ble på den tiden ansett som et "internasjonalt" språk. Dette gjorde at Bibelen kunne reise gjennom landene og oversettes videre til regionale dialekter. Denne tidlige versjonen ble kalt Vulgata, som betyr "den alminnelige bibel". Djevelen svarte på denne trusselen ved å skape en søsterbok i Roma. Romerne hevdet at deres bibel, som var fylt med de "bortkastede bøkene" i apokryfene og tekster som var ment å ligne på den virkelige Bibelen, faktisk var den sanne Bibelen. På dette tidspunktet hadde vi to bibler som var dramatisk forskjellige fra hverandre, og for å beskytte sin falske bibel måtte Djevelen gå ut og ødelegge de sanne tekstene. Katolikkene sendte leiesoldater for å utslette og martyrisere dem som var i besittelse av den sanne latinske Vulgata. Leiesoldatene lyktes for det meste, men til slutt klarte de ikke å utrydde den helt, og Guds ord ble bevart.

Mellom år 600-700 e.Kr. utviklet det seg et nytt verdensspråk, engelsk. Gud begynte å legge grunnlaget for en massiv misjonsbevegelse. Først begynte William Tyndale på 1500-tallet å oversette de hebraiske og greske originaltekstene til det nye språket. Mange etter ham forsøkte å gjøre det samme, og gjorde sitt beste for å matche de tidligere hebraiske og greske tekstene. Blant disse var kong James VI, som i 1604 ga et råd i oppdrag å produsere den mest nøyaktige engelske versjonen av tekstene. I 1611 var en autorisert versjon i omløp, kjent som King James Bible. Misjonærer begynte å oversette fra denne Bibelen over hele verden.

Satans stadige angrep på Guds ord:

Nå står vi overfor et nytt angrep fra djevelen. Bibelen som ble utgitt i 2011 og hevdet at den er 1611 KJV, satte inn Apokrypha, som aldri ble ansett som Guds ord. Apokrypha ble fjernet fra KJV av de autoriserte lærde, vel vitende om at det ikke var Guds ord.

Satan gir aldri opp!

B.

Hvordan Gud bevarte sitt ord?

Gud legger den største vekt på sitt skrevne ord, noe som er helt klart.

Herrens ord er rene ord, som sølv som er prøvet i en ovn av jord, renset syv ganger. Du skal bevare dem, Herre, du skal bevare dem fra denne slekt til evig tid." (Salme 12,6-7)

Guds ord står over alle navn:

*"Jeg vil tilbe i ditt hellige tempel og prise ditt navn for din miskunnhet og for din sannhet, **for du har opphøyet ditt ord over alt ditt navn.**" (Salmene 138:2)*

Herren advarte oss også om sitt syn på sitt ord. Han ga alvorlige advarsler til dem som ville forvanske Skriften. Gud advarte mot å legge noe til Hans ord:

Hvert Guds ord er rent; *han er et skjold for dem som setter sin lit til ham. Legg ikke noe til hans ord, for at han ikke skal irettesette deg og du skal bli funnet en løgner. (Ordspråket 30:5-6)*

183

Gud har bevart sine ord til alle generasjoner, uten å feile!

Mange fromme menn forsøkte heltemodig å holde frafall og vantro tilbake, noe som delvis skyldtes utvanningen av Guds ords autoritet. I den mørke middelalderen kontrollerte den katolske kirken folket ved å la Bibelen kun være skrevet på latin. Vanlige folk kunne ikke lese eller snakke latin.

På 400-tallet e.Kr. var Bibelen oversatt til 500 språk fra de originale manuskriptene som var sanne. For å kontrollere folk innførte den katolske kirken en streng lov om at Bibelen bare kunne skrives og leses på latin. Denne latinske versjonen var ikke oversatt fra de originale manuskriptene.

John Wycliffe:

John Wycliffe var kjent som pastor, lærd, Oxford-professor og teolog. I 1371 begynte J.W. å håndskrive manuskriptene til engelsk, med hjelp av mange trofaste skribenter og tilhengere. Wycliffes første håndskrevne engelskspråklige bibelmanuskript ble oversatt fra den latinske Vulgata. Dette skulle bidra til å sette en stopper for den romersk-katolske kirkens falske lære. Det skulle ta ti måneder og koste førti pund å skrive og distribuere bare ett eksemplar av Bibelen. Guds hånd var over Wycliffe. Den romersk-katolske kirken raste i sinne mot Wycliffe. Hans mange gode venner hjalp ham fra å bli skadet. Selv om den katolske kirken gjorde alt som sto i dens makt for å samle inn og brenne alle eksemplarer, stoppet ikke det Wycliffe. Han ga aldri opp, for han visste at arbeidet hans ikke var forgjeves. Den katolske kirken lyktes ikke med å få tak i alle eksemplarene. Ett hundre og sytti eksemplarer ble igjen. Ære være Gud!

Den romersk-katolske kirken fortsatte i sitt sinne. Førtifire år etter John Wycliffes død beordret paven at knoklene hans skulle graves opp, knuses og kastes i elven. Rundt hundre år etter J. Wycliffes død begynte man i Europa å lære seg gresk.

John Hus:

En av John Wycliffes etterfølgere, John Hus, fortsatte arbeidet som Wycliffe hadde startet; også han motarbeidet falsk lære. Den katolske kirken var fast bestemt på å stoppe alle andre endringer enn sine egne, og truet med henrettelse for alle som leste en bibel som ikke var på latin. Wycliffes idé om at Bibelen skulle oversettes til ens eget språk, ville føre frem. John Hus ble brent på bålet i 1415 sammen med Wycliffes manuskript, som ble brukt til å tenne på bålet. Hans siste ord var: "Om 100 år vil Gud reise opp en mann hvis krav om reform ikke kan undertrykkes!". I 1517 gikk profetien hans i oppfyllelse, da Martin Luther offentliggjorde sin berømte stridstese om den katolske kirken i Wittenberg. Samme år forteller Fox' bok om martyrene at den romersk-katolske kirken brente syv personer på bålet " for å halært barna sine å be Herrens bønn på engelsk i stedet for latin".

Johannes Guttenberg:

Den første boken som ble trykt i trykkpressen, var den latinske Bibelen, som ble oppfunnet av Johannes Guttenberg i 1440.

Denne oppfinnelsen gjorde det mulig å trykke et stort antall bøker på svært kort tid. Dette skulle vise seg å bli et viktig instrument for å drive den protestantiske reformasjonen fremover.

Dr. Thomas Linacre:

Dr. Thomas Linacre, professor i Oxford, bestemte seg for å lære seg gresk på 1490-tallet. Han leste og fullførte Bibelen på gresk originalspråk. Etter å ha avsluttet studiene uttalte han" :Enten er ikke dette evangeliet, eller så er vi ikke kristne".

De romersk-katolske latinske Vulgata-versjonene var blitt så korrupte at sannheten ble skjult. Den katolske kirken fortsatte å prøve å håndheve sin strenge lov om at folk bare skulle lese Bibelen på latin.

John Colet:

I 1496 begynte John Colet, en annen Oxford-professor, å oversette Bibelen fra gresk til engelsk for sine studenter og senere for publikum i St. I løpet av seks måneder brøt det ut vekkelse, og over 40 000 mennesker deltok i gudstjenesten hans. Han oppmuntret folk til å kjempe for Kristus og ikke involvere seg i religionskriger. Han hadde mange høytstående venner og slapp unna henrettelse.

Desiderius Erasmus, 1466-1536:

Desiderius Erasmus, en stor lærd, observerte hendelsene til Colet og Linacre. Han ble imponert over å konvertere den latinske Vulgata tilbake til sannheten. Det ble gjort med hjelp av J. Froben, som trykte og utga manuskriptet i 1516.

Erasmus ville at alle skulle få vite hvor korrupt den latinske Vulgata var blitt. Han oppfordret dem til å vende fokus mot sannheten. Han understreket at ved å bruke originalmanuskriptene, som var på gresk og hebraisk, ville man holde seg på rett vei og fortsette i trofasthet og frihet.

Et av de mest berømte og morsomme sitatene fra den kjente lærde og oversetteren Erasmus var

> *"Når jeg får litt penger, kjøper jeg bøker, og hvis det blir noe igjen, kjøper jeg mat og klær."*

Den katolske kirken fortsatte å angripe alle som tok del i andre bibeloversettelser enn den latinske.

William Tyndale (1494-1536):

William Tyndale ble født i 1494 og døde i en alder av 42 år. Tyndale var ikke bare kaptein for reformatorenes hær, han var også kjent som deres åndelige leder. Han var en stor mann med integritet og respekt.

Tyndale studerte og vokste opp ved Oxford University. Etter å ha tatt sin magistergrad i en alder av 21 år, reiste han til London.

Han var begavet i å snakke mange språk: Hebraisk, gresk, spansk, tysk, latin, fransk, italiensk og engelsk. En av Tyndales medarbeidere sa at når noen hørte ham snakke et av disse språkene, ville de tro at han snakket sitt eget morsmål. Han brukte disse språkene til å velsigne andre. Han oversatte det greske nye testamentet til engelsk. Utrolig nok var han den første som fikk Bibelen trykt på engelsk. Det er ingen tvil om at denne gaven gjorde det mulig for ham å flykte fra myndighetene i løpet av årene han levde i eksil fra England. Til slutt ble Tyndale tatt og arrestert for kjetteri og landsforræderi. I oktober 1536, etter en urettferdig rettssak og fem hundre dager i et fengsel med elendige forhold, ble Tyndale brent på bålet. Det er registrert at Tyndale House Publishers er et moderne selskap som er oppkalt etter denne fantastiske helten.

Martin Luther:

Den romersk-katolske kirken hadde styrt for lenge, og Martin Luther hadde ingen toleranse for korrupsjonen i kirken. Han var lei av den falske læren som ble påtvunget folket. På allehelgensaften i 1517 var han ikke i tvil da han hengte opp sine 95 teser på Wittenberg kirke. Kirkemøtet i Worms, som var dannet av kirken, planla å gjøre Martin Luther til martyr. Den katolske kirken fryktet å miste makt og inntekter. De ville ikke lenger kunne selge avlat for synder eller frigjøring av kjære fra "skjærsilden", som er en doktrine den katolske kirken har funnet på.

Martin Luther hadde et forsprang på Tyndale, og i september 1522 utga han sin første oversettelse av Erasmus' gresk-latinske Nytestamente til tysk. Tyndale ønsket å bruke den samme originalteksten. Han begynte prosessen og ble terrorisert av myndighetene. I 1525 forlot han England og reiste til Tyskland, der han arbeidet ved Martin Luthers side. Innen utgangen av året var Det nye testamentet oversatt til engelsk. I 1526 ble Tyndales nye testamente den første utgaven av skriftene som ble trykt på engelsk. Dette var bra! Hvis folk kunne få tilgang til å lese Bibelen på sitt eget språk, ville den katolske kirken ikke lenger ha noe grep eller herredømme over dem. Fryktens mørke som kontrollerte folket, var ikke lenger en trussel. Offentligheten ville kunne utfordre kirkens autoritet for enhver avslørt løgn.

Friheten var endelig kommet; frelsen var gratis for alle gjennom tro og ikke gjennom gjerninger. Det vil alltid være Guds ord som er sant, ikke menneskets. Guds ord er sant, og sannheten skal sette deg fri.

Kong James VI:

I 1603, da Jakob VI ble konge, forelå det et utkast til en ny oversettelse av Bibelen. Bakgrunnen for den nye oversettelsen var at The Great Bible, Mathew's Bible, Bishop's Bible, Geneva Bible og Coverdale Bible, som var i bruk, var korrupte. På Hampton Court-konferansen godkjente kong James oversettelsen av Bibelen. Førtisju bibelforskere, teologer og lingvister ble nøye utvalgt til dette store oversettelsesarbeidet. Oversetterne ble delt inn i seks grupper og arbeidet ved universitetene i Westminster, Cambridge og Oxford. De ulike bøkene i Bibelen ble tildelt disse hebraiske, greske, latinske og engelske forskerne. Det var visse retningslinjer som måtte følges for at oversettelsen skulle kunne finne sted. Oversettelsen av Bibelen fra de opprinnelige språkene var ferdig i 1611 og ble spredt over hele verden.

PLÁN 1: Satan útočí na Boží slovo v Alexandrii v Egyptě.

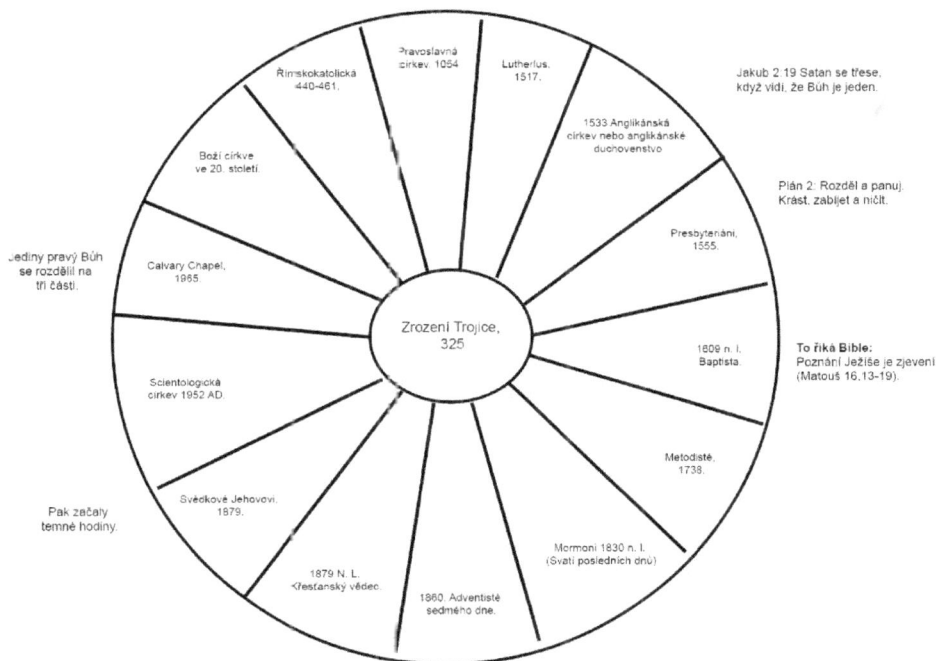

Pravoslavná církev. 1054

Římskokatolická 440-461.

Lutherius. 1517.

Jakub 2.19 Satan se třese, když vidí, že Bůh je jeden.

1533 Anglikánská církev nebo anglikánské duchovenstvo

Boží církve ve 20. století.

Plán 2: Rozděl a panuj. Krást, zabíjet a ničit.

Jediný pravý Bůh se rozdělil na tři části.

Calvary Chapel, 1965.

Presbyteriáni, 1555.

Zrození Trojice, 325

1609 n. l. Baptista.

To říká Bible: Poznání Ježíše je zjevení (Matouš 16,13-19).

Scientologická církev 1952 AD.

Metodisté. 1738.

Svědkové Jehovovi, 1879.

Pak začaly temné hodiny.

Mormoni 1830 n. l. (Svatí posledních dnů)

1879 N. L. Křesťanský vědec.

1860. Adventisté sedmého dne.

Pak začaly temné hodiny.

189

Elizabeth Das

C.

Vår tids bibeloversettelser:

Sannheten om ulike versjoner av Bibelen: Guds ord er den endelige autoriteten for vårt liv.

I dag finnes det mange forskjellige oversettelser av Bibelen i tillegg til King James Version (KJV). Kristi sanne etterfølgere vil gjerne vite om alle bibelversjonene er korrekte eller ikke. La oss se etter sannheten i alle disse forskjellige versjonene av Bibelen. Vi har NIV, NKJV, den katolske bibelen, den latinske bibelen, American Standard Version, Revised Standard Version, English Standard Version, New American Standard Version, International Standard Version, den greske og hebraiske bibelen, og New World Translation (Jehovas vitners bibel) osv. Det finnes også mange andre bibler som er oversatt til forskjellige tider og epoker av mange forskjellige lærde. Hvordan kan vi vite om alle disse ulike versjonene er korrekte eller om de er blitt forvansket? Hvis de er korrupte, hvordan og når skjedde det?

La oss begynne vår reise gjennom disse mange variasjonene for å finne sannheten:

Det vi trenger å vite, er å kunne avgjøre hvilken som er den sanne versjonen:

Det nylige funnet av Alexandria Original Script har en linje, linjer eller streker over ord og skriftsteder. Dette betydde at de bestemte ordene og versene var utelatt fra oversettelsen. De fant disse strekene over ord som f.eks: Hellig, Kristus og Ånd, sammen med mange andre ord og vers. De skriftlærde som hadde jobben med å redigere disse manuskriptene, trodde ikke på Herren Jesus Kristus som Messias (Frelseren). De som redigerte manuskriptene fjernet og endret mange ord og skriftsteder. Dette manuskriptet har nylig blitt oppdaget i Alexandria i Egypt.

Dette er et fantastisk bevis på at Bibelen ble endret og forvansket i Alexandria av deres korrupte religiøse og politiske ledere.

King James versjon av Bibelen sier:

Hele Skriften er gitt ved Guds inspirasjon og er nyttig til lærdom, til overbevisning, til rettledning og til undervisning i rettferdighet:
(2 Tim 3:16 KJV)

For det første skal vi vite at ingen profeti i Skriften er av noen egen tolkning. For profetien kom ikke i gammel tid ved et menneskes vilje, men hellige Guds menn talte som de ble beveget av Den Hellige Ånd.
(2. Peter 1: 20-21)

Dette sanne Guds ord er skrevet av den eneste ene Gud.

Guds ord er evig:

For sannelig sier jeg eder: Inntil himmel og jord forgår, skal ikke en tøddel eller en tøddel utgå av loven, før alt er oppfylt.
(Matteus 5:18)

Og det er lettere for himmel og jord å forgå enn at en tøddel av loven skal svikte. (Lukas 16:17)

Ikke legg til eller trekk fra Guds ord:

Guds ord kan ikke trekkes fra, legges til eller fordreies:

For jeg vitner for hver den som hører ordene i denne bokens profeti: Om noen legger noe til dette, da skal Gud legge til de plager som er skrevet i denne bok: Og dersom noen tar bort noe av det som er skrevet i denne profetiske bok, da skal Gud ta hans del bort fra livets bok og fra den hellige stad og fra det som er skrevet i denne bok. (Åpenbaringen 22:18-19)

Dere skal ikke legge noe til det ord som jeg befaler dere, og dere skal ikke gjøre noe mindre av det, for at dere skal holde Herrens, deres Guds bud som jeg befaler dere. (5. Mosebok 4:2)

Guds ord er levende og skarpere enn et tveegget sverd:

Hvert Guds ord er __rent__, og han er et skjold for dem som setter sin lit til ham. (Ordspråket 30:5)

Salme 119 forteller oss at Guds ord hjelper oss til å holde oss rene og vokse i troen. Guds ord er den eneste rettesnoren for å leve et rent liv.

Ditt ord er en __lykt__ for mine føtter og et __lys på__ min sti. (Salmene 119:105)

Vi er født på ny, ikke av forgjengelig sæd, men av uforgjengelig, ved __Guds ord,__ som lever og blir til evig tid. (1. Peter 1:23)

Av de mange engelske versjonene som er tilgjengelige i dag, er det bare King James Version (1611) som uten unntak følger den overlegne tradisjonelle masoretiske hebraiske teksten. Denne omhyggelige metoden ble brukt av masorittene da de laget kopier av Det gamle testamentet. Dette er et troverdig bevis på at Guds løfte om å bevare sitt ord aldri har sviktet.

Gud kommer til å bevare sitt ord:

> *Herrens ord er **rene ord**, som sølv som er prøvet i en ovn av jord, renset syv ganger. Du skal bevare dem, Herre, **du skal bevare dem fra denne slekt til evig tid**. (Salmene 12,6.7)*

Dagens teknologi har bevist hvor nøyaktig og sann King James Version Bible er.

The Journal of Royal Statistical Society and Statistical Science er et nytt forskningsorgan:

Hebraiskforskere, to matematikere fra Harvard og to fra Yale, tok i bruk disse to statistiske vitenskapelige teknikkene og ble forbløffet over nøyaktigheten i KJV-bibelen. De gjorde en informativ datastudie ved hjelp av ekvidistant bokstavrekkefølge. De skrev inn et navn fra de fem første bøkene (Toraen) i KJV-bibelen, og når de skrev inn navnet, kunne den ekvidistante bokstavsekvenseringstesten automatisk fylle ut personens fødselsdato, dødsdato og byen der de ble født og døde. De fant ut at dette var den mest nøyaktige rapporten. Den registrerte personer som levde i begynnelsen av århundret, med enkle og nøyaktige resultater. Dette var enkle tester, men funnene var svært nøyaktige.

Den samme teknikken mislyktes da de satte navnene som ble brukt i NIV, New American Standard Version, The Living Bible og andre språk og oversettelser fra disse versjonene. Denne metoden beviser unøyaktigheten av korrupte kopier av Bibelen.

De prøvde den samme matematiske analysen for den samaritanske Mosebøkene, så vel som Alexandria-versjonen, og det fungerte heller ikke.

Åpenbaringsboken forteller oss det:

*Og om noen tar bort fra ordene i denne profetiens bok, skal Gud ta
hans del bort fra livets bok og fra den hellige stad og fra det som er
skrevet i denne bok. (Åpenbaringen 22:19)*

Med denne studien kom de til den konklusjon at KJV-bibelen er den
mest sannferdige Bibelen vi har i dag.

En gresk tekst basert på den masoretiske teksten og Textus Receptus:
(betyr ganske enkelt tekster mottatt av alle) som opprinnelig ble
skrevet, ligger til grunn for KJV-bibelen. Over fem tusen manuskripter
stemmer 99 % overens med KJV-bibelen.

KJV-bibelen er offentlig eiendom og trenger ingen tillatelse for å bli
brukt til oversettelse.

De moderne bibelversjonene bruker ikke den hebraiske masoretiske
teksten. De har brukt Leningrad Manuscript, redigert av Septuaginta,
en korrupt gresk versjon av Det gamle testamente. Begge disse falske
Biblia Hebraica hebraiske tekster tilbyr i sine egne fotnoter foreslåtte
endringer. Falske hebraiske tekster, BHK eller BHS, brukes for Det
gamle testamente i alle de moderne versjonene for oversettelser.

Den tradisjonelle masoretiske hebraiske teksten som ligger til grunn for
KJV er nøyaktig den samme som det opprinnelige manuskriptet. I dag
har arkeologer funnet alle bøkene i Bibelen, noe som beviser at KJV-
bibelen er den eksakte oversettelsen av den opprinnelige boken.

Guds ord har forandret seg:

Bibelen sier at Guds ord er vårt sverd og brukes som det eneste
angrepsvåpen mot fienden; men i moderne oversettelser kan Guds ord
ikke brukes som et angrep eller sverd mot fienden. Det har vært så
mange endringer i Guds ord at når vi ser personen som bruker de

moderne oversettelsene, er de ustabile, deprimerte, engstelige og har følelsesmessige problemer.

Dette er grunnen til at psykologi og medisin har kommet inn i kirken; nye oversettelser er ansvarlige for denne årsaken.

La oss se på noen få endringer og den subtile årsaken bak:

Vi vil se endringer i følgende versjoner av Bibelen. Jeg nevner noen få av versjonene, men det er mange andre versjoner og oversettelser som er gjort fra denne Bibelen som du også kan gjøre din egen forskning på. New Living Translation, English Standard Version, New American Standard Bible, International Standard Version, American Standard Version, Jehovas vitners bibel og NIV-bibelen og andre oversettelser.

*KJV: Lukas 4:18 Herrens Ånd er over meg, fordi han har salvet meg til å forkynne evangeliet for de fattige; han har sendt meg for å **helbrede** dem **som har** et sønderknust **hjerte**, for å forkynne utfrielse for de fangne og gjenvinne synet for de blinde, for å sette de forslåtte i frihet,*

Dette skriftstedet sier at Han helbreder dem som har et knust hjerte.

I NIV står det Lukas 4,18: "Herrens Ånd er over meg, fordi han har salvet meg til å forkynne gode nyheter for de fattige. Han har sendt meg for å forkynne frihet for fanger og at blinde skal få synet tilbake, for å sette undertrykte fri;

(Heal the brokenhearted er utelatt fra NIV og andre versjoner også. Moderne oversettelser kan ikke helbrede et sønderknust hjerte).

*KJV: Markus 3:15: Og å ha **makt til å helbrede sykdommer** og drive ut djevler:*

NIV: Markus 3:15: Og å ha myndighet til å drive ut demoner.

("**Og å ha kraft til å helbrede sykdommer**" er utelatt i NIV og andre oversettelser. Du er maktesløs til å helbrede de syke).

*KJV: Apg 3:11 Og da den **lamme mann som var blitt helbredet**, holdt Peter og Johannes, løp alt folket sammen til dem i det våpenhus som kalles Salomos, og undret sig meget.*

NIV: Apg 3,11: "Mens tiggeren holdt fast i Peter og Johannes, ble hele folket forbløffet og kom løpende til dem på det stedet som kalles Salomos søylegang.

NIV-bibelen har fjernet: **"Den lamme mannen som ble helbredet"**, som er nøkkelverset.

I tillegg til dette har NIV fjernet "Mercy Seat" femtitre ganger. Guds barmhjertighet er utelatt. Ordet Blod er utelatt førtien ganger.

Efeserbrevet 6,4 taler om å pleie menigheten... Ordet "pleie" kommer av ordet "pleie". Som å holde og ta vare på et spedbarn, nærer Gud oss og ydmyker oss, men noen moderne versjoner sier "disiplin" og "tukt".

*KJV Daniel 3:25b sier: og den fjerdes skikkelse er lik **Guds Sønns**.*

*NIV Daniel 3:25b: har forandret ordene; og den fjerde ser ut som en **gudesønn**."*

Guds sønn er ikke gudenes sønn ... dette vil støtte polyteisme.

Ved å endre "The" til "A" vil du støtte andre religioner. Eksempel: Et evangelium, en sønn, en frelser....JESUS ER IKKE DEN ENESTE FRELSEREN?!?!??

Det står i Bibelen:

Jesus sa til ham: "Jeg er veien, sannheten og livet; ingen kommer til Faderen uten ved meg. (KJV Johannes 14:6)

*KJV: Matteus 25,31: "Når Menneskesønnen kommer i sin herlighet, og alle de **hellige engler** med ham, da skal han sitte på sin herlighets trone.*

*NIV: Matteus 25,31: "Når Menneskesønnen kommer i sin herlighet, og alle **englene** med ham, skal han sitte på sin trone i himmelsk herlighet.*

(NIV har fjernet ordet "hellig". Vi vet at Bibelen også snakker om onde og uhellige engler)

Gud er hellig:

NIV har også fjernet Den hellige ånd eller Den hellige ånd fra noen steder. Dette er bare noen få eksempler på mange endringer i NIV, NKJV, Katolsk Bibel, Latinsk Bibel, American Standard Version, Revised Standard Version, Gresk og Hebraisk Bibel og også andre versjoner av Bibelen, som ble oversatt fra den gamle, korrupte Alexandrinske Skrift og NIV.

Følgende beviser at NIV-bibelen er Antikrist:

Mange ord som Jesus Kristus eller Kristus, Messias, Herre, osv. har blitt fjernet fra NIV og andre oversettelser av Bibelen. Bibelen sier hvem Antikrist er.

Antikrist:

Hvem er en løgner om ikke den som fornekter at Jesus er Kristus? Han er antikrist, den som fornekter Faderen og Sønnen. (KJV 1 Johannes 2:22)

*Vår Herre **Jesu Kristi** nåde være med dere alle. Amen. (KJV: Åpenbaringen 22:21)*

Herren Jesu nåde være med Guds folk. Amen.

197

(NIV: Åpenbaringen 22:21 har fjernet __Kristus__).

KJV John 4:29: Kom, se en mann, som fortalte meg alt det jeg noen gang gjorde; er ikke dette Kristus?

NIV sier Johannes 4:29 "Kom og se en mann som har fortalt meg alt jeg noen gang har gjort. Kan dette være Kristus?"

(Kristi guddom trekkes i tvil) Ved å fjerne ord, endres meningen.

Antikrist fornekter Faderen og Sønnen...

KJV: Johannes 9:35 "Du tror på __Guds Sønn__".

NIV: Endret til "Tror du på __Menneskesønnen__".

Apostlenes gjerninger 8:37 "Og Filip sa: Dersom du tror av hele ditt hjerte, så kan du gjøre det. Og han svarte og sa: Jeg tror at Jesus Kristus er Guds Sønn."

Apg 8,37; hele verset er fjernet fra NIV

KJV: Galaterne 4:7 derfor er du ikke lenger en tjener, men en sønn; og hvis en sønn, så en arving __til Gud gjennom Kristus__

NIV: Galaterbrevet 4,7 så du ikke lenger er en slave, men en sønn; og siden du er en sønn, har Gud også gjort deg til arving.

NIV utelatt arving av Gud gjennom Kristus.

KJV: Efeserne 3:9 Og for å få alle mennesker til å se hva som er fellesskapet i mysteriet, som fra verdens begynnelse har vært skjult i Gud, som skapte alle ting __ved Jesus Kristus__:

NIV: Efeserne 3,9 og for å gjøre det klart for alle hvordan denne hemmelighet skal forvaltes, den som i uminnelige tider har vært holdt skjult i Gud, han som har skapt alle ting.

NIV har fjernet **"Ved Jesus Kristus"**. Jesus er skaperen av alle ting.

Jesus Kristus kommer i kjøtt og blod:

> *1 Johannes 4:3 KJV ... Og enhver ånd som ikke bekjenner at **Jesus Kristus er kommet i kjødet**, er ikke av Gud.*

> *NIV sier: Men enhver ånd som ikke vedkjenner seg Jesus, er ikke fra Gud.*

("Jesus Kristus er kommet i kjød" er fjernet)

Apostlenes gjerninger 3:13, 26 KJV sier at han er en Guds sønn. NKJV fjernet Guds sønn og sa Guds tjener.

Nye bibelversjoner vil ikke at Jesus skal være "Guds sønn". Guds sønn betyr Gud i kjøtt og blod.

> *Johannes 5:17-18 KJV men Jesus svarte dem: **Min Far** arbeider hittil, og jeg arbeider. Derfor søkte jødene desto mer å drepe ham, fordi han ikke bare hadde brutt sabbaten, men også sa at **Gud var hans far, og** gjorde seg selv **lik Gud***

KJV-bibelen definerer Jesus eller Jesus Kristus eller Herren Jesus. Men nye moderne oversettelser sier "han eller ham" i stedet.

> *KJV: Og de synger Moses, Guds tjeners sang, og Lammets sang, idet de sier: Store og underfulle er dine gjerninger, Herre Gud, den Allmektige; rettferdige og sanne er dine veier, **du de helliges konge.** (Åpenbaringen 15:3)*

> *NIV: og sang sangen om Moses, Guds tjener, og sangen om Lammet: "Store og underfulle er dine gjerninger, Herre Gud, den allmektige. Rettferdige og sanne er dine veier, du **evighetenes konge**. (Åpenbaringen 15:3)*

(Han er de helliges konge, de som er født på ny. Som er døpt i Jesu navn og har mottatt Hans Ånd).

> KJV: Og **Gud** skal tørke bort alle tårer fra deres øyne;
> (Åpenbaringen 21:4)

> NIV: **Han skal** tørke hver tåre av deres øyne. (Åpenbaringen 21:4)

"**Gud**" er endret til "Han". Hvem er "Han"? (Dette vil støtte andre religioner.)

> KJV: Og jeg så, og se, et lam stod på Sions berg, og med ham et hundre og førti [og] fire tusen, som hadde sin **Faders navn** skrevet i pannen. (Åpenbaringen 14:1)

> NIV: Da så jeg, og foran meg stod Lammet på Sions berg, og sammen med ham 144 000 som hadde **hans navn og hans Faders navn** skrevet på pannen. (Åpenbaringen14: 1)

> NIV har lagt til "Hans navn" med "Hans fars navn", som nå er to navn.

> Joh 5,43b: Jeg er kommet i min Faders navn.

Så Faderens navn er Jesus. Jesus på hebraisk betyr
Jehova Frelser

> Sakarja 14:9 Og Herren skal være konge over hele jorden; på den dag skal det være én Herre, og hans **navn** skal være **ett**

> KJV Jesaja 44: 5 En skal si: Jeg er Herrens; og en annen skal kalle seg ved Jakobs **navn**; og en annen skal undertegne med sin hånd til Herren og kalle seg ved navnet Israel.

> NIV: Jesaja 44,5 En vil si: "Jeg tilhører Herren", en annen vil kalle seg Jakob, en annen igjen vil skrive på sin hånd: "Herren tilhører", og han vil ta navnet Israel.

(NIV Fjernet ordet **etternavn**)

Nå hører vi at boken "Hyrden Hermas" kommer til å bli introdusert i den moderne versjonen av Bibelen. Hermas bok sier: "Ta navnet, overgi dere til dyret, dann en verdensregjering, og drep dem som ikke tar imot Navnet. (Jesus er ikke navnet de refererer til her)

KJV Åpenbaringen 13:17: Og ingen kunne kjøpe eller selge, unntatt den som hadde merket eller dyrets navn eller tallet på dets navn.

Og bli ikke overrasket hvis Åpenbaringsboken forsvinner fra Bibelen. Åpenbaringsboken er stedet hvor fortiden, nåtiden og det som skal komme er nedtegnet. Hyrden fra Hermas finnes i Sinaiticus-manuskriptet, som ligger til grunn for NIV-bibelen.

Symboler:

Hva er betydningen av symbolet og hvem bruker dette symbolet:
Et **symbol** er for eksempel et bestemt merke som representerer en viss informasjon; en rød åttekant kan være et symbol for "STOPP". På et kart kan et bilde av et telt representere en campingplass.

666 =

Profetiens bok sier:

Her er visdom. Den som har forstand, skal telle dyrets tall, for det er et menneskes tall, og dets tall er seks hundre og seksti seksti.
(Åpenbaringen 13:18)

Dette symbolet eller logoen av en sammenvevd 666 (gammelt treenighetssymbol) brukes av folk som tror på treenighetslæren.

Gud er ikke treenigheten eller tre forskjellige personer. Den ene Gud Jehova kom i kjødet, og nå virker Hans Ånd i Kirken. Gud er Én, og vil alltid være Én.

Men Apostlenes gjerninger 17:29 sier: For så sant vi er Guds avkom, skal vi ikke tro at Guddommen er som gull, sølv eller stein, uthugget av kunst og menneskeverk.

(Å lage et symbol for å representere Guddommen er i strid med Guds ord) New Agers innrømmer at tre sammenvevde seksere eller "666" er et merke for Dyret.

Bibelen advarer oss om at Satan er en forfalskning:

"Og det er ikke til å undres over, for Satan selv er forvandlet til en lysets engel. Derfor er det ikke noe stort om også hans tjenere blir forvandlet til rettferdighetens tjenere." (2. Korinterbrev 11:14-15)

Satan er til syvende og sist en forfalskning:

Jeg vil stige opp over skyenes høyder, jeg vil være som den høyeste. (Jesaja 14,14)

Jeg vil være som den høyeste Gud. Det er åpenbart at Satan har forsøkt å ta bort Jesu Kristi identitet ved å endre Guds Ord. Husk at Satan er subtil, og hans angrep er på "Guds ord".

New King James Version:

La oss se denne versjonen av Bibelen kalt NKJV. New King James Version er **ikke** en King James Version. King James Version Bible ble oversatt av 54 hebraiske greske og latinske teologer, i 1611.

Den nye King James-versjonen ble først publisert i 1979. Ved å studere den nye KJV vil vi finne ut at denne versjonen ikke bare er den dødeligste, men veldig bedragersk for Kristi legeme.

Hvorfor??????

NKJV-utgiveren sier:

.... At det er en King James Bible som ikke er sant. KJV har ingen kopieringsrett; du kan oversette den til hvilket som helst språk uten å få tillatelse. NKJV har en kopieringsrett som eies av Thomas Nelson Publishers.

.... At den er basert på Textus Receptus, som bare er en delvis sannhet. Dette er et annet subtilt angrep. Vær forsiktig med denne nye KJV. Du vil finne ut om et øyeblikk hvorfor.

New King James Bible hevder å være King James Bible, bare bedre. "NKJV" har utelatt og endret mange vers.

Tjueto ganger blir "helvete" endret til "Hades" og "Sheol". Den sataniske New Age-bevegelsen sier at "Hades" er en mellomtilstand av renselse!

Greskerne tror at "Hades" og "Sheol" er en underjordisk bolig for de døde.

Det er mange strykninger av følgende ord: omvendelse, Gud, Herre, himmel og blod. Ordene Jehova, djevler og fordømmelse, og Det nye testamente er fjernet fra NKJV.

Misforståelser om frelse:

KJV	NKJV
1. Korinterbrev 1:18	
"Er frelst"	Å bli frelst.
Hebraisk 10:14	
"Er helliget"	blir helliggjort.
Andre Korinterbrev 10:5	
"Kaster ned fantasien"	Kaster ned argumenter.
Matteus 7:14	
"Smal vei" II	Vanskelig måte
Korinterbrevet 2:15	
"Er frelst"	Å bli frelst

"Sodomitter" er endret til "perverterte personer". NKJV er en antikristelig fordreid versjon

Satans største angrep er på Jesus som Gud.

NIV: Jesaja 14,12 er et subtilt angrep på Herren Jesus som er kjent som **Morgenstjernen**.

Som du er falt ned fra himmelen, du morgenstjerne, morgenrødens sønn! Du er blitt kastet ned på jorden, du som en gang la folkeslagene i grus!

(NIV har fotnoter til dette skriftstedet 2 Peter 1:19 "Og vi har fått profetenes ord gjort mer sikkert, og dere gjør klokt i å være oppmerksomme på det, som på et lys som skinner på et mørkt sted, inntil dagen gryr og morgenstjernen går opp i hjertene deres."

Ved å legge til **Morgenstjerne** og gi en annen referanse i Åpenbaringen 2:28 villeder leseren, at Jesus er Morgenstjernen, som har falt).

Men i Jesaja 14:12 står det: "Hvordan er du falt fra himmelen, Lucifer, morgenens sønn! [Hvordan er du hugget ned til jorden, du som svekket folkeslagene!"

(NIV-bibelen har fjernet Lucifers navn og erstattet "morgenens sønn" med "**Morgenstjernen**". I Åpenbaringsboken omtales Jesus som "Morgenstjernen".

Jeg, Jesus, har sendt min engel for å vitne for dere om dette i menighetene. Jeg er Davids rot og avkom, og den klare morgenstjerne (KJV 22:16).

NIV-versjonen av Jesaja 14,12 misforstår altså den bibelske betydningen ved å si at Jesus har falt ned fra himmelen og lagt folkeslagene i grus). KJV-bibelen sier at Jesus er den klare morgenstjernen.

*"Jeg, Jesus, har sendt min engel for å vitne for dere om dette i menighetene. Jeg er Davids rot og avkom, **og den klare morgenstjerne**." (Åpenbaringen 22:16 KJV)*

KJV:

Vi har også et sikrere profetisk ord, som dere gjør vel i å gi akt på, som på et lys som skinner på et mørkt sted, inntil dagen gryr og dagstjernen går opp i deres hjerter: (KJV 2 Peter 1:19).

*Og han skal herske over dem med jernstav, og de skal knuses som pottemakerens kar, likesom jeg har fått det av min Fader. Og jeg vil gi ham **morgenstjernen**. (KJV Åp. 2:27-28)*

Moderne oversettelser imøtekommer alle religioner ved å bruke "han" eller "ham" i stedet for Jesus, Kristus eller Messias, og ved å fjerne mange ord og vers om Jesus. Disse oversettelsene beviser at Herren Jesus ikke er Skaperen, Frelseren eller Gud i kjødet; de gjør ham bare til nok en myte.

Disse frafalne mennene produserte et manuskript til en bibel som var mer etter deres egen smak. De angrep Jesu Kristi guddom og andre læresetninger i Bibelen. Veien var banet for en New Age-bibel som skulle gi opphav til én verdensreligion. Når alle kirker og religioner slår seg sammen, vil det føre til "én verdensreligion".

Nå forstår du hvilken utspekulert og utspekulert plan Satan har lagt. Han våget til og med å endre Guds ord. Satan utviklet en bedragersk plan for å forvirre folk!

Husk hva Satan sa:

Jeg vil stige opp over skyenes høyder, jeg vil være som den Høyeste.
(Jesaja 14,14)

D.

KJV Vs moderne bibel: Endringer som har blitt lagt til eller tatt bort.

NIV OVERSETTELSE:

Den greske teksten til Westcott & Hort kommer fra Sinaiticus- og Vaticanus-manuskriptene. Den tidlige kirken fant det å være et subtilt angrep på Guds ord ved å utelate og endre sannheten i Bibelen. Sinaiticus (Aleph) og Vaticanus (Codex-B) har begge blitt avvist av den tidlige kirken og beundret av falske lærere. Kilden til NIV-bibelen er basert på Westcott & Hort korrupte versjoner som du finner i NIV-fotnotene. Vi har ingen mulighet til å vite hvordan og hvor denne greske teksten til Westcott & Hort stammer fra, uten omfattende forskning. Når vi ser referanser fra Westcott og Hort, tror vi vanligvis på dem uten å stille spørsmål, rett og slett fordi de er trykt i en bibel.

NIV-bibelen er beundret fordi folk mener at den er lettere å forstå siden den gamle engelsken har blitt endret til moderne ord. Faktisk har KJV-bibelen det enkleste språket som kan forstås av alle aldre. KJV-vokabularet er enklere enn NIV-vokabularet. Bare ved å endre ord som

Elizabeth Das

du, din, du og din, tror folk at det er lettere å lese. Som du vet, blir Guds
ord bare forklart av Den Hellige Ånd, som er skrevet av Gud. Guds
Ånd er i KJV som hjelper oss til å forstå Hans forståelse. Det er ikke
nødvendig med endringer i Guds Ord; men det sanne Ordet trenger å
endre vår tenkning.

Så mange kirker aksepterer nå NIV-versjonen i stedet for KJV. Å gjøre
små endringer over tid preger vår tenkning, og det blir en subtil måte å
hjernevaske oss på. Endringene som NIV-bibelen har gjort i sin
versjon, er en subtil utvanning av evangeliet. Disse endringene er for
det meste mot Herren Jesu Kristi herredømme. Når dette er oppnådd,
finner mange religioner det lettere å akseptere NIV-bibelen fordi den
da støtter deres doktriner. Dette blir i sin tur til "interreligiøsitet", målet
for den ene verdensreligionen som omtales i Åpenbaringen.

KJV var basert på den bysantinske familien av manuskripter som ofte
ble kalt Textus Receptus-manuskriptene. NKJV (New King James
Version) er den verste oversettelsen. Den avviker fra KJV 1200 ganger.
New King James-versjonen er definitivt ikke den samme som King
James-versjonen. MKJV er heller ikke KJV. De fleste
bibeloversettelser er ikke en annen versjon, men en perversjon, og er
avvikende fra sannheten.

Følgende vers finnes ikke i **NIV og andre moderne oversettelser**.
Følgende er en liste over "utelatelser" i NIV.

Jesaja 14:12

*KJV: Jes.14:12: Hvor er du falt ned fra himmelen, **Lucifer,
morgenens sønn**! Hvor er du hugget ned til jorden, du som svekket
folkeslagene!*

*NIV Jes.14:12 hvordan du er falt ned fra himmelen, du
morgenstjerne, morgenrødens sønn! Du er kastet ned på jorden, du
som en gang la folkeslagene i grus!*

(NIV-bibelen har tatt ut Lucifer og erstattet "sønn av morgenstjernen" med "Morgenstjernen". Dette forleder deg til å tro at "JESUS", som er "MORGENSTJERNEN", har falt ned fra himmelen.

> *Jeg, Jesus, har sendt min engel for å vitne for dere om dette i menighetene. Jeg er Davids rot og avkom, og den lysende og* ___morgenstjerne___*. (KJV Åpenbaringen 22: 16)*

(Jesus er morgenstjernen)

Jesaja 14,12 (NIV) er et svært forvirrende skriftsted. Folk tror at Jesus er falt ned fra himmelen og hugget ned.

NIV gjør Lucifer (Satan) lik Jesus Kristus; dette er blasfemi av høyeste orden. Dette er grunnen til at noen mennesker ikke tror på Jesus Kristus siden de ser ham lik Satan.

Daniel 3:25

> *KJV: Dan.3:25 Han svarte og sa: Se, jeg ser fire menn gå løse midt i ilden, og de har ingen skade; og den fjerdes skikkelse er lik* ___Guds Sønns___*.*

> *NIV: Dan. 3:25 Han sa" :Se, jeg ser fire menn gå omkring i ilden, ubundet og uskadd, og den fjerde ser ut som en* ___gudesønn___*."*

(Ved å endre Guds sønn til ___gudenes sønn___ vil man imøtekomme troen på polyteisme, og dette vil støtte andre religioner).

Matteus 5:22

> *KJV Mt.5:22 Men jeg sier eder: Den* ___som uten grunn blir vred på sin bror,___ *skal stå i fare for dommen; og den som sier til sin bror: Raca, skal stå i fare for rådet; men den som sier: Du dåre, skal stå i fare for helvetes ild.*

*NIV Mt.5:22 Men jeg sier dere at enhver som **er sint på sin** bror, vil bli utsatt for dom. Igjen, den som sier til sin bror: "Raca!", skal stå **til ansvar for Sanhedrin**. Men den som sier: "Din dåre!", står i fare for helvetes ild.*

(KJV Bibelen sier, **sint uten grunn** NIV sier bare sint. Sannheten i Ordet er at vi kan bli **sinte** hvis det er grunn til det, men vil ikke la solen gå ned på det).

Matteus 5:44

*KJV Mt.5:44 Men jeg sier dere: Elsk deres fiender, **velsign dem som forbanner** dere, gjør godt mot dem som hater dere, og be **for dem som forakter dere og** forfølger dere;*

NIV Mt.5:44 Men jeg sier dere: Elsk deres fiender, og be for dem som forfølger dere,

(Uthevet i KJV er fjernet fra NIV-bibelen)

Matteus 6:13

*KJV Mt. 6:13 Og led oss ikke inn i fristelse, men frels oss fra det onde: **For riket er ditt og makten og æren i all evighet. Amen**.*

*NIV Mt. 6:13 Og led oss ikke inn i fristelse, men frels oss fra den Den **onde.***

(Den onde, ikke den onde. ***For riket og makten og æren er ditt i all evighet. Amen**:* fjernet fra NIV)

Matteus 6:33

*KJV Mt 6:33 Men søk først **Guds rike** og hans rettferdighet; og alt dette skal legges til dere.*

*NIV Mt 6:33 Men søk først hans rike og **hans** rettferdighet, så skal alt dette også bli gitt dere.*

(**Guds rike** er erstattet av "hans" rike ... NIV erstattet Gud med hans. Hvem er "hans"?)

Matteus 8:29

*KJV Mt.8:29 Og se, de ropte og sa: Hva har vi med deg å gjøre, **Jesus**, du Guds Sønn? Er du kommet hit for å pine oss før tiden? (Spesifikk)*

*NIV Mt.8:29 "Hva vil du med oss, **Guds Sønn**?" ropte de. "Har du kommet hit for å torturere oss før tiden?"*

(**Jesus** er ute av NIV-bibelen, og de beholdt bare Guds sønn ... *Jesus* er Guds sønn. Guds sønn betyr den allmektige Gud som vandrer i kjøtt).

Matteus 9:13b

*KJV Mt.9:13b for jeg er ikke kommet for å kalle de rettferdige, men syndere **til omvendelse**.*

NIV Mt.9:13b for jeg er ikke kommet for å kalle de rettferdige, men syndere.

(**Å omvende** seg er ute. Omvendelse er det første skrittet; du vender deg bort fra synd og en syndig livsstil ved å innse og bekjenne at du tok feil).

Matteus 9:18

*KJV: Mt 9:18 Mens han talte dette til dem, se, da kom det en hersker **og tilbad** ham og sa: Min datter er død nå; men kom og legg din hånd på henne, så skal hun leve.*

(Tilba Jesus)

*NIV Mt 9:18 Mens han sa dette, kom en hersker **og knelte foran ham** og sa" :Min datter er nettopp død. Men kom og legg din hånd på henne, så skal hun leve. "*

(Tilbedelse **endres til kneling**. Tilbedelse gjør Jesus til Gud).

Matteus 13:51

*KJV Mt 13:51 Jesus sier til dem: Har I forstått alt dette? De sier til ham: **Ja, Herre**!*

NIV Mt 13:51 "Har dere forstått alt dette?" spurte Jesus.

(JESUS ER HERREN. NIV tok ut **Yea Lord**; Utelatelse av Jesu Kristi herredømme)

Matteus 16:20

*KJV Mt 16:20 Da befalte han disiplene sine at de ikke skulle fortelle noen at han var **Jesus** Kristus.*

(Navnet "JESUS" er fjernet fra flere vers i NIV-bibelen).

NIV Mt 16:20 Da advarte han disiplene sine mot å fortelle noen at han var Kristus.

(Hvem er "han"? Hvorfor ikke Jesus, Kristus? "Kristus" betyr Messias, denne verdens frelser: Johannes 4:42.)

Matteus 17:21

KJV: Mt 17:21: Men slike går ikke ut uten ved bønn og faste.

(Bønn og faste vil rive ned djevelens sterke grep. Faste dreper vårt kjød.)

NIV tok ut skriftstedet fullstendig. Det er også slettet fra Jehovas vitners "bibel". Nåtidens faste er endret til Daniels diett. Dette er en annen løgn. (Faste er ingen mat og ikke vann. Å spise er ikke å faste, og å faste er ikke å spise eller drikke)

Noen få eksempler på bibelsk faste i KJV-bibelen

Ester 4:16 KJV:

*Gå hen og samle sammen alle jøder som er i Susan, og **fast** for min skyld; i **tre** dager skal **I hverken spise eller drikke,** hverken dag eller natt: Også jeg og mine* piker *skal **faste**, og jeg vil gå inn til kongen, og det er ikke efter loven; og om jeg går fortapt, så går jeg **fortapt**.*

*Jona 3: 5, 7 KJV Så folket i Ninive trodde Gud og **forkynte en faste og** tok på seg sekk, fra den største av dem til den minste av dem. Og han lot det forkynne og kunngjøre i hele Ninive ved kongens og hans adelsmenns befaling og sa: "Hverken mennesker eller dyr, flokk eller hjord, **skal få smake noe som helst; de** skal **ikke ete eller drikke vann:***

Matteus 18:11

*KJV Mt 18,11: **For Menneskesønnen er kommet for å frelse det som var fortapt.***

(Dette verset er strøket fra NIV og mange andre versjoner av Bibelen. Jesus skal ikke være den eneste Frelseren. Mason lærer at vi kan frelse oss selv, og at du ikke trenger Jesus).

Matteus 19:9

*KJV: Mt 19:9: Og jeg sier eder: Den som skiller sig fra sin hustru, uten at det er på grunn av utukt, og gifter sig med en annen, han driver hor; og den **som gifter sig med den som er skilt fra ham, han driver hor.***

> *NIV: Mt 19,9 Jeg sier dere at den som skiller seg fra sin hustru, unntatt på grunn av utroskap, og gifter seg med en annen kvinne, begår ekteskapsbrudd."*

("den som gifter seg med den som er fradømt, begår ekteskapsbrudd;" er utelatt)

Matteus 19:16,17

> *KJV Mt 19:16 Og se, en kom og sa til ham: **Gode Mester**, hva godt skal jeg gjøre, så jeg kan få evig liv?*

> *17 Og han sa til ham: Hvorfor kaller du meg god? Det er ingen god uten én, nemlig Gud; men hvis du vil gå inn til livet, så hold budene.*

> *NIV Mt 19:16 Nå kom en mann bort til Jesus og spurte" :Lærer, hva godt må jeg gjøre for å få evig liv?*

> *17 "Hvorfor spør du meg om hva som er godt?" Jesus svarte. "Det er bare én som er god. Hvis du vil gå inn i livet, skal du holde budene.*

(Jesus sa: "Hvorfor kaller dere meg god?" Bare Gud er god, og hvis Jesus er god, må han være Gud. God Mester er endret til "Lærer" i NIV, og meningen går tapt. Noen religioner støtter også troen på selvfrelse).

Matteus 20:16

> *KJV Mt 20:16: Så skal de siste bli de første, og de første de siste; **for mange er kalt, men få er utvalgt**.*

(Det er viktig hva vi velger. Du kan gå deg vill hvis du ikke velger riktig)

NIV OG RSV

> *NIV Mt. 20:16: "Så de siste skal bli de første, og de første skal bli de siste."*

(ikke bry deg om å velge)

Matteus 20:20

KJV Mt 20:20: Da kom Sebedees barns mor til ham med sine sønner **og tilbad** *ham og ønsket noe bestemt av ham.*

NIV Mt 20,20: Da kom moren til Sebedeus' sønner til Jesus med sine sønner, og da hun **knelte ned, ba** *hun ham om en tjeneste.*

(Tilbedelse eller kneling ...?: Hvis man ser bort fra Jesu Kristi herredømme, tilber jødene bare én Gud)

Matteus 20:22, 23

KJV Mt 20:22, 23: Men Jesus svarte og sa: Dere vet ikke hva dere ber om. Kan I drikke av det beger som jeg skal drikke av, og bli **døpt med den dåp som jeg er døpt med**? *De sier til ham, vi er i stand til.*

Og han sa til dem: I skal drikke av mitt beger og bli **døpt med den dåp som jeg er døpt** *med; men å sitte på min høyre og på min venstre side, det er ikke mitt å gi, men det skal gis dem som min Fader har beredt det for.*

(Kan du gå gjennom de lidelsene jeg gikk gjennom?)

NIV Mt 20,22.23: "Dere vet ikke hva dere ber om," sa Jesus til dem. "Kan dere drikke det begeret jeg skal drikke?" "Ja, det kan vi," svarte de. Jesus sa til dem: "Dere skal få drikke av mitt beger, men å sitte til høyre eller venstre for meg kan jeg ikke gi dere. Disse plassene tilhører dem som min Far har beredt dem for."

(Alle uthevede og understrekede setninger i KJV er fjernet fra NIV)

Matteus 21:44

*KJV Mt 21:44: Og hver den som faller på denne steinen, skal knuses; men den som den faller på, skal den **male til pulver.***

NIV Mt 21,44: "Den som faller på denne steinen, skal bli knust, men den som den faller på, skal bli knust. "

(Kvern ham til pulver er fjernet)

Matteus 23:10

*KJV Mt 23:10: La dere heller ikke kalles **herrer**, for én er deres **Herre, Kristus.***

NIV Mt 23,10: Heller ikke dere skal kalles 'lærer', for dere har én lærer, Kristus.

(Du må bringe Gud ned på mystikernes nivå slik at Jesus blir en annen mystiker. Sannheten er at Kristus tilfredsstiller alle).

Matteus 23:14

KJV: Mt 23:14: Ve dere, skriftlærde og fariseere, hyklere! For dere fortærer enkenes hus og ber lenge for å late som om dere ber; derfor skal dere få den største forbannelse.

(NIV, New L T, English Standard Version New American Standard Bible og New world translations har dette verset strøket. Sjekk det selv i din egen bibel).

Matteus 24:36

KJV: Mt 24:36: Men om den dag og time vet ingen, ikke himmelens engler, men bare min Far.

*NIV: Mt 24,36: "Ingen vet om den dagen eller timen, ikke engang englene i himmelen **eller Sønnen**, men bare Faderen.*

("heller ikke sønnen" er lagt til i NIV-bibelen. Johannes 10:30 **Jeg og min Far er ett**. Så Jesus kjenner sin kommende tid. Dette innebærer at Jesus ikke er i Guddommen. Men i de dager, etter den trengsel, skal solen bli formørket, og månen skal ikke gi sitt lys, Markus 13:24. Det vil være vanskelig å si hva tiden er).

Matteus 25:13

KJV: Mt 25:13 Våk derfor, for dere kjenner verken dagen eller timen **da Menneskesønnen kommer.**

NIV: Mt 25,13 "Våk derfor, for dere kjenner ikke dagen eller timen."

("**Hvor Menneskesønnen kommer**." Utelater hvem som kommer tilbake? Hvilken klokke?)

Matteus 25:31

*KJV: Mt 25:31 Når Menneskesønnen kommer i sin herlighet, og alle de **hellige engler** med ham, da skal han sitte på sin herlighets trone*

*NIV: Mt 25,31 "Når Menneskesønnen kommer i sin herlighet, og alle **englene** med ham, skal han sitte på sin trone i himmelsk herlighet."*

(KJV sier alle de "hellige" englene. NIV sier bare "englene". Dette innebærer at de falne eller uhellige englene kommer sammen med Jesus. Gjør det ikke det? Det finnes en vranglære som sier at det ikke spiller noen rolle hva du gjør, godt eller ondt, du kommer likevel til himmelen. Åndene til våre døde kjære som aldri trodde på Jesus, skal komme tilbake for å fortelle sine kjære at de har det bra i himmelen, og at du ikke trenger å gjøre noe for å komme inn i himmelen. Dette er en djevelens doktrine).

Matteus 27:35

*KJV MT 27:35: Og de korsfestet ham og delte hans klær og kastet lodd, **for at det som var talt ved profeten, skulle gå i oppfyllelse: De delte mine klær mellom seg, og de kastet lodd om min kjortel.***

NIV MT 27:35: Da de hadde korsfestet ham, delte de klærne hans ved å kaste lodd.

("For at det som var sagt ved profeten, skulle gå i oppfyllelse, delte de mine klær mellom seg, og de kastet lodd om min kjortel." Fullstendig tatt ut av NIV Bible)

Markus 1:14

*KJV MARK 1:14: Etter at Johannes var blitt satt i fengsel, kom Jesus til Galilea **og forkynte evangeliet om Guds rike.***

*NIV MARK 1:14: Etter at Johannes var blitt satt i fengsel, dro Jesus til Galilea **og forkynte** det **gode budskapet om Gud.***

(Evangeliet om Guds rike er utelatt fra NIV)

Markus 2:17

*KJV Mark 2:17: Da Jesus hørte det, sa han til dem: De som er friske, har ikke behov for lege, men de som er syke: Jeg er ikke kommet for å kalle rettferdige, men syndere **til omvendelse**.*

NIV Markus 2:17: Da Jesus hørte dette, sa han til dem Det" :er ikke de friske som trenger lege, men de syke. Jeg er ikke kommet for å kalle de rettferdige, men syndere."

(Så lenge du tror det er ok, kan du gjøre hva som helst, og det er ok. Ved å endre litt på skriften er synden velkommen).

Markus 5:6

*KJV Markus 5:6: Men da han fikk se Jesus på lang avstand, løp han og **tilbad ham**,*

(Han erkjenner at Jesus er Herren Gud).

*NIV Markus 5:6: Da han fikk se Jesus på lang avstand, løp han **og falt på kne foran ham.***

(Han viser respekt som menneske, men anerkjenner ham ikke som Gud Herren).

Markus 6:11

*KJV: Markus 6:11 "Og hver den som ikke tar imot eder og ikke hører eder, når I går bort derfra, skal riste støvet under eders føtter til et vitnesbyrd mot dem. **Sannelig, jeg sier eder: På dommens dag skal** det **være mer tålelig for Sodoma og Gomorra enn for den byen.***
NIV Mark 6,11 "Og hvis noen ikke vil ta imot dere eller høre på dere, så rist støvet av føttene deres når dere går derfra, som et vitnesbyrd mot dem."

(NIV har fjernet: "Sannelig sier jeg dere: På dommens dag skal det være mer utholdelig for Sodoma og Gomorra enn for den byen." Dommen er fjernet siden de ikke tror på den, og det spiller ingen rolle hvilket valg du gjør. Alle gale ord og handlinger vil bli korrigert i skjærsilden eller reinkarnasjonen).

Markus 7:16

KJV Mark 7:16: Om noen har ører å høre med, så la ham høre

(NIV, Jehovas vitners bibel og moderne oversettelser har fjernet dette skriftstedet. WOW!)

Markus 9:24

*KJV Mark 9:24: Og straks ropte barnets far ut og sa med tårer: **Herre**, jeg tror; hjelp min vantro.*

NIV Mark 9,24: "Straks utbrøt guttens far: "Jeg tror; hjelp meg å overvinne min vantro!"

(Lord mangler i NIV. Jesu Kristi herredømme er utelatt)

Markus 9:29

*KJV Mark 9:29: Og han sa til dem: Denne slags kan ikke komme frem ved noe annet enn ved bønn og **faste.***

Markus 9,29: "Han svarte: "Slikt kan bare komme ut ved bønn."

(**Faste** blir fjernet. Ved å faste river vi ned Satans sterke grep. Å søke Guds ansikt gjennom bibelsk faste og bønn bringer den spesielle salvelsen og kraften).

Markus 9:44

KJV Mark 9:44: Hvor deres orm ikke dør, og ilden ikke slukkes.

(Skriftstedet er fjernet fra NIV, moderne overgang og Jehovas vitners bibel. De tror ikke på straff i helvete).

Markus 9:46

KJV: Markus 9:46: "Der deres orm ikke dør, og ilden ikke slukkes.

(Skriftstedet er fjernet fra NIV, moderne oversettelse og Jehovas vitners bibel. Igjen, de tror ikke på dom).

Markus 10:21

*KJV Mark 10:21: Da Jesus så ham, elsket han ham og sa til ham: Én ting mangler du: Gå din vei, selg alt du har, og gi til de fattige, så skal du få en skatt i himmelen; og kom, **ta korset opp** og følg meg.*

(Christian har et kors å bære. Det skjer en forandring i livet ditt).

NIV Markus 10:21: Jesus så på ham og elsket ham. "Én ting mangler du," sa han. "Gå og selg alt du har, og gi det til de fattige, så skal du få en skatt i himmelen. Så kom og følg meg."

(NIV har fjernet "ta opp korset", ingen grunn til å lide for sannheten. Lev slik du ønsker å leve. Korset er veldig viktig for den kristne vandring).

Markus 10:24

*KJV Mark 10:24: Og disiplene ble forbauset over hans ord. Men Jesus svarer igjen og sier til dem: "Barn, hvor vanskelig er det ikke for dem som setter **sin lit til rikdom**, å komme inn i Guds rike!*

NIV Markus 10:24: Disiplene ble forundret over hans ord. Men Jesus sa igjen: "Barn, hvor vanskelig er det ikke å komme inn i Guds rike!

("**som stoler på rikdom**" er fjernet; det er ikke behov for disse ordene i NIV-bibelen siden de vil ha almisser. Det får deg også til å føle at det er vanskelig å komme inn i Guds rike og tar motet fra deg).

Markus 11:10

*KJV Mark 11:10: Velsignet være vår far Davids rike, **som kommer i Herrens navn**: Hosianna i det høyeste.*

*NIV Markus 11:10: "Velsignet er vår far Davids **rike som kommer!**" "Hosianna i det høyeste!"*

(NIV: "som kommer i Herrens navn" er fjernet)

Markus 11:26

KJV: Markus 11:26 Men dersom dere ikke tilgir, vil heller ikke deres Far i himmelen tilgi deres overtredelser.

(Dette skriftstedet er helt fjernet fra NIV, Jehovas vitners bibel, (kalt New World Translation) og mange andre moderne oversettelser. Tilgivelse er veldig viktig, hvis du ønsker å bli tilgitt).

Markus 13:14

*KJV Mark 13:14: Men når dere får se ødeleggelsens vederstyggelighet, **som profeten Daniel har talt om**, stå der den ikke hører hjemme, (den som leser, må forstå det) da skal de som er i Judea, flykte til fjells:*

NIV Mark 13,14: "Når dere ser 'styggedommen som volder ødeleggelse' stå der den ikke hører hjemme - la leseren forstå det - så la dem som er i Judea, flykte til fjells.

(Informasjon om Daniels bok er fjernet fra NIV. Vi studerer endetiden i Daniels bok og Åpenbaringsboken. SALIGE ER DE SOM LESER ORDENE I DENNE BOKEN. Salig er den som leser, og de som hører ordene i denne **profetien** og tar vare på det som står skrevet i den; for tiden er nær. (Åpenbaringen 1:3) Ved å fjerne navnet Daniel, etterlater det deg forvirret)

Markus 15:28

KJV: Markus 15:28: Og Skriften ble oppfylt, som sier: Og han ble regnet blant overtrederne.

(Fjernet fra NIV, Jehovas vitners bibel og moderne oversettelser)

Lukas 2:14

*KJV: Lukas 2:14 Ære være Gud i **det** høyeste, og fred på jorden, **god vilje mot menneskene.***

NIV Lukas 2,14: 'Ære være Gud i det høyeste, og fred på jorden for de mennesker som hans nåde hviler på."

(Subtil endring. i stedet for "god vilje mot mennesker"; NIV-bibelen sier fred bare for visse mennesker som Gud favoriserer. Dette er også i strid med Guds prinsipp).

Lukas 2:33

*KJV Lukas 2:33: Og **Josef** og hans mor*

NIV Lukas 2:33: Barnets far og mor.

(**Joseph** er fjernet)

Lukas 4:4

*KJV Lukas 4:4 Og Jesus svarte ham og sa: Det står skrevet: Mennesket skal ikke leve av brød alene, **men av hvert Guds ord.***

NIV Lukas 4:4 Jesus svarte: "Det står skrevet: 'Mennesket skal ikke leve av brød alene.'

Satans angrep er på **GUDS ORD** I 1. Mosebok 3: Satan angrep GUDS ORD. Han har et subtilt angrep "**Men ved hvert ord fra Gud**" er fjernet fra NIV

NIV og den moderne oversettelsen av Bibelen for foramtor bryr seg ikke om Guds ord. De endrer ordlyden for å passe deres doktrine, på deres partiskhet om hva de tror det skal si. Guds ord er levende og bringer overbevisning til en selv. Når Gud overbeviser deg om synd, fører det til omvendelse. Hvis Guds ord er blitt endret, kan det ikke bringe sann overbevisning; derfor vil ingen omvendelse bli søkt. Ved å gjøre dette indikerer NIV at all religion er ok, noe vi vet ikke er sant.

Lukas 4:8

*KJV Lukas 4:8 Og Jesus svarte og sa til ham: **Kom deg bak meg, Satan!** For det står skrevet: Du skal tilbe Herren din Gud, og ham alene skal du tjene.*

(Jesus irettesatte Satan. Du og jeg kan irettesette Satan i Jesu navn).

NIV Lukas 4:8 Jesus svarte: Det"står skrevet: 'Tilbe Herren din Gud og tjen ham alene.

("**Gå bak meg, Satan**" er hentet fra NIV).

Lukas 4:18

*KJV Luke 4:18: Herrens Ånd er over meg, fordi han har salvet meg til å forkynne evangeliet for de fattige; han har sendt meg for å **helbrede de sønderknuste**, for å forkynne befrielse for de fangne og gjenvinne synet for de blinde, for å sette dem som er forslått, i frihet,*

NIV Lukas 4:18 "Herrens Ånd er over meg, fordi han har salvet meg til å forkynne godt budskap for de fattige. Han har sendt meg for å forkynne frihet for fanger og at blinde skal få synet tilbake, for å sette undertrykte fri."

("**å helbrede de sønderknuste hjerter**" er fjernet fra NIV: Mennesker som bruker denne forvanskede versjonen, er som regel engstelige, følelsesmessig ustabile og deprimerte. Å endre Guds ord tar bort kraften i Ordet. Sannheten vil gjøre deg fri, så de fjernet sannheten fra den moderne Bibelen).

Lukas 4:41

*KJV Luke 4:41: Og djevler kom også ut av mange og ropte og sa: **Du er Kristus, Guds Sønn.** Og han irettesatte dem og lot dem ikke tale; for de visste at han var Kristus.*

(Bekjenner mennesker "Du er Kristus, Guds Sønn?" Nei, med mindre det er åpenbart av Hans Ånd).

*NIV Lukas 4:41: Og det kom demoner ut av mange mennesker og ropte: "**Du er Guds Sønn**!" Men han irettesatte dem og lot dem ikke tale, for de visste at han var Kristus.*

(Ved å fjerne "**Kristus**", bekjente demonen ikke Kristus som Guds Sønn. Satan ønsker ikke at mennesker skal akseptere Jesus som Jehova Frelser, så de endrer Guds ord med en dypere intensjon. Demonen visste at Jesus er Gud i kjødet).

Lukas 8:48

*KJV Lukas 8:48: Og han sa til henne: Datter, vær til **god trøst**; din tro har gjort deg hel; gå med fred.*

NIV Lukas 8:48: Da sa han til henne: "Datter, din tro har helbredet deg. Gå med fred."

("Vær til god trøst" er utelatt fra NIV. Så trøsten er borte, du kan ikke bli trøstet ved å lese NIV-bibelen)

Lukas 9:55

*KJV Lukas 9:55: Men han vendte seg om og irettesatte dem og sa: **Dere vet ikke hva slags ånd dere er av.***

NIV Lukas 9:55: Men Jesus snudde seg og irettesatte dem.

Elizabeth Das

(NIV har fjernet disse ordene: "**Dere vet ikke hva slags ånd dere er av.**")

Lukas 9:56

*KJV: Lukas 9:56: For **Menneskesønnen er ikke kommet for å ødelegge menneskenes liv, men for å frelse dem**. Og de gikk til en annen landsby.*

NIV Luke 9:56 og de gikk til en annen landsby.

(NIV FJERNET: **Menneskesønnen er ikke kommet for å ødelegge menneskenes liv, men for å frelse dem**. Årsaken til at Jesus skal komme ødelegges ved å fjerne denne delen av skriftstedet).

Lukas 11:2-4

*KJV Lukas 11:2-4: Og han sa til dem: **Når dere ber, så si: Fader vår, du som er i himmelen**, helliget vorde ditt navn. La ditt rike komme. **La din vilje skje, som i himmelen, så også på jorden**. Gi oss hver dag vårt daglige brød. Og tilgi oss våre synder, for vi tilgir også hver den som står i gjeld til oss. Og led oss ikke inn i fristelse, **men frels oss fra det onde.***

NIV Lukas 11,2-4: Han sa til dem: "Når dere ber, så si: Fader, helliget være ditt navn! "Far, helliget vorde ditt navn, komme ditt rike. Gi oss hver dag vårt daglige brød. Tilgi oss våre synder, for vi tilgir også alle som synder mot oss. Og led oss ikke inn i fristelse."

(NIV er ikke spesifikk. Alt som er uthevet fra KJV er utelatt fra NIV og andre moderne versjoner av Bibelen)

Lukas 17:36

KJV Lukas 17:36 To menn skal være på marken; den ene skal bli tatt, og den andre blir igjen.

(NIV, Modern versjon, og Jehovas vitners bibel har fjernet hele skriftstedet)

Lukas 23:17

Luk 23,17: (For han må nødvendigvis slippe en av dem fri til dem ved festen.)

(NIV, Jehovas vitners bibel og mange moderne bibelversjoner har fjernet skriftstedet helt).

Lukas 23:38

*KJV Lukas 23:38: Og det ble også skrevet over ham med **bokstaver på gresk, latin og hebraisk**: DETTE ER JØDENES KONGE.*

NIV Lukas 23:38: Over ham var det et oppslag som lød slik DETTE ER JØDENES KONGE.

(NIV og andre moderne oversettelser har fjernet: "**i bokstaver på gresk, latin og hebraisk**", fjerner beviset på språk som ble talt på den tiden).

Lukas 23:42

*KJV Lukas 23:42: Og han sa til Jesus: **Herre**, kom meg i hu når du kommer til ditt rike.*

(Tyven innså at Jesus er Herre)

NIV Lukas 23:42: Da sa han: "Jesus, kom meg i hu når du kommer inn i ditt rike."

(Å ikke ville anerkjenne Jesu herredømme)

Lukas 24:42

KJV Lukas 24:42: Og de gav ham et stykke av en kokt fisk og av en **_honningkake_**.

NIV Lukas 24:42: De ga ham et stykke av en kokt fisk.

(Moderne bibler gir halvparten av informasjonen. "Honeycomb" mangler i NIV og andre versjoner av Bibelen)

Johannes 5:3

KJV Johannes 5:3: I disse lå en stor skare av avmektige mennesker, av blinde, halt, visne, som **_ventet på at vannet skulle bevege seg_**

NIV Johannes 5:3: Her pleide det å ligge et stort antall funksjonshemmede - blinde, lamme og lamme.

(De fjernet informasjonen om at det skjedde et mirakel på det stedet "i påvente av at vannet skulle bevege seg").

Johannes 5:4

KJV: Johannes 5:4: For en engel gikk på et bestemt tidspunkt ned i bassenget og rørte vannet; den som da først etter at vannet var blitt rørt, gikk inn, ble helbredet for den sykdom han hadde.

(NIV og moderne oversettelser sammen med Jehovas vitners bibel har fjernet skriftstedet fullstendig).

Johannes 6:47

KJV: Johannes 6:47: Sannelig, sannelig sier jeg dere: Den som **_tror på meg,_** *har evig liv.*

NIV: Joh 6,47: "Jeg sier dere sannheten: Den som tror, har evig liv.

(**Tro på meg** har blitt endret til **Tror**. Tro på hvem? Ordet Believeth har "eth" på slutten, noe som betyr at ordet er kontinuerlig. Alle ord som har "eth" til slutt, betyr at det er kontinuerlig, ikke bare én gang).

Johannes 8:9a

*KJV Johannes 8:9a: Og de som hørte det, **ble overbevist av sin egen samvittighet** og gikk ut.*

NIV Johannes 8,9a: De som hørte det, begynte å gå bort.

(NIV har fjernet "å **bli dømt av sin egen samvittighet**", de tror ikke på å ha en samvittighet).

Johannes 9:4a

*KJV Johannes 9:4a: **Jeg** må gjøre den gjerning som er gjort av ham som har sendt meg.*

*NIV Joh 9,4a: **Vi** må gjøre den gjerning som er gjort av ham som har sendt meg.*

(Jesus sa "**jeg**", NIV og noen få andre versjoner, endret "**jeg**" til "**vi**")

Johannes 10:30

*KJV: Johannes 10:30: "Jeg og **min** Far er ett.*

NIV: Johannes 10,30: "Jeg og Faderen er ett."

(Jeg og min far er **én**, ikke to. "Min far" gjør Jesus til Guds sønn. Det betyr Gud i kjødet. NIV har fjernet "min" og endret hele betydningen av skriftstedet).

Johannes 16:16

*KJV: Joh 16,16: "En liten stund, og dere skal ikke se meg; og atter en liten stund, og dere skal se meg, **for jeg går til Faderen.***

NIV: Joh 16,16: "Om en liten stund skal dere ikke se meg mer, og etter en liten stund skal dere se meg."

(NIV fjernet "fordi jeg går til Faderen. Mange religioner tror at Jesus dro til Himalaya eller et annet sted og ikke døde).

Apostlenes gjerninger 2:30

*KJV: Apostlenes gjerninger 2:30: Derfor var han en profet og visste at Gud hadde sverget med en ed til ham, at **han** av frukten av hans lender, i henhold til kjødet, **skulle oppreise Kristus til å sitte på sin trone***

NIV: Apg 2,30: Men han var profet og visste at Gud hadde lovet ham med ed at han skulle sette en av sine etterkommere på sin trone.

(**NIV har fjernet "han ville oppreise Kristus til å sitte på sin trone**", profetien om at Jesus skulle komme i kjøtt og blod er utslettet).

Apostlenes gjerninger 3:11

*KJV: Apg 3:11: Og da den **lamme mannen som ble helbredet**, holdt Peter og Johannes, løp hele folket sammen til dem på verandaen som kalles Salomos, og undret seg stort.*

NIV: Apg 3,11: "Mens tiggeren holdt fast i Peter og Johannes, ble hele folket forbauset og kom løpende til dem på det stedet som kalles Salomos søylegang.

("**den lamme mannen som ble helbredet**" er den sentrale delen av dette skriftstedet, NIV har fjernet dette)

Apostlenes gjerninger 4:24

*KJV: Apg 4,24: Og da de hørte det, oppløftet de samstemmig sin røst til Gud og sa: Herre, **du er Gud,** du som har skapt himmelen og jorden og havet og alt som er i dem:*

NIV: Apg 4,24: "Da de hørte dette, oppløftet de sammen sine røster i bønn til Gud. "Herre," sa de, "du har skapt himmelen og jorden og havet og alt som er i dem.

(NIV og moderne oversettelser fjernet "du er Gud". Ikke bekjenner den ene sanne Gud som gjorde et mirakel).

Apostlenes gjerninger 8:37

KJV: Apostlenes gjerninger 8:37: Og Filip sa: Dersom du tror av hele ditt hjerte, så kan du gjøre det. Og han svarte og sa: Jeg tror at Jesus Kristus er Guds Sønn.

(NIV og moderne versjoner av bibler har tatt ut skriftstedet helt)

Ordet "Mester" fra KJV har blitt fjernet i de moderne versjonene av Bibelen og endret til "lærer", noe som setter Jesus i samme klasse som alle andre lærere fra forskjellige religioner. Årsaken til denne endringen skyldes hovedsakelig den økumeniske bevegelsen som sier at du ikke kan sette Jesus som den eneste veien til frelse fordi det nedvurderer alle andre trosretninger som ikke tror at Jesus er vår eneste sanne frelser. Det gjelder for eksempel hinduer og de fleste andre østlige religioner.

Apostlenes gjerninger 9,5

*KJV Apostlenes gjerninger 9:5: Og han spurte: Hvem er du, Herre? Og Herren sa: Jeg er Jesus, han som du forfølger; **det er vanskelig for deg å sparke mot piggene.***

NIV: Apostlenes gjerninger 9,5: Hvem er du, Herre?" spurte Saulus. "Jeg er Jesus, som du forfølger," svarte han.

(NIV og moderne oversettelser har fjernet "**det er vanskelig for deg å sparke mot piggene**". Det betyr at ved å fjerne hele dette skriftstedet vil de ikke seire).

Apostlenes gjerninger 15:34

KJV: Apg 15:34: Men det behaget Silas å bli der fremdeles.

(NIV-bibelen og andre moderne bibeloversettelser tok ut skriftstedet).
Apostlenes gjerninger 18,7

*KJV Apostlenes gjerninger 18: 7: Og han gikk derfra og gikk inn i en viss [manns] hus, kalt Justus, [en] som tilbad Gud, **hvis hus sluttet seg hardt til synagogen**.*

NIV: Apostlenes gjerninger 18,7: Da forlot Paulus synagogen og gikk til nabohuset til Titius Justus, en gudsdyrker.

("**hvis hus stod i nær tilknytning til synagogen**" er fjernet)

Apg 23,9b

*KJV ... **La oss ikke kjempe mot Gud***

(NIV, moderne bibel og Jehovas vitners bibel har fjernet "**La oss ikke kjempe mot Gud**" Årsaken er åpenbar, det finnes mennesker som våger å kjempe mot Gud).

Apostlenes gjerninger 24 :7

KJV: Apostlenes gjerninger 24:7: Men høvdingen Lysias kom over oss og tok ham bort av våre hender med stor voldsomhet,

(NIV og moderne versjoner av Bibelen har fjernet dette skriftstedet helt).

Apostlenes gjerninger 28:29

> *KJV: ACTS: 28:29: Og da han hadde sagt disse ordene, gikk jødene bort og hadde store diskusjoner seg imellom*

(NIV og andre versjoner av Bibelen har fjernet skriftstedet helt. Se det var en konflikt der. Resonnementet handlet om hvem Jesus var? Så det er et must å fjerne dette skriftstedet).

Romerne 1:16

> *KJV: Romerne 1:16. For jeg skammer meg ikke over **Kristi** evangelium, for det er Guds kraft til frelse for hver den som tror, for jøden først og også for grekeren.*

> *NIV: Rom 1,16: "Jeg skammer meg ikke over evangeliet, for det er en Guds kraft til frelse for hver den som tror: først for jøden, så for hedningen.*

(NIV har fjernet evangeliet om "Kristus" og bare beholdt "evangelium". De fleste angrep er på Jesus som Kristus. Evangeliet er Jesu Kristi død, begravelse og oppstandelse. Det er ikke behov for dette skriftstedet).

Romerne 8:1

> *KJV: Rom 8,1: Derfor er det nå ingen fordømmelse for dem som er i Kristus Jesus, **de som ikke vandrer etter kjødet, men etter Ånden.***

> *NIV: Romerne 8:1: Derfor er det nå ingen fordømmelse for dem som er i Kristus Jesus*

("**som ikke vandrer etter kjødet, men etter Ånden**." er fjernet fra NIV, slik at du kan leve slik du vil).

Romerne 11:6

> *KJV: Roman 11:6 Og hvis det er av nåde, da er det ikke mer av gjerninger; ellers er nåde ikke mer nåde. **Men hvis det er av gjerninger, så er det ikke mer nåde; ellers er arbeid ikke mer arbeid.***

> *NIV: Rom 11,6 Og hvis det er av nåde, så er det ikke lenger av gjerninger; hvis det var slik, ville nåden ikke lenger være nåde.*

("Men hvis det er av gjerninger, da er det ikke lenger nåde; ellers er det ikke lenger gjerning." En del av skriftstedet er fjernet fra NIV og andre versjoner).

Romerne13:9b

> *KJV: Romerne13:9b: **Du skal ikke bære falskt vitnesbyrd***

(NIV har fjernet disse ordene fra Skriften. Bibelen sier, legg ikke til, trekk ikke fra)

Romerne 16:24

> *KJV: Romerne 16:24: Vår Herre Jesu Kristi nåde være med dere alle. Amen.*

> *NIV: Romerne 16:24: (NIV og andre moderne bibler har fjernet skriftstedet helt.)*

1. Korinterbrev 6:20

> *KJV:1Korinterbrevet 6:20: For dere er kjøpt for en pris; derfor skal dere ære Gud i deres legeme **og i deres ånd, som tilhører Gud.***

NIV:1Kor 6:20: Dere ble kjøpt for en pris. Derfor skal dere ære Gud
med deres legemer.

(Modern Bible og NIV har fjernet "og i din ånd, som er Guds." Vår
kropp og ånd tilhører Herren).

1. Korinterbrev 7:5

KJV: 1 Korinterbrev 7:5: Bedra ikke hverandre, med mindre [det er]
*med samtykke for en tid slik at dere kan gi dere selv til **faste og***
***bønn**; og kom sammen igjen, så Satan ikke frister deg for din*
inkontinens.

NIV:1 Korinterbrev 7:5: Ta ikke fra hverandre noe uten at dere er
*enige om det, og bare for en tid, slik at dere kan vie dere til **bønn**.*
Kom så sammen igjen, slik at Satan ikke skal friste dere på grunn av
deres mangel på selvkontroll.

(NIV og moderne versjoner av Bibelen har fjernet "faste" siden det er
for å rive ned Satans sterke grep. Faste dreper også kjødet).

2. Korinterbrev 6:5

KJV:2 Korinterne 6:5: I slag, i fengsler, i tumulter, i arbeid, i
*våkninger**, i faste;***

NIV:2 Kor 6,5· i slag, fengslinger og opptøyer; i hardt arbeid,
*søvnløse netter og **sult;***

(**Faste er ikke sult, det er** å forandre Sannhetens Ord. Djevelen ønsker
ikke at du skal ha et nærmere, sterkere og dypere forhold til Gud. Husk
at dronning Ester og jødene fastet, og Gud ga Satans plan tilbake til
fienden)

235

Elizabeth Das

2. Korinterbrev 11:27

*KJV: 2Kor 11:27: I tretthet og smerte, i våkenhet ofte, i sult og tørst, i **faste ofte,** i kulde og nakenhet.*

NIV:2Korinterbrevet 11,27: "Jeg har arbeidet og slitt og har ofte vært uten søvn; jeg har kjent sult og tørst og har ofte gått uten mat; jeg har vært kald og naken.

(Igjen, faste er utelatt fra NIV og moderne versjoner av Bibelen).

Efeserne 3:9

*Efeserne 3:9: Og for at alle mennesker skal få se hva som er fellesskapet i det mysterium som fra verdens begynnelse har vært skjult i Gud, han som skapte **alle ting ved Jesus Kristus**:*

NIV Efeserne 3:9:og for å gjøre det klart for alle hvordan dette mysteriet skal forvaltes, det som i uminnelige tider har vært skjult i Gud, han som har skapt alle ting.

(NIV og andre versjoner av Bibelen har fjernet "**alle ting ved Jesus Kristus**". Jesus er Gud, og Han er Skaperen av alt)

Efeserne 3:14

*KJV: Efeserne 3:14: Derfor bøyer jeg mine knær **for vår Herre Jesu Kristi** Far,*

Efeserne 3,14: Derfor kneler jeg for Faderen,

("**av vår Herre Jesus Kristus**" er fjernet fra NIV og andre versjoner. Dette er beviset på at Jesus er Guds Sønn. "Guds Sønn" er en mektig Gud i kjød som kom for å utgyte blod for deg og meg. Husk at Satan tror at det er én Gud og skjelver. Jakob 2:19)

Efeserbrevet 5:30

KJV:Efeserne 5:30:For vi er lemmer på hans legeme, av hans kjød og **_av hans ben._**

NIV:Efeserne 5:30:for vi er lemmer på hans legeme.

("**Av kjøtt og ben**". En del av skriftstedet er fjernet fra NIV og mange andre versjoner av Bibelen).

Kolosserbrevet 1:14

*KJV:Kolosserne 1:14: I **ham** har vi forløsningen **ved hans blod,** ja, syndenes forlatelse:*

NIV:Kolosserbrevet 1,14: I ham har vi forløsningen, syndenes forlatelse.

("**gjennom sitt blod**", Jesus kalles Guds lam som kom for å ta bort denne verdens synder. Forløsning skjer **bare** gjennom blodet. Uten blodsutgytelse er det ingen syndsforlatelse Hebr 9,22. Det er derfor vi døper i Jesu navn, for å bruke hans blod over våre synder).

1. Timoteus 3:16b

*KJV:1 Timoteus 3.16b: **Gud ble** åpenbart i kjødet*

*NIV:1 Timoteus 3·16b: **Han** viste seg i et legeme.*

(Vises vi ikke alle i en kropp? NIV og de fleste moderne versjoner sier alle at "han" viste seg i en kropp. Vel, jeg fremstår også i en kropp. "Han" hvem? I verset ovenfor endrer de igjen ordlyden for å amply "Han" er en annen gud. Men i KJV kan vi tydelig se "Og uten kontrovers er gudfryktighetens mysterium stort: "**Gud** ble manifestert i kjødet." Det er bare én Gud. Det er derfor Jesus sa at hvis dere har sett meg, har dere sett Faderen. Faderen er en ånd, du kan ikke se ånd. Men ånden kledde seg i kjød, og dere kunne se den).

*Apostlenes gjerninger 20:28b sier: For å fø **Guds menighet**, som han har kjøpt med sitt **eget blod.***

Gud er en ånd, og for å utgyte blod trenger han en kropp av kjøtt og blod. **En Gud som tok** på seg kjøtt.

Et enkelt eksempel: Is, vann og damp, samme ting, men med ulike manifestasjoner.

*KJV 1 Johannes 5: 7: "For det er tre som bærer opptegnelser i himmelen, Faderen, Ordet og Den Hellige Ånd, og disse **tre er ett.**"*

Gud, Jesus (Ordet som ble kjød) og Den hellige ånd er én, ikke tre. (1 Joh 5:7 er fullstendig fjernet fra NIV og andre nåværende oversettelser).

2. Timoteus 3:16

*KJV: 2 Timoteus 3,16: "**Hele** Skriften er gitt ved Guds inspirasjon og er nyttig til lærdom, til overbevisning, til rettledning, til undervisning i rettferdighet.*

*ASV: 2 Timoteus 3,16: "**Hvert** skriftsted som er inspirert av Gud, er også nyttig til undervisning.*

(Her vil de avgjøre hvem som er det og hvem som ikke er det. Kjetteri vil bli dømt til døden.)

1 Tessalonikerne 1:1

*KJV: 1 Tess 1:1: Paulus og Silvanus og Timoteus, til Tessalonikernes menighet, som er i Gud Fader og i Herren Jesus Kristus: Nåde være med eder og fred **fra Gud, vår Far, og fra Herren Jesus Kristus!***

NIV:1 Tess 1:1: Paulus, Silas og Timoteus, Til menigheten i Tessalonikerbrevet i Gud Fader og Herren Jesus Kristus: Nåde og fred være med dere.

("fra Gud, vår Far, og Herren Jesus Kristus." er fjernet fra moderne oversettelser og NIV).

Hebreerne 7:21

KJV: Hebreerne 7:21: (__For disse prestene ble gjort uten ed__; men dette med en ed ved ham som sa til ham: Herren sverget og vil ikke omvende seg: Du er en prest for alltid __etter Melkisedeks orden__):

NIV: Hebreerne 7:21: men han ble prest __med ed__ da Gud sa til ham: "Herren har sverget og vil ikke forandre mening: ' Du er prest for alltid.'"

(NIV har fjernet "For disse prestene ble skapt uten ed" og "etter Melkisedeks orden").

Jakob 5:16

KJV: Jakob 5:16: "Bekjenn eders __feil__ for hverandre, og be for hverandre, så I må bli helbredet. En rettferdig manns virkningsfulle, inderlige bønn nytter mye.

NIV: Jakob 5,16: "Bekjenn derfor __syndene__ for hverandre og be for hverandre, så dere kan bli helbredet. En rettferdig manns bønn er mektig og effektiv.

(__Feil vs. synder__: Synder bekjenner du til Gud, siden Han alene kan tilgi. Å endre ordet "feil" til "synder" er med på å underbygge det katolske synet på å bekjenne "synder" for en prest).

Elizabeth Das

1. Peter 1:22

*KJV: 1 Peter 1:22: Når dere har renset deres sjeler ved å adlyde sannheten **ved Ånden** i uoppriktig kjærlighet til brødrene, så se til at dere elsker hverandre av et **rent hjerte med inderlighet**:*

NIV: 1 Pet 1,22: Når dere nå har renset dere ved å adlyde sannheten, slik at dere har oppriktig kjærlighet til deres brødre, da skal dere elske hverandre inderlig, av hjertet.

("**gjennom Ånden til**" og "**rent hjerte inderlig**" er fjernet fra NIV og andre moderne versjoner).

1 Peter 4:14

*KJV: 1 Peter 4:14: Hvis dere blir bebreidet for Kristi navn, er dere lykkelige; for herlighetens og Guds ånd hviler på dere: **fra deres side blir han talt ondt om, men fra din side blir han herliggjort**.*

NIV:1 Peter 4,14: Hvis dere blir fornærmet på grunn av Kristi navn, er dere velsignet, for herlighetens og Guds ånd hviler over dere.

("**fra deres side blir han omtalt med ondt ord, men fra din side blir han forherliget**." er fjernet fra NIV og andre moderne versjoner).

1. Johannes 4:3a

*KJV:1 Joh 4:3a: Og hver ånd som ikke bekjenner at Jesus **Kristus er kommet i kjødet**, er ikke av Gud.*

NIV:1 Joh 4,3a: Men enhver ånd som ikke vedkjenner seg Jesus, er ikke fra Gud.

("**Kristus er kommet i kjødet**" Ved å fjerne disse ordene, beviser NIV og andre versjoner at de er antikrist).

1. Johannes 5:7-8

KJV: 1 Johannes 5:7: **For det er tre som bærer skriften i himmelen, Faderen, Ordet og Den Hellige Ånd, og disse tre er ett.**

(Fjernet fra NIV)

KJV: 1 Johannes 5:8: Og det er tre som vitner på jorden, Ånden og vannet og blodet, og disse tre er enige i ett.

*NIV: 1 Joh 5,7.8: "***For det er tre som vitner***: 8 Ånden, vannet og blodet; og de tre er i overensstemmelse med hverandre.*

(Dette er et av de STØRSTE versene som vitner om guddommen. Én Gud, ikke tre guder. **Treenigheten** er ikke bibelsk. Ordet **treenighet** finnes ikke i Bibelen. Det er derfor NIV, moderne versjoner av Bibelen og Jehovas vitner har utelatt det fra dette verset. De tror ikke på Guddommen, og de tror ikke på at i Jesus bor hele Guddommens fylde legemlig. Det finnes ingen rot eller bevis i Bibelen for å akseptere **treenigheten**. Hvorfor utelater NIV det...? Det er skrevet hele bøker om manuskriptbevisene som støtter inkluderingen av dette verset i Bibelen. Tror du på Guddommen? I så fall burde denne fjerningen fornærme deg. Treenigheten ble aldri undervist av Jesus og ble aldri nevnt av ham. Satan delte én Gud slik at han kan splitte mennesker og herske).

1 Johannes 5:13

KJV: 1Joh 5:13: Dette har jeg skrevet til dere som tror på Guds Sønns navn, for at dere skal vite at dere har evig liv, og for at dere **skal tro på Guds Sønns navn.**

NIV:1Joh 5:13: Dette skriver jeg til dere som tror på Guds Sønns navn, for at dere skal vite at dere har evig liv.

Elizabeth Das

("**og for at dere skal tro på Guds Sønns navn**". Er fjernet fra NIV og andre moderne oversettelser)

Åpenbaringen 1:8

KJV: *Åpenbaringen 1:8: Jeg er Alfa og Omega,* ***begynnelsen og enden****, sier Herren, han som er, og som var, og som kommer, den Allmektige.*

NIV: *Åpenbaringen 1:8: "Jeg er Alfa og Omega," sier Herren Gud, "han som er, og som var, og som skal komme, den Allmektige."*

(NIV fjernet **begynnelsen og slutten**)

Åpenbaringen 1:11

KJV:*Åpenbaringen 1:11:Og* ***han sa: Jeg er Alfa og Omega, den første og den siste; og: Det du ser, skriv det i en bok og send det til de syv menighetene i Asia****, til Efesos og Smyrna og til Pergamon og Thyatira og Sardes og Filadelfia og Laodikea*

NIV: *Åpenbaringen 1:11: som sa: "Skriv på en bokrull det du ser, og send det til de sju menighetene: til Efesos, Smyrna, Pergamon, Thyatira, Sardes, Filadelfia og Laodikea."*

(Alfa og Omega, begynnelsen og slutten og den første og den siste; disse titlene er gitt til Jehova Gud i Det gamle testamentet, og i Åpenbaringen er de også gitt til Jesus. Men NIV og andre moderne versjoner har fjernet dette fra Åpenbaringen for å bevise at Jesus ikke er Jehova Gud).

Åpenbaringen 5:14

KJV: *Åpenbaringen 5:14: Og de* ***fire dyrene*** *sa: Amen.* ***Og de fire og tjue*** *eldste falt ned og tilbad ham som* ***lever i all evighet****.*

NIV: Åp 5,14: "De fire levende vesener sa: Amen!" Og de eldste falt ned og tilbad.

(NIV og andre versjoner gir bare halvparten av informasjonen. "**fire dyr**", endret til fire skapninger, "**fire og tjue**"" ,**som lever i all evighet**" er fjernet).

Åpenbaringen 20:9b

*KJV: Åpenbaringen 20:9b: Ild kom ned **fra Gud fra** himmelen.*

NIV: Åpenbaringen 20:9b: Ild kom ned fra himmelen

(NIV og andre versjoner har fjernet "**fra Gud**").

Åpenbaringen 21:24a

*KJV: Åpenbaringen 21:24a: **Og de frelste** folkeslag skal vandre i lyset av det.*

NIV: Åp 21,24a: "Folkeslagene skal vandre i dens lys.

("**av dem som er frelst**" er fjernet fra NIV og moderne versjoner av Bibelen. Alle kommer ikke til himmelen, men bare de som er frelst).

2. Samuelsbok 21:19

*KJV: 2 Samuel 21:19: Og det var igjen en kamp i Gob med Filisterne, hvor Elhanan, sønn av Jaareoregim, en betlehemitt, drepte **Goliat**, gittittens **bror**, hvis spydstav var som en veverbjelke.*

*NIV:2 Samuel 21:19: I et annet slag mot filisterne ved Gob **drepte** Elhanan, sønn av Jaare-Oregim, betlehemitten, **Goliat**, gittitten, som hadde et spyd med et skaft som en veverstav.*

(Goliat's bror ble drept her, ikke Goliat. "David drepte Goliat." NIV gjengir informasjonen feil).

Hosea 11:12

*KJV: Hosea 11:12: Efraim omgir meg med løgn, og Israels hus med svik**; men Juda hersker ennå hos Gud og er trofast mot de hellige.***

*NIV: Hosea 11,12: "Efraim har omringet meg med løgn, Israels hus med svik. Og Juda **er uregjerlig mot** Gud, ja, **mot** den trofaste Hellige.*

(NIV gjengir dette skriftstedet feilaktig ved å fordreie betydningen av ordet.) Ordet "Jehova" er nevnt fire ganger i KJV-bibelen. NIV fjernet dem alle. Med subtile FORANDRINGER som er gjort i NIV-bibelen, blir Satans oppdrag klart. Fra skriftene ovenfor kan du se at angrepet er på Jesus. Titlene Gud, Messias, Guds sønn og Skaper gjør Jesus til Gud. Ved å fjerne disse titlene, forvirring gjør at du mister interessen og ikke stoler på Guds ord. (1. Korinterbrev 14:33 For Gud er ikke den som skaper forvirring, men fred).

Jehovas vitners bibel, (New World Translation) har de samme strykningene som NIV har. Den eneste forskjellen mellom NIV og New World Translation er at Jehovas vitners bibel ikke inneholder noen fotnoter! Disse metodene gjør deg ufølsom for de subtile endringene som gradvis og kontinuerlig blir gjort i Guds ord.

Dagens travle og late generasjon har påvirket mange bekjennende kristne som har omfavnet en lat ånds veier. Det er hardt arbeid å ta seg tid til å studere og forsikre seg om at den informasjonen vi får, er sann. Vi har blitt for opptatt med en hverdag som er full av uviktige hendelser og ting. Våre prioriteringer av hva som virkelig er viktig for det evige liv, er blitt utvannet og forvirret. Vi aksepterer det meste av den informasjonen vi får, uten å stille spørsmål, enten det er fra myndighetene, fra medisinske eller vitenskapelige kilder, fra innholdet i maten vår, og listen er lang.

Mange av våre moderne bibelversjoner er skrevet av menn som forteller deg sin tolkning og sin lære i stedet for det som egentlig står i manuskriptene. For eksempel var "kjønnsinkludering" ikke i de opprinnelige manuskriptene. Det er et moderne feministisk konsept født av REBELLION. Jeg oppfordrer deg til å skaffe deg en King James Version Bible. Hvis du leser en moderne bibel, ta deg tid til å sammenligne skriftene; ønske å ta den rette avgjørelsen. Vi vil bli holdt ansvarlige for våre beslutninger. Forskjellen på å komme til himmelen eller helvete er grunn nok til å sørge for at du velger Hans Ord! Husk at New International Version sletter mange ord som f.eks: Guddommen, gjenfødelse, forlatelse, uforanderlig, Jehova, Golgata, nådestolen, Den hellige ånd, Talsmannen, Messias, levendegjort, allmektig, ufeilbarlig, osv. De fleste moderne bibler legger seg tett opp til NIV; sammen med New World Translation Bible (Jehovas vitners bibel).

Dette er Antikrists verk....(Følgende skriftsteder er hentet fra KJV)

*Små barn, det er den siste tid; og likesom I har hørt at **Antikrist** skal komme, så er det også nu mange **antikrister**; derfor vet vi at det er den siste tid. (1. Johannes 2:18)*

*Hvem er en løgner om ikke den som fornekter at Jesus er Kristus? Den er **antikrist** som fornekter Faderen og Sønnen. (1. Johannes 2:22)*

*Og enhver ånd som ikke bekjenner at Jesus Kristus er kommet i kjød, er ikke av Gud; og dette er den **antikrists** ånd som I har hørt at den skal komme, og allerede nu er den i verden. (1. Johannes 4:3)*

*For det er kommet mange bedragere inn i verden, som ikke bekjenner at Jesus Kristus er kommet i kjødet. Dette er en bedrager og en **antikrist**. (2. Johannes 1:7)*

Dette minner oss om "FORTELLINGEN OM SÆDEN" SOM ER
"GUDS ORD" i Bibelen

*En annen lignelse la han frem for dem og sa: Himmelriket er å ligne
med en mann som sådde god sæd på sin åker: Men mens menneskene
sov, kom hans fiende og sådde ugress blant hveten og gikk sin vei.
Men da hveten var sprunget opp og bar frukt, da kom også ugresset
til syne. Da kom husbondens tjenere og sa til ham: "Herre, har du
ikke sådd god sæd på din åker? Han sa til dem: Det er en fiende som
har gjort dette. Da sa tjenerne til ham: Vil du da at vi skal gå og
samle dem sammen? Men han sa: Nei, for at I ikke, mens I samler
ugresset, også skal rive hveten opp med roten. La begge deler vokse
sammen inntil høsten, og når høsten kommer, vil jeg si til høstfolkene:
Saml først sammen ugresset og bind det i bunter for å brenne det;
men hveten skal I samle inn i min lade. Amen!
(Matteus 13:24-30)*

AMEN!